广西壮族自治区“十四五”职业教育规划教材

汽车零部件
集配作业管理

主　　编◎李晓雯　缪　亮　汪　洲
副 主 编◎黄建柱　周柳军
参编人员◎曾鹤龄

内容提要

本书以汽车零部件集配作业流程为主线，分为七个项目：物料需求计划的编制、单一零件规划的编制、窗口接收作业、零部件成套配送作业、排序配送作业、电子拉动配送作业、集配综合作业与改善。每个项目设置学习目标、项目导学、案例导入、知识准备、学习工作页和课后练习。本书编写的出发点是使学生能了解汽车制造业的零部件集配作业现场及流程管理的基本要求，掌握零部件集配作业运作管理的基本操作技能，具备一定的分析解决问题、组织优化现场管理的能力，成为适应国家、行业、企业发展的复合应用型物流人才，为学生毕业后进入汽车制造物流供应链相关企业就业以及其他制造业物流类岗位工作打下基础，满足"中国智造"+"智慧物流"下企业对复合型人才培养的迫切需求。

图书在版编目(CIP)数据

汽车零部件集配作业管理/李晓雯，缪亮，汪洲主编. —上海：上海交通大学出版社，2023.8(2026.1重印)
ISBN 978-7-313-28606-2

Ⅰ.①汽… Ⅱ.①李…②缪…③汪… Ⅲ.①汽车—零部件—生产管理 Ⅳ.①U463

中国国家版本馆CIP数据核字(2023)第070359号

汽车零部件集配作业管理
QICHE LINGBUJIAN JIPEI ZUOYE GUANLI

主　　编：李晓雯　缪　亮　汪　洲
出版发行：上海交通大学出版社
地　　址：上海市番禺路951号
邮政编码：200030
电　　话：021-64071208
印　　制：上海万卷印刷股份有限公司
经　　销：全国新华书店
开　　本：787mm×1092mm　1/16
印　　张：16.75
字　　数：408千字
版　　次：2023年8月第1版
印　　次：2026年1月第2次印刷
书　　号：ISBN 978-7-313-28606-2
定　　价：58.00元

前　言

在中国制造向“中国智造”的推进中，智慧物流的作用功不可没。本书将制造业高质量发展中生产物流的新技术、新工艺、新规范、典型生产案例纳入教学内容，按照生产实际和岗位需求设计开发模块化实训。教材呈现了物流配送原理在汽车制造线旁配送场景中的应用，是物流领域和制造领域的跨界融合，满足“中国智造”＋“智慧物流”下企业对人才培养的新需求，是职业教育领域的新型教材。

本书基于汽车行业多家知名企业的集配物流工作内容，以汽车零部件集配作业流程为主线确定了教学内容，共七个项目，分别为：物料需求计划的编制、单一零件规划的编制、窗口接收作业、零部件成套配送作业、排序配送作业、电子拉动配送作业和集配综合作业与改善。首先从编制物料需求计划入手，促进学习者理解汽车行业整车生产过程及零部件供应管理中普遍采用的物料需求计划；在此基础上介绍了集配作业中规划零部件物流规范的方法——单一零件规划；接着按照岗位工作实际分窗口接收、零部件成套配送、排序配送、拉动配送四个环节进行集配作业训练与学习，最后进行集配作业的综合管理能力训练。教材使学生了解汽车制造业的零部件集配作业现场及流程管理的基本要求；掌握零部件集配作业运作管理的基本操作技能；具备一定的分析解决问题、组织优化现场管理的能力；成为适应国家、行业、企业发展的复合应用型物流人才，为学生毕业后进入汽车工业物流相关岗位就业以及其他制造业物流类岗位工作打下基础。本书也可用于汽车类、制造类专业选修课，有助于学生拓展思维，从供应链管理高度设计、开展“智造”。

本书打破传统知识体系教材的边界，基于企业汽车线边物流配送岗位工作过程编写教材，将物流“1＋X”职业技能等级证书和全国职业院校技能大赛智慧物流作业方案设计与实施赛项中对配送、仓储、生产物流、物流信息等知识与技能的要求融于教材各模块的教学内容，实现“岗课赛证”融通；并结合线边配送岗位特点开展渗透式课程思政，使看似“遥远”的工匠精神就近、就实落地。教材体例上高度贴合职业教育的实际，满足教学需求，具有较强的实用性、新颖性和前瞻性，是广西壮族自治区“十四五”首批职业教育规划教材。

在编写本书过程中，编写团队得到了上汽通用五菱汽车股份有限公司、柳州五菱柳机动力有限公司的协助与支持，合作完成集配作业教学项目的开发，在此表示衷心感谢。此外，编者也参考了国内外有关研究成果，已尽可能在参考文献中详细列出，在此对相关作者表示真诚的感谢和敬意。

限于作者水平和编写时间有限，书中仍可能存在疏漏之处，敬请各位专家和广大读者批评指正。

编 者

2023 年 3 月

目　录

项目一

物料需求计划的编制

学习目标

1. 知识目标

(1) 了解汽车零部件集配作业的流程及三种主要的配送上线方式;

(2) 了解汽车零部件集配作业岗位的工作要求;

(3) 掌握物料清单的概念及编制原则;

(4) 掌握物料需求计划的概念及作用。

2. 技能目标

(1) 能收集资料并完成物料清单的编制;

(2) 能根据整车装配计划编制零部件物料需求计划。

3. 素质目标

(1) 培养集配从业人员的职业认同感和自豪感;

(2) 培育并践行大国工匠精神;

(3) 增强报效祖国的使命感。

项目导学

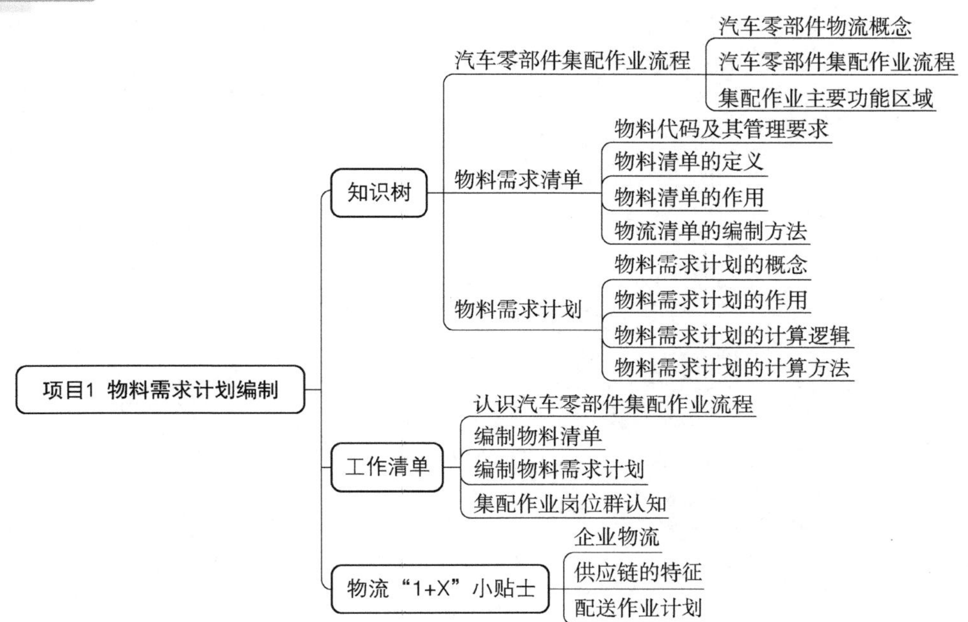

案例导入

认识汽车零部件集配作业

凌云汽车有限公司(以下简称凌云公司)是一家位于广西的汽车整车制造企业,近年来发展迅猛,整车产量不断提升,其最新的车型主要有云鹏6550、云龙730等。凌云公司装车所需的零部件由华宏汽车零部件有限公司、高顺汽车零部件有限公司等供应商生产,其零部件物流体系中,桂豪物流有限公司承担了大部分零部件的集配物流服务,即接收各供应商生产的汽车零部件,并按凌云公司的装车需求将所需零部件按时按量地完成准时化配送,输送到整车流水线旁,供整车装配使用。

凌云公司的生产计划部是负责制订与管理生产计划的部门,该部门根据公司的整车销售情况,编制综合生产计划及整车装配计划,根据整车装配计划核算零部件的需求时间及需求数量,编制物料需求计划,并将有关的信息传递给采购部门及桂豪物流有限公司,由采购部门根据零部件的需求编制采购计划,将采购订单发送给零部件供应商,要求各零部件供应商按需求生产并将零部件输送到桂豪物流有限公司的集配中心或直送到整车装配流水线旁。桂豪物流有限公司在凌云公司生产线附近建立了零部件集配中心,为其提供零部件集配物流服务,将供应商送来的零部件接收到集配中心储存,并根据凌云公司的整车装配需求完成配送。

那么,桂豪物流有限公司作为零部件集配物流服务企业,如何才能管理好汽车零部件的集配作业,跟上凌云公司的生产节拍,低成本、高效率地满足整车装配计划的零部件需求,确保整车装配计划的顺利完成呢?

任务一　认识汽车零部件集配作业流程

任务导入

汽车零部件物流是国际物流界公认的最具专业性的物流之一，更是一种具有高附加值的物流。汽车零部件集配作业的主要任务是持续地向整车制造厂的生产线准时供货。汽车生产线所需的零部件种类多、数量大，对零部件供应的及时性要求较高，且生产线边的空间有限，如果物流规划不合理，极易发生零部件的堆积或缺料，影响生产的正常进行。汽车零部件集配物流对学生来说是一个专业性很强的领域，因此，本任务的主要内容就是作为桂豪物流有限公司的物流管理人员，首先对汽车零部件集配作业流程，即汽车零部件如何从零部件供应商开始到最终送达整车制造企业的装配生产线旁完成零部件供应的过程，进行全面的认识和了解，了解汽车零部件集配作业的工作内容及要求。

知识准备

一、汽车制造供应链的运作模式

2021 年我国汽车产销分别完成 2 608.2 万辆和 2 627.5 万辆，同比分别增长 3.4%和 3.8%。工业和信息化部装备工业一司司长王卫明表示，面对全球疫情持续演变、汽车芯片供应紧张等复杂严峻的形势，我国汽车产业在以习近平同志为核心的党中央的团结带领下，在“十四五”开局之年取得新成效、见到新气象，汽车强国建设迈出坚实步伐。我国汽车产销总量已连续 13 年位居全球第一，并在“电动化、网联化、智能化”方面取得巨大进步。①

汽车产业的高速发展对汽车零部件物流提出了更多、更高的要求。汽车整车制造通常采取的是外协零部件、整车厂装配生产的模式，汽车整车的装配通常是以流水线的生产方式进行，即一台整车是由多达几千个零部件组装而成，这些零部件大部分来自国内零部件生产企业供应的国产件和国外进口的散装件，各零部件厂生产的汽车零部件需要通过汽车零部件物流体系，输送到汽车整车制造企业的装配流水线旁，以满足汽车整车装配的零部件需求。汽车整车生产实际上是一个以汽车整车制造企业为主导，原材料厂商、零部件生产企业为供应商的供应链系统（见图 1.1）。

① 见中华人民共和国工业和信息化部网站，《工信部举行 2021 年汽车工业发展情况新闻发布会（附实录）》，https://www.iniit.gov.cn/jgsj/zbys/qcgy/art/2022/art-cb78a63a16654a566009db8ab6da720a.html.

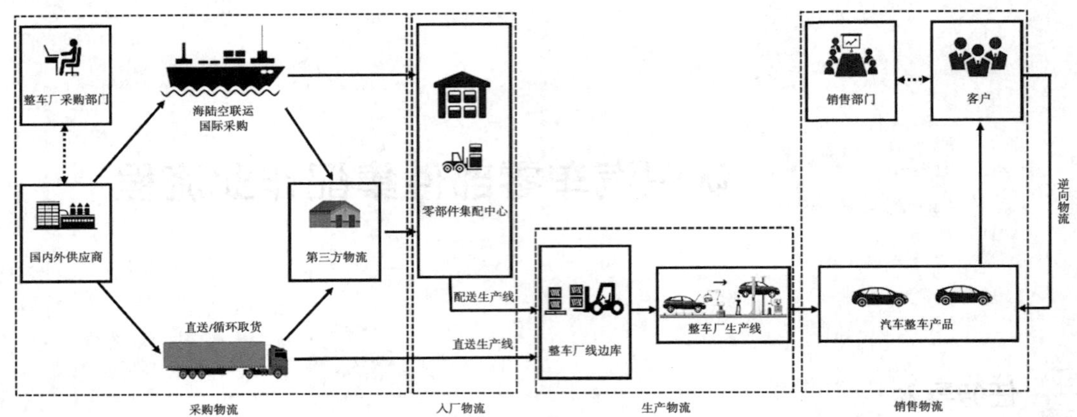

图 1.1　汽车制造供应链体系运作模式

如图 1.1 所示，在汽车制造供应链体系中，零部件供应商是供应物流的起点；运输企业构成了干线运输层；围绕汽车整车制造企业的仓库构成了仓储层；供应商的配送部门或汽车制造企业网的供应部门构成了城市配送层。在整个零部件供应物流体系中，主要物流节点为零部件供应商、中间仓库和汽车整车制造企业；主要的物流环节为仓储、干线运输和城市配送。汽车制造供应链体系发展方向是“一体化”，即汽车整车制造企业面向供应链，将汽车零部件物流中的各个主体如供应商、物流服务商、物流集配中心、包装器具生产商等各个环节无缝衔接起来，作为一个整体与整车制造企业的生产节拍高度契合的一种模式。

二、汽车物流

汽车物流是指汽车供应链上的原材料、零部件、售后配件和整车在各个环节之间的实体流动过程，是汽车从零部件采购、生产制造到销售以及售后各环节的整体物流。汽车物流在汽车产业链中起到桥梁和纽带的作用，是实现汽车产业价值顺畅流动的根本保障。

汽车物流是汽车制造商生产经营活动的重要组成部分。随着生产技术水平的不断提高，企业内部管理手段的不断加强，企业在可控的生产过程内降低成本的空间越来越小，可采用的手段越来越少。而在生产之外的采购、运输、仓储、包装、配送等环节却有很大的潜力待挖掘。所以，积极采用先进的物流模式和物流技术来降低物流成本，成为继降低人工成本和生产资料消耗成本之后的又一重要经营手段。中国汽车产业正在形成供应链体系，如钢厂与汽车厂之间、整车厂与配件厂之间、汽车生产厂与分销商之间正在逐步形成战略合作伙伴关系。支撑这些合作关系的是物流与配送的服务。

汽车物流涉及的企业主要有：汽车整车制造企业；原材料供应商、零部件供应商；第三方物流服务商；汽车经销商等。

三、汽车零部件物流

从广义来说，汽车零部件物流是指根据汽车制造企业、汽车分销商和最终消费者的零部件需求，将零部件以及相关信息从汽车供应链零部件供应商送到对应用户，进行零部件入厂供应物流、厂内物流和售后服务配件物流服务。它是汽车零部件物流中的重要环节，是集运输、搬运、存储、分拣、排序、预装配、配送和包装在内，结合物流信息于一体的综合性物流服务。具体的汽车零部件集配作业流程见图 1.2。

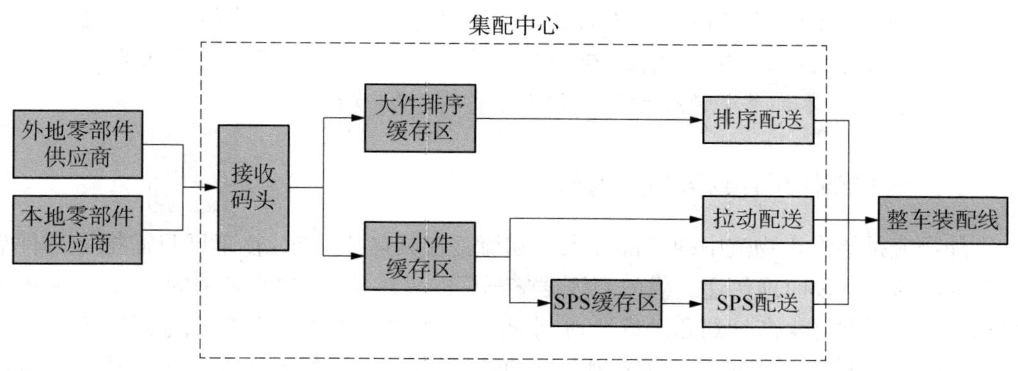

图 1.2　汽车零部件集配作业流程

在企业领域，一般认为汽车零部件物流是指供应商与整车厂之间的零部件供应活动或工厂与工厂之间的物流，包括厂外物流和厂内物流。其中，厂外物流又分为采购物流（外制品）和工厂之间的物流（内制品）；而厂内物流包括车间之间的物流、生产线之间的物流和受入物流。

物流"1+X"小贴士

企业物流

《物流术语（2006 版）》中对企业物流的表述是：货主企业在生产经营活动中所发生的物流活动（具体内容见图 1.3）。

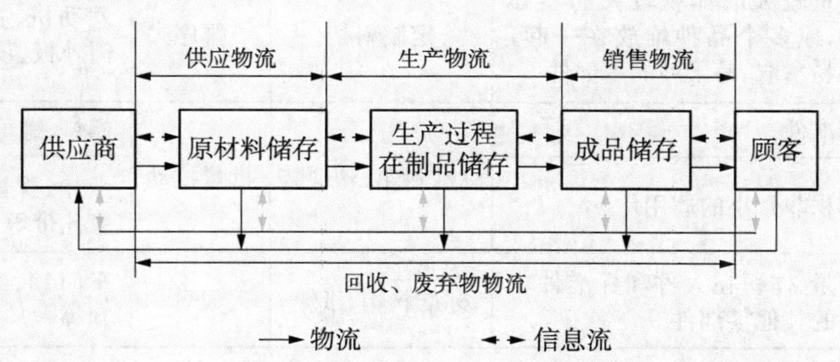

图 1.3　企业物流的水平结构

企业物流包括如下几个部分：

(1) 供应物流：为下游客户提供原材料、零部件或其他物品时所发生的物流活动。

(2) 生产物流：企业生产过程中发生的涉及原材料、在制品、半成品、产成品等的物流活动。

(3) 销售物流：企业在出售商品过程中所发生的物流活动。

(4) 回收物流：退货、返修物品和周转使用的包装容器等从需方返回供方或专门处理企业所引发的物流活动。

(5) 废弃物物流：将经济活动或人民生活中失去原有使用价值的物品，根据实际需要进行收集、分类、加工、包装、搬运、储存等，并分送到专门处理场所的物流活动。

想一想：汽车零部件物流处于企业物流中的哪个环节？

四、汽车零部件厂外物流与厂内物流

厂外物流是指汽车物流中的零部件入厂物流。在具体应用时，整车厂只需把零部件需求信息向供应商连续及时地传递。供应商根据整车厂的需求信息，预测未来的需求量，并根据预测得到的需求量制订生产计划和送货计划，小批量、多频次地向整车厂补充零部件库存。

厂内物流是指为了保证持续地向生产线准时供货，厂内物流规划重点需要根据零部件的编码规则，确定零部件存放中转区域、厂内零部件配送方式、物流路线、物流频次、物流量等。汽车制造企业厂内物流系统涉及生产计划、工艺流程、搬运作业、仓库管理、信息系统等各个方面。它要求合理安排物料搬运的线路、运量、搬运方法和设备、储存场地、作业人员等，以便加快物流速度，提高物流质量，降低物流费用。

五、汽车零部件分类及其主要配送上线方式

1. 基于集配作业物流属性的汽车零部件分类

基于集配作业的物流属性，在集配作业中，我们通常把汽车零部件分为三类(见表1.1)。

表1.1 基于集配作业物流属性的汽车零部件分类

分　类	特　　性	常用包装方式	配送方式	零件示例
大件物料	重量较大或体积较大的零部件，或多个品种堆放在一起，不易拿取、易干涉的零部件	定制料架	排序	发动机、变速箱、座椅、车门外板、顶盖等
标准件/通用件	标准件	标准料箱、塑料袋	批量拉动	螺钉、螺母、垫片、铆钉等
	体积非常小的通用件			卡扣、保险丝、密封圈、线束扎带等
中小件物料	重量、体积在大件和标准件之间的其他零部件	标准料箱、纸箱	SPS	车门锁、线束、后视镜、雨刮等

2. 汽车零部件的三种主要配送上线方式

根据零部件特性，厂内物流主要有3种配送上线方式，分别为SPS配送方式、排序配送方式、拉动配送方式。

1) SPS配送方式

SPS配送方式(set parts supply)，也被称为成套零部件分拣配送，是指在和生产线分离的另一个场地，将一份整车的零件拣选出来或进行分装后按照顺序向生产线上的操作者供给的方式。通常SPS配送区临近生产线，利用亮灯配货系统引导配货员工准确、快速地配货，利用AGV小车自动拖运料车至线边，以供操作工装配。

2）排序配送方式

排序配送方式(just in sequence，简称 JIS)是一种“顺序生产，顺序供货”的模式，它是指零部件供应商将零部件交货到整车厂之后，在配送中按生产线车型生产顺序重新摆放零部件，或在相关工程的装配线上对零部件初加工后，将其按照车型生产顺序配送到生产线上。在实际操作中，往往在排序缓区先将大件物料事先排序，再根据总装车间上线车辆顺序，配送到总装车间的相应工位。

3）拉动配送方式

拉动配送方式(just in time，简称 JIT)中最常用的为看板拉动配送。早期的看板拉动配送是使用看板来传递供货信息的物流拉动配送方式。“看板”是一种类似通知单的卡片，主要传递零部件名称、生产量、生产时间、生产方法、运送量、运送时间、运送目的地、存放地点、运送工具和容器等方面的信息、指令。现在它已经发展到电子看板拉动配送。电子看板拉动是集成条码、系统集成等信息技术在看板系统上的应用，如采用条码扫描方式来传递供货信息，通过看板跟踪控制、条码扫描等功能，解决看板卡在使用时经常遗失的问题。

3. 配送上线方式的选择

对于集配作业中常见的三类汽车零部件，对应的配送上线方式如下。

(1) 大件物料：如发动机、保险杠、座椅等，通常适用于排序配送上线方式；

(2) 中小件物料：如后视镜、雨刮等，通常尽可能采用 SPS 配送上线方式；

(3) 标准件/通用件：如螺栓、螺母、卡扣、垫片、卡环等，通常适用于拉动配送上线方式。

六、汽车零部件集配作业的主要功能区域

汽车零部件集配作业的主要功能区域可以分为：接收码头、检收区、排序缓存区、中小件缓存区、零部件成套(SPS)配送缓存区、空箱(空料架)回收区、翻包作业区等(见表 1.2)。

表 1.2　汽车集部件集配作业的主要功能区域

1. 接收码头 物流车辆到达整车厂后，在接收区域将车上的零部件卸货，卸完货后再到空箱整理区装上对应供应商的空箱返程	
2. 检收区 物流检收人员对零部件进行数量、外观和包装上的核对，检收人员根据手中单据，对实际到货数量进行检查核对。核对一般是以料箱和料架为单位	

（续表）

3. 排序缓存区 体积、重量较大的零部件一般被划分为大件，通常使用专用料架向生产线进行配送。专用料架一般是根据每种零部件的形状定制。大件配送上线前存储的区域称为排序缓存区	
4. 中小件缓存区 尺寸重量较小的零部件被划分为中小件，中小件通常采用料箱包装方式。中小件配送上线前存储的区域称为中小件排序缓存区	
5. 零部件成套(SPS)配送缓存区 零部件成套配送是一种中小件成套拣配的方式。采用零部件成套配送方式的，零件配送上线前存储的区域称为零部件成套配送缓存区	
6. 空箱(空料架)回收区 零件使用完后的空箱(空料架)会放置在指定位置，物流人员在投放下一批的同时，会将空箱(空料架)送回到空箱(空料架)回收区	
7. 翻包作业区 翻包即拆开运输包装或原包装，更换料箱或其他上线包装。实施翻包作业的区域称为翻包作业区	

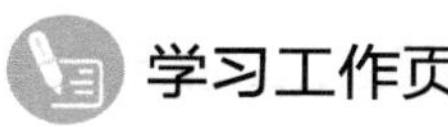

“任务一　认识汽车零部件集配作业流程”学习工作页

班级：__________　　学号：__________　　姓名：__________

一、任务描述

教师带领学生到“汽车零部件集配作业实训中心”或汽车零部件集配物流企业进行现场讲解，学生通过现场调查认识集配作业的主要功能区域，了解汽车零部件集配作业流程，完成学习工作页。

二、任务地点及使用的设施设备

任务地点：汽车零部件集配作业实训中心。

使用的设施设备：集配作业实训集成系统、生产线体、拉动存储料架、配送车、拉动配送电子看板、SPS流利货架、SPS配送上线系统、分拣指示系统、AGV小车、大件物料排序专用料架、汽车零部件等。

三、任务过程

1. 认识集配作业的主要功能区域及物流活动

教师现场讲解汽车零部件集配作业的主要功能区域，学生在教师带领下进行现场调查，认识集配作业的主要功能区域有哪些，主要的物流活动是什么。汽车零部件集配作业实训中心的主要功能区域见图1.4。

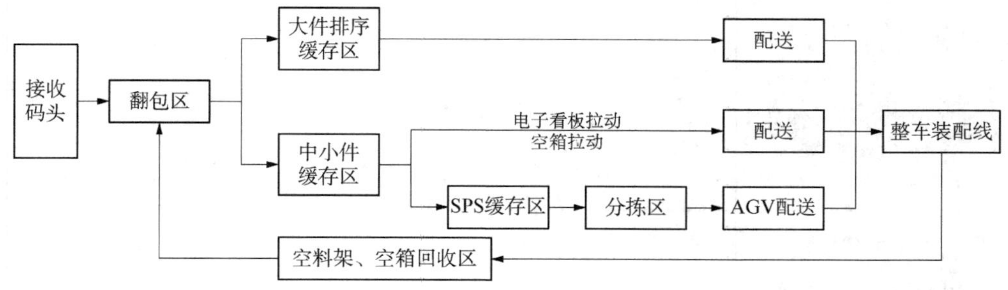

图1.4　汽车零部件集配作业实训中心布局示意图

2. 认识集配作业区域的划分及常见的集配作业的设施设备

学生现场调查集配作业的主要功能区域，观察并了解集配作业区域的划分及常见的集配作业的设施设备，并根据现场了解的情况，填写“汽车零部件集配作业功能区域认知表”（见表1.3）。

表 1.3 汽车零部件集配作业功能区域认知表

集配作业功能区域现场图片	集配作业功能区域名称	集配作业区域的功能和主要物流活动	主要设施设备

3. 查阅资料并回答问题

(1) 汽车零部件集配作业包括哪些内容？为什么要进行汽车零部件集配作业？

(2) 扫码阅读《智能物流行业发展》,回答:未来智能物流发展的趋势有哪些?

阅读材料 1.1　智能物流行业发展

(3) 扫码观看《汽车零部件集配作业实训中心》。通过视频,你了解到哪些智能物流技术的典型应用?并填写下表(见表 1.4)。

微课 1.1　汽车零部件集配作业实训中心

表 1.4　信息技术在汽车零部件集配作业中的应用

集配作业区域名称	集配作业区域的智能物流设施设备	使用的信息技术	与传统设备相比较的优缺点

(4) 总结提升:根据本次现场调查的认知,并通过网络搜索相关资料,阐述你对未来汽车零部件集配物流发展趋势的理解。

四、教师评价与反馈

任务二 编制物料清单

任务导入

凌云公司的生产计划部，在整车装配前，需使用物料需求计划的方法来核算所生产车型的整车装配的零部件需求，并明确零部件配送需求。物料清单是编制物流需求计划的最重要的基础数据之一，在编制物料需求计划之前，必须首先编制出物料清单。因此，本任务的主要内容是学习物料清单的编制要求与方法，收集并整理所生产车型的零部件种类和数量的基础数据，根据数据编制该车型的物料清单，为物料需求计划的编制做好准备。

知识准备

物料清单(bill of material，简称 BOM)是描述产品组成的技术文件，它表明了产品的总装件、分装件、组件、部件、零件、原材料之间的结构关系，以及所需的数量，是计算机可以识别的产品结构数据文件。那么，物料清单里的物料指的是什么呢?

一、物料及物料代码

1. 物料

物料是我国生产领域中的一个专业术语。生产企业习惯将最终产品之外的、在生产领域流转的一切材料统称为“物料”。

对多数企业来说，它有广义和狭义之分。狭义的物料就是指零部件或原材料，而广义的物料包括与产品生产有关的所有的物品，如原材料、辅助用品、半成品、成品等。

2. 物料代码

物料代码是唯一标识物料的代码，通常用字符串或数字表示。它用一组代码来代表一种物料。物料代码可以是无含义的，如流水码，代码简短且保证唯一性；也可以是有含义的，如分成几段依次表示成品、部件、零件、版次或其他标识。它相当于确定物料的“身份证”，以便对物料进行统一管理。

3. 物料代码的管理要求

(1) 其最基本的要求是唯一性，即一种物料不能有多个物料代码，一个物料代码不能对应多种不同规格的物料。

(2) 按照制定的编码规则编制物料代码，编码应体现科学化、标准化、规范化、合理化。

(3) 编码应可以扩充，避免新增料号无法加入而致料号重编。

（4）物料代码统一由物料管理部门编制管理。

（5）每种新物料在公司内部流通前，均应申请物料代码，确定后不能随意更改。

物流“1+X”小贴士

供应链的特征

物料需求计划以最终产品生产计划为中心，把产品制造供应链中与物料管理有关的产、供、销、财各个环节的活动有机联系起来，作为一个整体进行协调，最大限度地降低库存与资金的消耗，减少浪费。因此，要深入准确地理解汽车零部件物流中物料管理的要求，就必须首先了解汽车制造供应链的特点与结构。通常，供应链具有以下特征。

（1）网链结构。因为供应链节点企业组成的跨度（层次）不同，供应链往往由多个、多种类型甚至多国企业构成，所以供应链结构模式比一般单个企业的结构模式更为复杂。

（2）协作共赢。供应链各节点企业以信息共享为基础，以优化供应链绩效为目标，进行协同决策，始终从全局观点出发，采取一种“共赢”的原则，相互信任、团结和同步，提高整个供应链的柔性，实现整个供应链价值的最优化。

（3）动态适应。供应链管理因企业战略和适应市场需求变化的需要，各节点企业需要动态地更新，这就使供应链具有明显的动态性。

（4）需求驱动。供应链的形成、存在、重构，都是基于一定的市场需求发生，并且在供应链的运作过程中，客户的需求拉动是供应链中信息流、产品/服务流、资金流运作的驱动源。

（5）交叉重合。节点企业可以是这个供应链的成员，同时又是另一个供应链的成员，众多的供应链形成交叉结构，增加了协调管理的难度。

想一想：物料代码对汽车制造供应链的形成有什么帮助？汽车制造供应链有哪些特征？哪些特征依赖物料代码？

二、物料清单

1. 物料清单的概念

最终产品是由一系列物料构成的，具体涉及由哪些物料构成、每种物料的数量是多少、物料与物料之间的关系如何等信息。为了便于计算机识别，需将用图表表示的产品的结构转换成数据格式，这种利用数据格式来描述产品结构的文件称为物料清单（见表 1.5）。

表 1.5　汽车整车物料清单示例

E500 新能源车（白色标准型）BOM 表 产品代码：XNYWLHGSBS　编制：CY　编制日期：2019/3/19					
层级	物料代码	物料名称	单位	用量	备　注
1	XNYWLHGSNSZQSB0	左前门装饰板	件	1	

(续表)

E500新能源车(白色标准型)BOM表 产品代码:XNYWLHGSBS　编制:CY　编制日期:2019/3/19					
层级	物料代码	物料名称	单位	用量	备　注
1	XNYWLHGSDLHD150	换挡机构 1.5 L	个	1	
1	XNYWLHGSWGHBXGB	后保险杠　白色	个	1	
1	XNYWLHGSFJZHSJB	左后视镜　白色	个	1	
1	XNYWLHGSFJZQBS0	左前门把手	个	1	
1	XNY00000FJQG150	前雨刮器 15 寸	个	2	
1	XNY00000FJJL150	机油滤清器 1.5 L	个	1	
1	XNYWLHGSFJZQMF0	左前门密封条	件	1	
1	XNYWLHGSFJZHMF0	中门密封条	件	1	
1	XNY00000BZLSM80	螺栓 M8	个	2	
1	XNY00000BZLMM80	螺母 M8	个	2	
1	XNY00000BZDPM80	垫片 M8	个	2	
1	XNY00000BZMFQ00	密封圈	个	2	
1	XNY00000BZDT000	堵头	个	2	

2. 物料清单的内容

物料清单是一个制造企业的核心文件,是描述企业产品组成的技术文件,它不仅列出最终产品的所有构成项目,同时还表明这些项目之间的结构关系,即从原材料到零件、组件,直到最终产品的层次隶属关系,以及它们之间的数量关系。

通常在物料清单中需列出单个产品或最终产品所需的所有零部件的物料编码、名称、数量及其他必要信息。

3. 物料清单的作用

物料清单是制造企业的核心文件,是物料需求计划管理系统的基础,如果物料清单有误,则所有物料需求都会不正确。各个部门的活动都要用到物料清单,生产部门要根据物料清单生产产品,库房要根据物料清单发料,财务部门要根据物料清单计算成本,销售和订单录入部门要通过物料清单确定客户定制产品的构型,维修服务部门要通过物料清单了解需要什么备件,质量控制部门要根据物料清单保证产品正确生产,计划部门要根据物料清单计划物料和能力的需求。

4. 物料清单的展开形式

为了便于计算机管理和处理,物料清单必须具有某种合理的组织形式,因而往往被设计成产品结构树的形式。

1) 单层 BOM

单层 BOM 是指从产品到下面的零部件只有一层的产品结构(见图 1.5)。

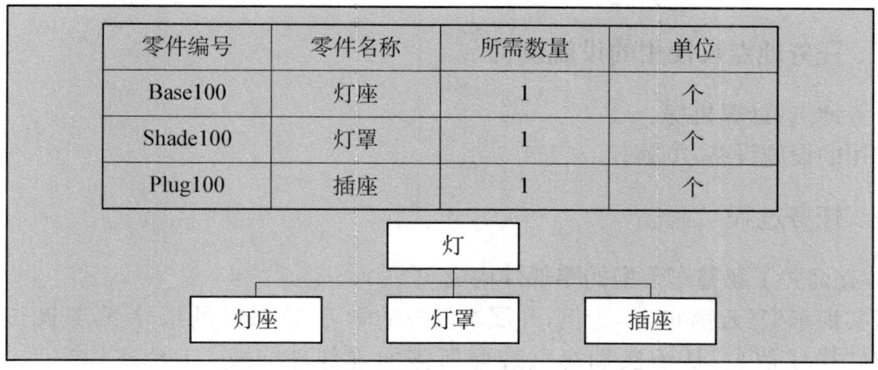

零件编号	零件名称	所需数量	单位
Base100	灯座	1	个
Shade100	灯罩	1	个
Plug100	插座	1	个

图 1.5　单层 BOM 表

2) 多层 BOM

如果产品生产中只有一次装配，则单层 BOM 就足够了，但如果组件下面还有零件，则需用多层 BOM 来描述。多层 BOM 是把最终产品一直分解到原材料。最顶层的最终产品称为 0 层，往下依次称为 1 层、2 层……(见图 1.6)

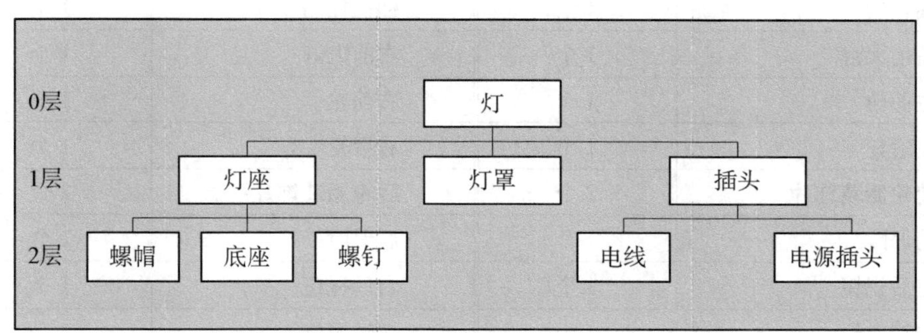

图 1.6　多层 BOM 表

学习工作页

“任务二　编制物料需求清单(BOM)”学习工作页

班级：__________　学号：__________　姓名：__________

一、任务描述

物料清单(BOM)是描述整车的物料构成及关系的基础管理文件，本任务通过知识学习，使学生了解汽车零部件的物料清单的编写原则及方法，并通过在机房实训，训练学生利用所给资料，使用 EXCEL 软件编制物料需求清单的能力。

二、任务地点及使用的设施设备

任务地点：计算机房。

使用的设施设备：电脑。

三、任务过程

1. 查询并了解整车装配的零部件构成

以实训车型(云鹏 6330)为例，开展本任务的学习，在教师的指导下，查阅该车型的零部件构成信息，认识实训车型装配所需的零部件构成。1 台实训车型(云鹏 6330)整车的物料构成信息如下(见表 1.6)。

表 1.6 实训车型(云鹏 6330)整车装配的物料构成信息

零部件	数量	零部件	数量
货车骨架	1个	散热器	1个
发动机盖板	1个	脚刹	1个
油箱盖	1个	档位控制器	1个
左前大灯	1个	右前大灯	1个
左前轮	1个	右前轮	1个
左后轮	1个	右后轮	1个
前轮胎装饰片	2个	后轮胎装饰片	2个
前保险杠	1个	后保险杠	1个
左后视镜	1个	右后视镜	1个
左转向灯	1个	右转向灯	1个
方向盘	1个	左座椅	1个
右座椅	1个	座椅靠枕	2个
左后门	1个	右后门	1个
手刹	1个	仪表盘	1个
内后视镜	1个	左后灯	1个
右后灯	1个	车牌 LOGO	1个
转速表	1个	时速表	1个
直列式六缸发动机	1个		

2. 编写物料代码

按以下编码规则编写该车型(云鹏 6330)的零部件的物料代码，填入“实训车型物料清单”表单(见表 1.7)。

编码规则：物料代码采用 10 位数字+字母的形式。零部件编码统一格式如图 1.7。

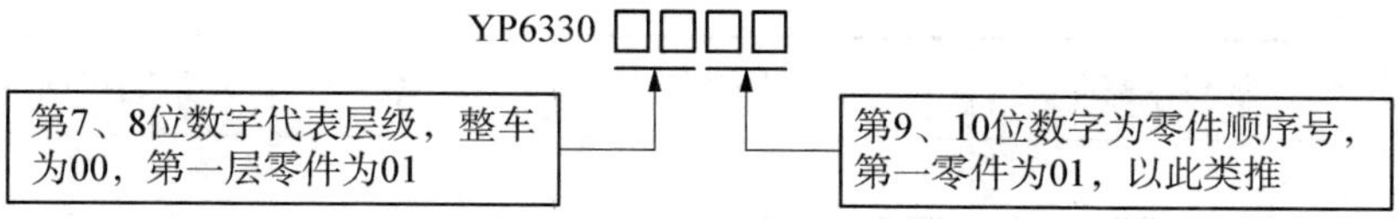

YP6330□□□□

第7、8位数字代表层级，整车为00，第一层零件为01

第9、10位数字为零件顺序号，第一零件为01，以此类推

图 1.7　零部件物料代码编写格式

3. 编写物料清单

根据所给车型整车的物料构成信息，完成“实训车型物料清单”的编写（见表 1.7）。

表 1.7　实训车型物料清单

序号	物料编号	零件名	数量	采购提前期(天)
1				
2				
3				
4				
5				
6				
7				
8				
9				
10				
11				
12				
13				
14				
15				
16				
17				
18				
19				
20				
21				
22				
23				

（续表）

序号	物料编号	零件名	数量	采购提前期(天)
24				
25				
26				
27				
28				
29				
30				
31				
32				
33				
34				
35				

4. 拓展运用

扫码阅读《某企业物料编码管理制度》，回答以下问题：

（1）物料代码由哪个部门统一管理？

阅读材料 1.2　某企业物料编码管理制度

（2）新增物料的代码需要如何管理？

四、教师评价与反馈

任务三　编制物料需求计划

任务导入

凌云汽车有限公司的生产计划与管理部人员，完成物料清单编制后，就需要开始编制物料需求计划。本任务的主要内容是通过知识学习与实践训练，掌握广泛应用于制造企业的物料需求计划的原理与编制方法。首先根据客户合同和市场预测，形成所生产车型的主生产计划，即整车生产装配计划；然后依据主生产计划、物料清单、库存记录和已订未交订单等资料，编制物料需求计划，计算出整车装配所需的零部件的数量和需求时间，明确零部件配送需求。

知识准备

在制造业竞争激烈的市场环境中，无论是单件生产小批量、多品种生产，还是大量生产标准产品的企业，其内部管理都可能会遇到诸如原材料供应不及时或不足、在制品积压严重或数量不清、生产率下降致无法如期交货、市场多变计划调度难以适应等问题，这些问题产生的主要原因是企业对物料需求计划控制不力，因此，必须建立一套现代化企业管理系统来克服这些问题，才能使企业在市场竞争中立于不败之地。

一、物料需求计划的概念

物料需求计划（materials requirements planning，简称 MRP）是一种用于解决相关需求的计划方法。它是依据主生产计划、物料清单、库存记录和已订未交订单等资料，经计算而得到各种物料的需求，同时提出新订单补充以及修正已开出订单的一种实用技术。其管理目标是在正确的时间提供正确的物料（零部件）以满足产品生产计划对物料（零部件）的要求。

二、物料需求计划的作用

（1）企业的职能部门通过物料需求计划有机地结合在一起。

（2）物料需求计划系统可集中管理和维护企业数据，提高了信息处理的效率和可靠性。

（3）物料需求计划系统为企业高层管理人员进行决策提供了有效的决策手段和依据。

（4）企业使用物料需求计划，最终将会使库存显著减少、生产成本降低，从而能够更快地响应市场、及时调整计划。

物流“1+X”小贴士

制订配送作业计划

1. 制订配送主计划

制订配送主计划以便对企业一定时期内所需的资源有大概了解。

2. 制订日配送计划

日配送计划必须具有可操作性，能够指导整体配送工作开展。在充分掌握日配送计划必需的信息资料后，由计算机自动编制，最后形成配送计划表，或借由计算机直接向具体执行部门下达指令。

在不具备上述手段而由人工编制计划时，其主要步骤如下：

(1) 按日汇总各用户需求资料，用地图标明，也可用表格列出；

(2) 计算各用户送货所需时间，以确定起送提前期；

(3) 确定每日各配送点的配送计划，可采用图上或表上作业法完成；

(4) 按计划的要求选择配送手段；

(5) 以表格形式拟订详细配送计划。

想一想：物料需求计划的内容是什么？对应的配送需求是什么？

三、物料需求计划的计算逻辑

物流需求计划的计算逻辑如图 1.8 所示，最终产品的排产量与交货时间决定生产产品所需零部件的数量和时间。主生产计划是最终产品的排产计划，根据主生产计划和物料清单，采用倒排计划的方法，确定每个物料在每个时间段上的需求量。

物料需求计划的输入：主生产计划；物料清单；库存信息。

物料需求计划的输出：车间作业计划和采购部门采购计划。

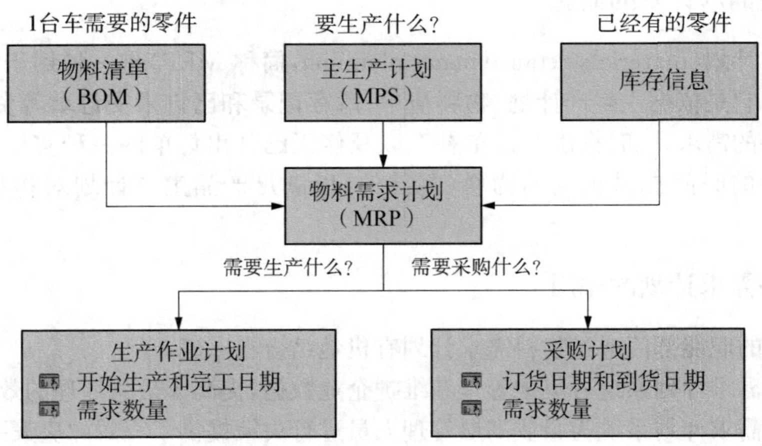

图 1.8 物料需求计划的计算逻辑

四、主生产计划及物料需求计划的计算方法

（一）步骤一：收集计算物料需求计划的相关资料

（1）BOM 表；

（2）库存信息。

（二）步骤二：编制主生产计划

主生产计划（master production schedule，简称为 MPS）是确定每一个具体的最终产品在每一个具体时间段内的生产数量的计划；有时也可能先考虑组件，最后再下达最终装配计划。这里的最终产品是指对于企业来说最终完成且要出厂的完成品，它要具体到产品的品种、型号。这里的具体时间段，通常是以周为单位，在有些情况下，也可以是以日、旬、月为单位。主生产计划详细规定生产什么、什么时段应该产出，它是独立需求计划。它根据客户合同和市场预测，把经营计划或生产大纲中的产品系列具体化，使之成为展开物料需求计划的主要依据。图 1.9 为 YP6330 新能源车的主生产计划示例，该计划以周为时间单位，安排了该车型在 2018 年二季度的投产及产出计划。

YP6330 新能源车主生产计划表

车型：YP6330　计划员：CS　计划单位：台　计划日期：2018/3/27

安全库存量：5　批量增量：10　提前期：1 周　现有库存量：16

项目	期初库存	第 1 周	第 2 周	第 3 周	第 4 周	第 5 周	第 6 周	第 7 周	第 8 周	第 9 周	第 10 周
预测量		15	18	10	30	18	30	32	25	30	25
合同量		20	25	20	25	20	16	35	20	28	25
毛需求		20	25	20	30	20	30	35	25	30	25
在途量		10									
预计可用库存	16	6	1	1	1	1	1	6	1	1	6
净需求		0	19	19	29	19	29	34	19	29	24
计划产出量		0	20	20	30	20	30	40	20	30	30
计划投入量		20	20	30	20	30	40	20	30	30	

图 1.9 主生产计划示例

具体的编制步骤如下。

① 确定毛需求：根据市场部门提供的市场需求预测及客户的订单明确最终产品的需求量。

② 计算净需求：净需求是实际的生产需求。毛需求没有考虑现有库存量、在途量、安全库存，其中，在途量是已经投入生产或已经采购但还未交付的产品或零部件。因此，净需求要根据产品的毛需求、现有库存量、在途量和安全库存量计算，公式如下。

当天净需求 ＝ 当天毛需求 － 前一天的库存量 － 当前在途量 ＋ 安全库存量

注意：如果净需求为负值，也就是现有库存加上在途量之和超过了毛需求，此时，不需要

生产或采购，将净需求改为 0。反之，如果净需求的计算结果为正值，则需生产或采购。

③ 根据净需求和批量确定本期的计划产出量，公式如下。

计划产出 = 大于净需求的批量的整数倍

④ 计算当天的预计库存量，公式如下。

当天的预计库存量 = 计划产出 + 前一天的预计库存量 − 当天毛需求

⑤ 根据生产提前期确定计划投产的时间。

⑥ 按照同样方法，逐天推算，直至计划期结束。

（三）步骤三：计算物料需求计划

① 根据主生产计划和 BOM 表推算所需的物料数量，公式如下。

需求数量 = 计划产量 × 单台用量

期末库存 = 期初库存 + 采购数量 − 需求数量

其中，不考虑批量要求时，采购数量等于需求数量；考虑批量要求时，采购数量应为不小于需求数量的整数倍。

② 根据物料的提前期确定物料采购的时间点。

③ 得到最终的物料需求计划。

学习工作页

“任务三　编制物料需求计划”学习工作页

班级：__________　　学号：__________　　姓名：__________

一、任务描述

本任务主要是通过知识讲解，使学生了解并掌握物料需求计划的原理与编制方法；通过在机房的实践训练，训练学生根据所给资料及数据，用 EXCEL 软件独立编写物料需求计划的能力。

二、任务地点及使用的设施设备

任务地点：计算机房。

使用的设施设备：电脑、集配作业实训集成系统、集配实训项目及指导资源（含实训车型 BOM 表，单一零件规划，实训车型基础生产数据）。

三、任务过程

1. 查询背景资料

在教师的指导带领下，利用课程网站的资源查阅背景资料，查询物料需求计划的编制所依据的基本数据及资料。查看“物料需求计划计算表”（见表 1.8），了解物料需求计划的编制要求。

2. 编制主生产计划

根据凌云汽车有限公司的云鹏 6330 车型整车销售数据及其他基础数据，按以下步骤编写主生产计划，即最终成品(整车)的生产计划，将数据填入“实训车型主生产计划表”(见表 1.8)。

表 1.8　实训车型主生产计划表

批量：		提前期：		编制：			(单位：台)
日　期	期初	3月2日	3月3日	3月4日	3月5日	3月6日	3月7日	3月8日
毛需求		4	2	4	1	5	5	2
预计库存量	5							
净需求								
计划产出								
计划投产								

① 步骤一：查看毛需求，了解整车预计销售情况。

② 步骤二：确定净需求。

净需求要根据产品的毛需求、现有库存量、在途量和安全库存量计算。本案例中，安全库存量为 0，期初在途量为 0，批量为 5 台。

当天净需求 = 当天毛需求 − 前一天的库存量 − 当前在途量 + 安全库存量

③ 步骤三：根据净需求和批量确定本期的计划产出量。

不考虑批量要求时，计划产出等于净需求；考虑批量要求时，计划产出应为不小于净需求的批量的整数倍。

④ 步骤四：计算当天的预计库存量。

当天的预计库存量 = 计划产出 + 前一天的预计库存量 − 当天毛需求

⑤ 步骤五：倒推计划投产的时间(生产提前期为 1 天)。

按照同样方法，逐天推算，直至计划期结束。

3. 编制物料需求计划

根据整车装配计划及相关资料，编制物料需求计划，明确整车生产的物料需求。按以下步骤填写“物料需求计划计算表”(见表 1.9)。

表 1.9　物料需求计划计算表

计划日期：3月2日					计划产量：台					
序号	物料代码	零件名	单台用量	采购提前期(天)	批量	期初库存	需求数量	采购数量	期末库存	采购日期
1		货车骨架		7	无	0				

（续表）

序号	物料代码	零件名	单台用量	采购提前期（天）	批量	期初库存	需求数量	采购数量	期末库存	采购日期
2		散热器		7	无	4				
3		发动机盖板		7	无	0				
4		脚刹		2	无	0				
5		油箱盖		4	无	0				
6		档位控制器		4	无	5				
7		左前大灯		4	无	0				
8		右前大灯		4	无	0				
9		左前轮		4	无	0				
10		右前轮		4	无	0				
11		左后轮		4	无	0				
12		右后轮		4	无	0				
13		前轮胎装饰片		4	无	0				
14		后轮胎装饰片		4	无	0				
15		前保险杠		7	无	0				
16		后保险杠		7	无	0				
17		左后视镜		4	无	0				
18		右后视镜		4	无	0				
19		左转向灯		4	无	0				
20		右转向灯		4	无	0				
21		方向盘		4	无	0				
22		左座椅		4	无	0				
23		右座椅		4	无	0				
24		座椅靠枕		4	无	0				
25		左后门		7	无	0				
26		右后门		7	无	0				
27		手刹		4	无	0				
28		仪表盘		4	无	0				
29		内后视镜		4	无	0				
30		左后灯		4	无	0				
31		右后灯		4	无	0				

（续表）

序号	物料代码	零件名	单台用量	采购提前期（天）	批量	期初库存	需求数量	采购数量	期末库存	采购日期
32		车牌 LOGO		4	10	6				
33		转速表		4	无	0				
34		时速表		4	无	0				
35		直列六缸发动机		7	无	0				

步骤一：根据主生产计划的投产数量和 BOM 表推算各物料需要的数量，填入表中；

步骤二：根据各物料的提前期确定采购订单发出的时间点及交货时间点。

4. 拓展运用

查阅相关资料，请列出你认为的物料需求计划在应用中的优点与缺点。

四、教师评价与反馈

拓展学习："包司令"如何管理物料需求？

班级：__________　学号：__________　姓名：__________

一、案例背景

包司令是一家专业制作特色中式手工鲜包、豆乳的广西知名餐饮品牌连锁企业（见图 1.10），经营 5 年来，连锁门店已发展到 100 多家。目前包司令加盟品牌旗下有众多口味的包子，如灌汤包、流沙包、特色梅菜包、马蹄鲜肉包、秘制酸菜包、手工红豆包、手工香芋包等，真材实料，皮薄馅大，美味健康，深受广大消费者的喜爱。

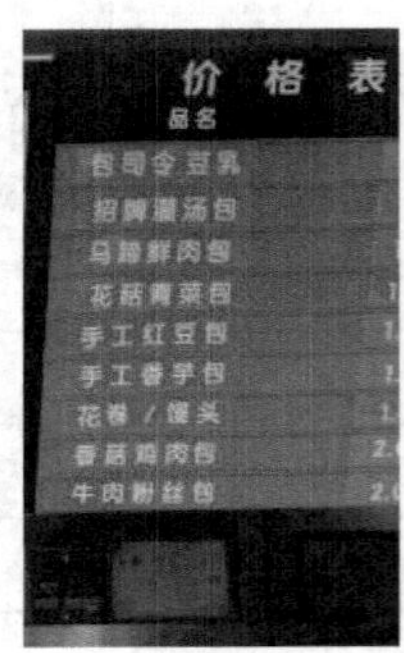

图 1.10 包司令门店

二、包司令的生产物料

包司令的生产涉及哪些物料？具体如下所示。

(1) 产成品：豆乳、招牌灌汤包、马蹄鲜肉包、花菇青菜包、手工红豆包等。

(2) 在制品：各种生包子、各种包子馅、面粉团。

(3) 外购半成品、成品：红豆沙、香芋沙、豆乳。

(4) 原材料：面粉、猪肉、鸡肉、牛肉、花菇、香菇、青菜、马蹄、粉丝、葱、红糖、油、盐、水。

(5) 包装材料：塑料袋、纸袋。

三、获取物料的流程

作为生产包子的企业如何根据生产的需要获得做包子的物料呢？我们可以把获取物料的流程分为三个阶段：需求估算阶段、物料订购阶段、物料配送阶段(见图 1.11)。采用物料需求计划的逻辑，根据生产包子的数量及单个包子需要的物料，进行物料需求估算，按照估算的数量及时间，实施物料订购及物料配送，最终达到满足包子制作的物料需求，保障包子生产顺利进行的目的。

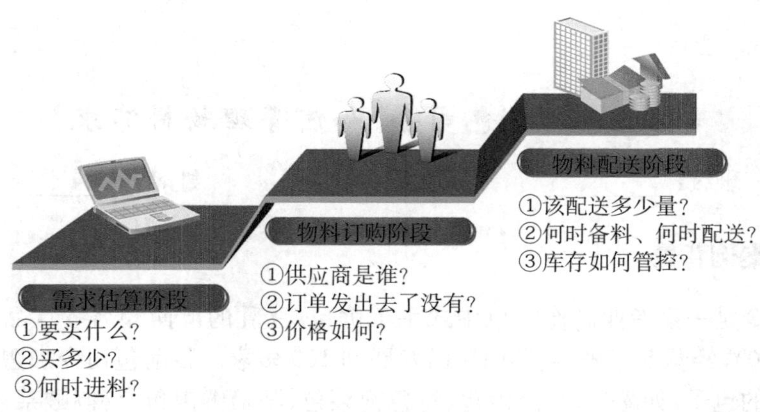

图 1.11 获得原料的流程

四、拓展训练

（1）如果使用物料需求计划的逻辑来管理制作包子的物料，请写出开展物料需求计划的步骤？

（2）以包司令制作的招牌灌汤包为例，假设做一个招牌灌汤包需要的材料是50克面、30克肉馅、2克花生油、3克盐，请编制出招牌灌汤包的物料清单。按每天100个招牌灌汤包的制作需求，编制物料需求计划。

想一想：物料需求计划还可以用于哪些行业？

任务四 职业素养训练：认识集配作业岗位群

任务导入

职业素养包含职业道德、职业心态、职业技能、职业思想等，它可以在职业生涯中决定你的人际交往、处事原则、职业胜任力，以及岗位适应力。具有良好的职业素养，可以更快、更好地适应职场，在工作岗位上发挥更大价值，扩大未来的发展空间。桂豪物流有限公司作为为凌云公司提供物流服务的集配物流企业，它主要的汽车零部件集配作业工作岗位有哪些？对集配作业人员有哪些方面的职业素养要求呢？

知识准备

一、集配作业岗位群

在汽车零部件物流中，完成汽车零部件集配作业服务的物流企业配送中心称为集配中心，根据作业性质，集配作业人员通常可分为四类（见图 1.12）。

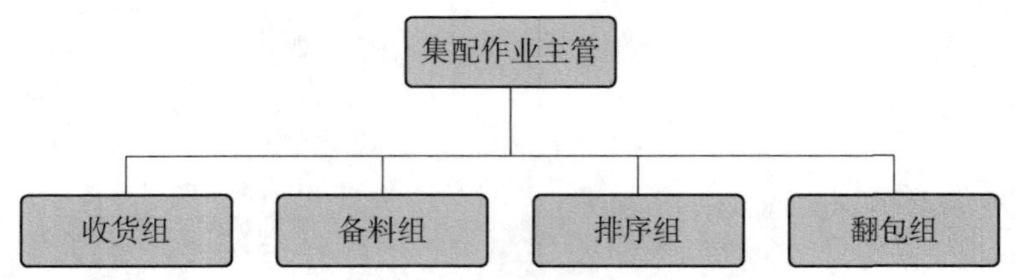

图 1.12 集配作业岗位群的主要岗位

1. 收货组

其主要职责是根据整车厂的收货计划，接收供应商送来的零部件，将零部件转运到缓存区。主要工作人员有收货员、叉车司机、拖车司机等。

2. 备料组

备料组的工作职责是根据整车厂整车装配的计划安排，完成零部件的备料及配送到整车装配线旁。

3. 排序组

排序组的工作职责是根据整车厂整车装配的排序物料的需求，完成零部件的排序并配送到整车装配线旁。

4. 翻包组

翻包组的工作职责是根据整车装配线的上线包装要求，更换零部件的包装。

二、集配作业岗位群的职业素养要求

1. 汽车零部件集配作业的工作特点

汽车零部件物流被国际物流界公认为是最复杂、最具专业性的物流之一。汽车制造生产节拍短，如一辆微型面包车必须要在60秒内完成装配。在进行零部件集配作业时，对物料配送准时性和准确性的要求近乎苛刻，一旦配送零件出错或者没有及时完成配送，都会导致整车厂装配线停线，造成重大损失。因而，要高质量地完成零部件的配送服务，必须培养良好的职业素养。

2. 具体的职业素养要求

精益生产管理(lean production，简称LP)又称精良生产，是汽车制造行业广泛推行的管理体系，其中"精"表示精良、精确、精美；"益"表示利益、效益等。精益生产就是及时制造，消灭故障，消除一切浪费，向零缺陷、零库存进军。把精益管理的要求落实到汽车零部件集配作业岗位群，结合企业工作岗位的要求，可以确定员工应具备工匠精神、全员设备管理意识，并能够安全生产、管理及改善作业现场、快速响应。集配作业人员不仅需要认真学习，掌握集配作业操作管理的知识与技能，还必须注意职业素养的养成，培养符合工作岗位需求的良好的职业素养。

拓展阅读

我国汽车产销量连续13年保持全球第一

汽车制造产业升级，供给丰富，出口快速增加，我国汽车产销量连续13年保持全球第一。

2021年，我国汽车产业在"十四五"开局之年呈现稳中有增的良好发展态势，全年产销分别完成2 608.2万辆和2 627.5万辆，同比分别增长3.4%和3.8%，连续13年保持全球汽车产销量第一。我国作为世界第一汽车市场大国的地位进一步巩固，正向世界汽车强国迈进。

中国品牌乘用车市场份额大幅增加，全年销售954.3万辆，同比增长23.1%，占乘用车销售总量的44.4%，接近历史最好水平，占有率比上年提升6个百分点。

2021年实现新能源汽车出口31万辆，同比增长3倍，超过了历史累计出口总和。同时，产业发展配套环境进一步优化，截至2021年底，累计建成充电站7.5万座，充电桩261.7万个，换电站1 298个，在31个省区市设立动力电池回收服务网点突破1万个。我国新能源汽车已进入加速发展新阶段。2021年，我国新能源汽车市场渗透率达到13.4%，高于上年8个百分点。2025年、2030年新能源汽车渗透率分别达到20%和40%的目标很可能会提前实现。

2022年1月6日，在高亢的汽笛声中，2022年第一趟"中欧班列奇瑞号专列"，满载着120辆汽车及汽车备件，从安徽合肥驶向莫斯科。"2021年，32列中欧班列将4 552台新车运送至俄罗斯市场。"奇瑞国际运营总监殷士俊介绍，2021年奇瑞集团累计出口新车26.92万辆，同比增长136.3%，连续19年位居中国品牌乘用车出口第一。统计显示，2021年，中国品牌汽车企业出口均呈现快速增长。在出口前十企业中，上汽、奇瑞、长安等中国品牌汽车企业同比快速增长，其中4家企业出口增速超过100%。新能源汽车全年出口31万辆，同比增长3倍，英国、挪威、德国、法国等欧洲市场已成为主要增量市场。

资料来源：《人民日报》(2022年1月13日10版)

思考：

(1) 编制物料需求计划对生产608.2万辆汽车所需的汽车零部件集配工作的意义是什么？

(2) 新能源汽车行业的变革与发展对汽车零部件集配工作有什么影响？

学习工作页

“任务四　职业素养训练：集配作业岗位群认知”学习工作页

班级：__________　　学号：__________　　姓名：__________

一、任务描述

本任务主要是通过知识讲解及案例讨论，了解汽车零部件集配作业的职业素养要求，深刻理解“大国工匠精神”对加快制造业转型升级、实现制造大国向制造强国转变的意义。

二、任务地点及使用的设施设备

任务地点：工业物流文化主题馆、汽车零部件集配作业实训中心。

使用的设施设备：集配作业实训集成系统、生产线体、拉动存储料架、配送车、拉动电子看板、SPS流利货架、SPS配送上线系统、分拣指示系统、AGV小车、大件物料排序专用料架等。

三、任务过程

1. 知识点学习

(1) 什么是工匠精神？

工匠精神，是一种职业精神，它是职业道德、职业能力、职业品质的体现，是从业者的一种职业价值取向和行为表现。它的基本内涵包括敬业、精益、专注、创新等。

“工匠精神”一词，最早出自著名企业家、教育家聂圣哲，他培养出来的一流木工匠士，都拥有这种精神。聂圣哲曾呼吁：“中国制造”是世界给予中国的最好礼物，要珍惜这个机会，决不能轻易丢失。“中国制造”熟能生巧了，就可以过渡到“中国精造”。“中国精造”稳定了，不怕没有“中国创造”。要有工匠精神，从“匠心”到“匠魂”。一流工匠要从少年培养。

(2) 如何践行“大国工匠精神”？

自古以来，中华民族不仅勤劳，而且拥有智慧，从来不缺工匠精神，指南针、火药、印刷术、造纸术四大发明就是例证。中国工匠的发明创造惠及整个人类。实现中华民族伟大复兴的中国梦，迫切需要大国工匠精神。

“大国工匠精神”的内涵就在于精益求精、严谨、耐心、专注、坚持、专业、敬业。加快制造业转型升级，实现制造大国向制造强国转变，需要培养大批拥有工匠精神的技能人才。人民对工匠精神的敬仰、崇尚已经融入血液中，成为一种民族文化自觉和习惯，一技一品，精益求精，几百年风尚不变，造就了国家的竞争力。对工匠精神多一份敬重敬畏、多一份纯粹、多一份脚踏实地、多一份专注持久，才能让我们从坐论工匠精神到自觉践行工匠精神，才能让工匠精神支撑“中国制造”转型升级成“中国智造”，才能让工匠精神内化为我们的民族气质和精神气质。

扫码阅读《汽车狂人李书福的工匠精神》，并思考以下问题。

阅读材料1.3　汽车狂人李书福的工匠精神

想一想：

(1)“大国工匠精神”的内涵是什么？

(2) 结合汽车行业的特点，解释践行“大国工匠精神”对汽车生产有什么重要意义？

2. 查阅资料

(1) 精益生产管理的概念及内涵是什么？

(2) 汽车零部件集配作业中的“精益管理习惯”可以从哪些方面来养成？

3. 拓展运用

在你的日常学习和生活中，请举例说明，可以从哪些方面践行“精益管理精神”？

四、教师评价与反馈

课后练习

一、填空题

1. 工匠精神，是一种职业精神，它是________、________、________的体现，是从业者的一种职业价值取向和行为表现。

2. 汽车物流是指汽车供应链上的原材料、零部件、售后配件和整车在各个环节之间的实体流动过程，是汽车从________、________到________以及________各环节的整体物流。

3. 目前，汽车零部件物流发展趋势表现在以下几个方面__________、__________、__________。

4. 物料需求计划是一种面向相关需求物料的计划方法。它是一种依据________、________、________和________、已订未交订单等资料，经计算而得到各种物料需求的实用技术。

5. 物料需求计划的管理目标是____。

二、判断题

1. 汽车零部件集配作业的翻包作业是指将零部件从运输车辆上卸下。 (　　)

2. 编制主生产计划时，如果净需求为正值，也就是现有库存加上在途量之和超过了毛需求，此时，不需要生产或采购。 (　　)

3. 物料清单里的数据是生产一批车所需要的零件种类和数量。 (　　)

4. 物料代码应统一由物料管理部门编制管理。 (　　)

5. 汽车零部件物流发展方向是汽车制造供应链中的各个企业首先关注自身业务的优化和管理，主机厂不需要关注及协调零部件供应商及物流服务企业的零部件供应活动。 (　　)

三、不定项选择题

1“工匠精神”的基本内涵包括(　　)。

A. 敬业　　B. 精益　　C. 专注　　D. 创新

2. 以下关于汽车零部件物流说法错误的是(　　)。

A. 汽车零部件物流通常指供应商与整车厂之间的零部件供应活动，不涉及厂内物流

B. 汽车零部件物流被国际物流界公认为是最复杂、最具专业性的物流之一

C. 汽车成品的运输不属于汽车零部件物流

D. 第三方物流模式是以第三方物流服务商作为汽车零部件物流供应的主体，完成整车厂和零部件供应商的零部件物流供应服务

3. 主生产计划的计算中，毛需求通常是指(　　)。

A. 根据市场的需求预测及客户的订单明确最终产品的需求量

B. 根据产品库存确定的理论上需要生产的产品的数量

C. 1 个产品需要的零部件数量

D. 根据实际生产的批量和净需求确定的实际出产的产品数量

4. 物料需求计划的输入主要包括(　　)。

A. 主生产计划

B. 采购计划
C. 物料清单
D. 库存信息
5. 物料代码的唯一性的要求是指(　　)。
A. 一种物料不能有多个物料代码
B. 一个物料代码不能对应多种不同种类的物料
C. 物料代码统一由物料管理部门编制管理
D. 物料代码应尽可能简短

四、简答题

1. 汽车零部件物流发展方向是“一体化”的含义是什么?
2. 物料需求计划对制造企业的物料管理有什么作用?
3. 什么是精益生产管理?

项目二

单一零件规划的编制

学习目标

1. 知识目标

(1) 掌握单一零件规划的定义与作用；

(2) 了解单一零件规划的编制内容；

(3) 掌握单一零件规划的配送规范、包装规范及存储规范。

2. 技能目标

(1) 能根据资料完成单一零件规划表的编制；

(2) 会使用单一零件规划表，了解零部件的集配作业规范。

3. 素质目标

(1) 培养工作中严谨求实、科学管理的态度；

(2) 培养踏实专注、敬业奉献的工匠精神。

项目导学

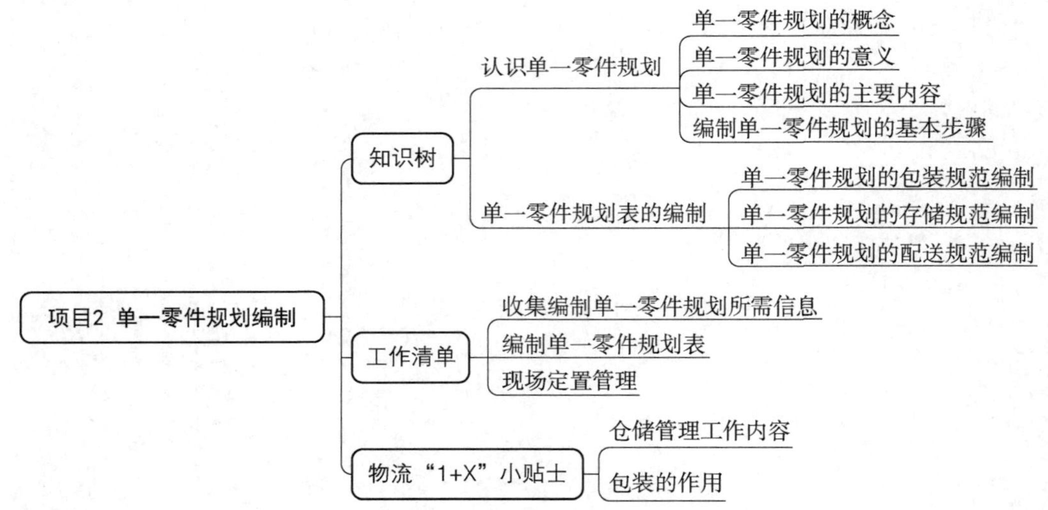

单一零件规划在集配作业管理中的作用

桂豪物流有限公司为凌云公司的整车生产提供汽车零部件集配物流服务，其主要任务是为凌云公司装配线配送整车装配所需的零部件，具体包括左前门密封条、前门把手、右前门密封条、雨刮器、左后门密封条、后视镜、后保险杠、换挡机构、密封圈、堵头等。汽车整车装配需要的零件种类繁多，不同零件在大小、重量、外形上差别很大，在实施零部件集配作业前我们必须首先解决集配作业物流规划的问题，例如某种零件应该采用什么包装方式？在配送上线前应存储在哪个位置？配送的频率以及每次配送的批量是多少？

面对整车装配的大规模的零部件配送需求，如果不能对集配作业的包装、存储、配送等环节进行规范管理，必然会导致操作混乱、成本高、效率低等一系列问题。因此，作为桂豪物流有限公司的物流工程师，首先要收集集配作业涉及的每种零部件的基本信息，为每一种零件建立一个物流计划，包括每种零件的供应商信息、使用频率、存储地点、配送地址、配送方式、配送工具、包装规格以及其他关键数据，使用电子表格或数据库来归纳并存储这些数据，编制每一种零件的物流操作规范，为每一种零件建立门到门的精益物流配送计划，规范零部件集配作业各环节的物流作业要求，这个工作就是集配作业管理中的单一零件规划。随着物流作业条件的变化，集配作业各环节的物流操作可能也需要改变，以适应不断变化的条件，这就要求物流工程师要根据作业条件的变化，检查并调整单一零件规划的内容，实现高效、低成本的精益物流。

请同学们阅读某企业的单一零件规划示例(见表 2.1)，思考以下问题：

(1) 单一零件规划在汽车零部件集配作业物流管理中，有什么作用？如果没有单一零件规划，集配作业会面临什么问题？

(2) 单一零件规划有哪些主要内容？

(3) 桂豪物流有限公司的物流管理人员，应该如何开展单一零件规划的工作，编制各零件在集配作业中的物流操作规范？

表 2.1 某企业单一零件规划表

序号	区域	零件号	零件名称	使用车型	拉动方式	使用车间	单台用量	仓库地址	是否托盘单元	来料箱型	单箱包装数	托盘装载数	最小存量	最大存量（托）	集中排序/翻包区	最小存量	最大存量	待发区	上线箱型	包装数	最小存量	最大存量	供应商 A	供应商 B
1	1 号库	23938240	左前门密封条	KM101F	SPS	一总装	1	R1-B01-18	—	纸箱	150	—	—	3	—	—	—	A 区	B	10	—	—	广州龙华汽车配件厂	柳州龙杰汽配有限公司
2	1 号库	23938241	左前门把手	KM101F	SPS	一总装	1	R1-B01-19	托盘单元	纸箱	540	540	—	3	—	—	—	B 区	A	30	—	—	柳州凌福汽配厂	
3	1 号库	23938243	右前门密封条	KM101F	SPS	一总装	1	R1-B01-20	—	纸箱	150	—	—	3	—	—	—	A 区	B	10	—	—	广州龙华汽车配件厂	柳州龙杰汽配有限公司
4	1 号库	23938244	雨刮器	KM101F	SPS	一总装	1	R1-B01-21	托盘单元	纸箱	200	1 200	—	—	F1-C01-08	1 箱	1	B 区	A	200	1	6	柳州凌福汽配厂	
5	1 号库	23938245	左后门密封条	KM101F	SPS	一总装	1	R1-B01-22	—	纸箱	150	—	—	3	—	—	—	A 区	B	10	—	—	广州龙华汽车配件厂	柳州龙杰汽配有限公司

任务一 认识单一零件规划

任务导入

为实现对汽车零部件配送的精益物流管理，在实施汽车零部件集配作业前，桂豪物流有限公司的物流管理人员首先要针对需要配送的每一种零件进行物流规划，建立零件物流规划的信息库，使得在任何时间、任何地点进行集配作业时，作业人员都能够了解集配作业各环节的物流规范要求，这个信息库就是本项目要学习的单一零件规划。本任务的主要内容是作为桂豪物流有限公司的物流管理人员，首先要认识和了解汽车零部件集配作业中单一零件规划及其作用，在接到集配作业任务后，收集资料，整理编制单一零件规划所需的信息，为下一步编制单一零件规划表做好准备。

知识准备

一、单一零件规划的概念

单一零件规划(plan for each part，简称 PFEP)，是规划零部件物流信息(存储、包装、配送)的规范性文件。汽车零部件的供应需要经历从供应商运输到集配中心再配送上线的过程，中间需要经过包装、搬运、存储、配送等物流环节(见图 2.1)，单一零件规划实际上就是针对每一种零部件，做出的各个环节的物流操作规范。

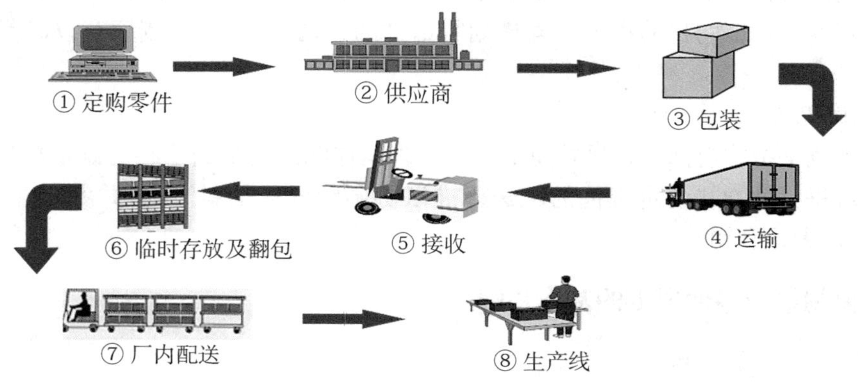

图 2.1 汽车零部件供应物流示意图

二、单一零件规划的意义

(1) PFEP 是物料流动的履历记录;

(2) PFEP 是物料流动的标准化文件,是规范物料各个流动环节的管理标准。

(3) PFEP 的实现是物料管理标准化的要求。

三、单一零件规划的主要内容

PFEP 涉及的内容主要包括物料基本信息、存储规范、配送规范、包装规范等(见图 2.2)。

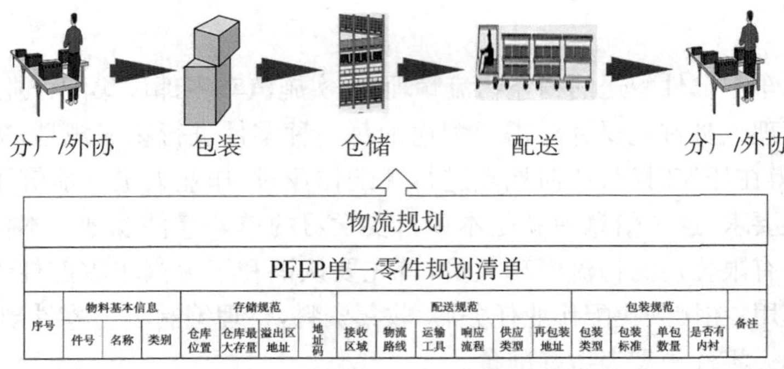

序号	物料基本信息			存储规范				配送规范						包装规范				备注
	件号	名称	类别	仓库位置	仓库最大存量	溢出区地址	地址码	接收区域	物流路线	运输工具	响应流程	供应类型	再包装地址	包装类型	包装标准	单包数量	是否有内衬	

图 2.2 PEEP 主要内容

1. 包装规范

包装规范是指在物流操作中,零部件的包装方式、包装数量等包装要求。在集配物流作业中,需要制定合理的包装规范,实现精益包装,即对每一种零件,设计适当的包装方式及包装数量,以在运输、存放和交付过程中能低成本、高效率地提供质量合格的零件。

实施精益包装的意义:提升物流部门的效率;提升生产线员工的效率;降低成本;改善现场作业环境;提升质量水平。

2. 存储规范

存储规范是指在零部件送到使用地点前指定一个区域,作为固定零件定置点,明确存储要求。制定存储规范的目的在于合理规划零部件的存储,组织和控制库存以满足制造和物流的需要。

3. 配送规范

配送规范是指物流部门按照特定的方式管理运作既定的配送途径。制定配送规范的目的在于针对每一种物料设定规范的配送标准以协调频繁的物料流动,并实现配送人员、设备、盛具的最大化利用。

四、编制单一零件规划的基本步骤

1. 第一步:收集信息

编制单一零件规划表需要收集零件的信息。概括起来,主要有以下几个大类。

(1) 基本信息:名称、型号、数量、重量、单台用量、种类等;

(2) 供应商信息：供应商名称、城市、送货频次等；
(3) 包装信息：包装方式、最小包装数量、包装长、宽、高、防护要求等；
(4) 存储信息：线边地址、线边容器数量、线边层数、仓库地址、数量、溢出区等；
(5) 配送信息：配送形式、接收区域、路线、单次配送量、再包装区域等。

2. 第二步：编制单一零件规划表

(1) 确定单一零件规划管控的物料的存储规范、配送规范、包装规范；
(2) 编制单一零件规划表。

物流“1+X”小贴士

仓储管理工作内容

表 2.2　仓库主管的工作内容

工作事项	具体内容
仓储规划设计	优秀的仓储规划设计对合理保管企业的各类物品起着非常重要的作用，如果仓储规划不合理，就很容易给企业造成损失
物品入库管理	为保证物品的质量，仓库主管必须把好物品入库关，并带领仓储部员工做好物品入库管理的各项准备工作，完善物品入库流程，避免在过程中出现差错。物品入库包括物料入库和半成品、成品入库
物品储存管理	物品储存是仓库主管的核心工作，如果物品储存不当，就很容易发生霉变、出现病虫害等。因此，仓库主管必须做好物品的日常储存工作，确保所有物品能够得到有效保管
物品搬运管理	物品搬运是仓储部日常工作的主要内容。物品搬运是指物品在仓库内部、在仓库与生产设施之间或在仓库与运输车辆之间的转移。仓库主管必须做好物品搬运管理工作
仓库盘点工作	在企业的生产活动中，物品出入库的相关信息都会被记录进相关单据和账册。但盘点仓库现物时，往往会发现实际物品的出入库信息和账册有出入，即存在账面库存和实际库存两种库存，这时就需要仓库主管定期组织人员做好物品盘点工作
物品出库管理	仓库主管要积极督促仓储部员工做好物品出库管理工作，避免出现差错
企业库存控制	库存对企业的运营非常重要，仓库主管必须控制仓库库存，确保库存保持在合理的水平
仓库安全管理	一旦仓库发生安全事故，就会威胁仓库管理人员的人身安全，给企业造成经济损失，因此，仓库主管既要做好仓库日常安全管理工作，也要做好消防安全管理工作
仓库5S与目视化售理	仓库主管要带领仓储部员工做好仓库5S与目视化管理工作，这有助于提高仓储部的工作效率
仓库人员管理	人员是执行工作的主体，仓库主管要配合人力资源部做好仓库人员的招聘、培训与考核等管理工作

想一想：编制 PFEP 对提升集配作业管理工作的效率有何作用？

学习工作页

“任务一 认识单一零件规划”学习工作页

班级：________ 学号：________ 姓名：________

一、任务描述

桂豪物流有限公司承担了为凌云汽车有限公司整车装配线配送零部件的业务。作为集配中心的物流管理人员，在配送前需根据所配送零件的种类及要求，进行零部件配送的物流规划，编制单一零件规划，规范零件配送的各个环节的管理标准。本任务的主要内容是：作为集配中心的物流管理人员对下表列出的3种整车装配需要的零件(见表2.3)，根据所给资料和现场调查，明确其物流配送的要求，收集编制单一零件规划所需的信息，为单一零件规划表的编制做准备。

表2.3 需进行PFEP规划的零部件信息

序号	物料代码	物料名称	单位	单台车用量	运输包装数量
1	MPVWLHGSWGHBXGB	云鹏6550后保险杠白色	件	1	5
2	MPVWLHGSFJYHSJB	云鹏6550右后视镜白色	件	1	1
3	MPV00000BZLSM80	螺钉M8	个	2	50

表2.4 新车型总装生产线装配工位

总装生产线装配工艺			
工 位	装配零部件	工 位	装配零部件
GAA-01L	螺钉、螺母	GAA-01R	雨刮器
GAA-02L	垫片	GAA-02R	后视镜
GAA-03L	密封圈	GAA-03R	前门密封条
GAA-04L	堵头	GAA-04R	前门把手、滤清器
GAA-05L	螺钉、螺母	GAA-05R	后门把手
GAA-06L	垫片	GAA-06R	后保险杠
GAA-07L	密封圈	GAA-07R	换挡机构
GAA-08L	堵头	GAA-08R	前门装饰板

1. 各零件的外形尺寸及重量

(1) 云鹏6550后保险杠(白色)：尺寸(长×宽×高)为180 mm×30 cm×20 cm；重量为10 kg。

(2) 云鹏 6550 右后视镜(白色):尺寸(长×宽×高)为 33 cm×17 cm×20 cm;重量为 1 kg。

(3) 螺栓:尺寸(长×宽×高)为 12×12×15 mm;重量为 20 g。

2. 标准周转箱规格

(1) H 箱尺寸规格:600×400×144 mm;

(2) A 箱尺寸规格:300×200×144 mm;

(3) B 箱尺寸规格:400×300×144 mm。

二、任务地点及使用的设施设备

任务地点:汽车零部件集配作业实训中心

使用的设施设备:汽车零部件后保险杠、右后视镜、螺栓,以及对应的定制料架、纸箱等包装;物料周转箱 3 类,每类 30 个。

三、任务过程

1. 收集单一零件规划管控的零件的基本信息

根据所给资料,确定单一零件规划管控的零件有哪些,并确定零件基本信息。

2. 收集单一零件规划管控的零件集配物流作业的相关信息

学生在教师带领下到汽车零部件集配作业实训中心现场。教师现场讲解各零件集配作业的流程,指导学生现场调查集配物流作业的相关信息。学生做好记录。

(1) 学生根据现场调查的情况,把三种零件的基本信息、上线包装及配送上线方式等填入下表(见表 2.5)。

表 2.5　零件配送方式调查表

零件名称	物料代码	分类	特性	上线包装	配送上线方式

(2) 学生根据现场调查的情况,把三种零件的配送流程,包括包装、存储、配送等集配作业物流相关信息等填入下表(见表 2.6)。

表 2.6　零件集配作业物流相关信息调查表

零件名称	物料代码	配送上线流程	集配作业物流信息

3. 查阅资料并回答问题

(1) 按照集配作业的物流属性来分，后保险杠、右后视镜、螺钉 M8 属于哪一类汽车零部件？它们分别应该选择哪一种配送上线方式？

(2) 扫码阅读《PFET 实例研究》，回答：PFEP 主要涉及哪几个方面的规范？通常包含哪些内容？

阅读材料 2.1 PFET 实例研究

(3) 总结提升：通过网络搜索相关资料，谈谈你对单一零件规划在集配作业管理中的作用的理解。

四、教师评价与反馈

任务二　编制单一零件规划表

任务导入

经过任务1的资料收集及整理后，桂豪物流有限公司的物流管理人员已经完成了集配作业中各零件的物流规划信息的初步任务。本任务的主要内容是根据收集整理的信息，明确集配作业中存储、配送、包装等环节的物流操作规范，将关键信息填入单一零件规划表，完成单一零件规划表的编制，做好汽车零部件集配作业的物流规划。

知识准备

单一零件规划的实质是为每一个零件做物流规划，包括零部件存储、包装、配送。通过单一零件规划，要做到：妥善定位和管理零部件供应的超市；严格控制物料配送路线，把物料配送流程标准化；靠信息拉动，紧密联系本工位的连续物料流，以进行零部件的供应。

一、编制单一零件规划的包装规范

单一零件规划的包装规范应该涵盖包装类型、包装标准、标准包装数量、包装要求等主要内容。对于制造企业，零部件物流包装规范首先要满足精益包装的要求，即通过对零部件包装和物流器具的标准化、系列化、柔性化设计，保证物流的安全、质量、成本及效率，满足精益物流的要求。

1. 精益包装的主要要求

在企业的生产实践中，精益包装的要求包括：

(1) 物料箱的尺寸要适应操作区的需要(零件合理摆放在操作区内)；

(2) 每种零件号都有一种标准包装数量(包括备用和紧急包装)；

(3) 每种零件料箱的尺寸是标准的；

(4) 可根据料箱的标签识别料箱的内容物(零件号，描述，数量等)；

(5) 料箱的设计和选择，提倡用手工推动料箱或使用上料小车，降低叉车的使用率；

(6) 料箱尺寸应该考虑到卡车和铁路货车空间的利用率及装载的稳定性；

(7) 用手搬运的物料箱最多能放供2小时使用的物料；

(8) 非手拿的(大件)物料箱最多能放供4小时使用的物料；

(9) 料箱装料后应是满的；

(10) 尽量使用普通可回收的料箱；

(11) 手送的物料箱/手提箱要符合人机工程以帮助操作工操作；

(12) 物料用制定的(或备用)料箱运输要符合车间的结构要求；

(13) 料箱二次处理的重新包装次数最少；

(14) 空箱放置在合适的返回装置中；

(15) 有确认新包装、现行包装变更和评估现行包装的程序。

应用举例——料箱标签的设计：在料箱的使用中，可根据料箱的标签识别料箱的内容物(见图 2.3)。料箱标签至少要包括以下内容：零件号、描述、标准包装数量、存贮地址、配送地址。标签要易于识别。

图 2.3 料箱标签

想一想：料箱标签为什么要有这些信息？

2. 企业实践中常见的包装类型

在汽车生产规模不断扩大、物流业迅猛发展的时代，对汽车零部件包装容器的要求也越来越高。包装容器对提高厂内、厂外的物流效率，降低物流成本，保障生产效率是至关重要的。

(1) 汽车零件工业包装的原则。

确保使用安全：保证零件的包装容器在使用、运输、搬运等所有环节中的安全性。

保证使用质量：保证零件的包装容器在可能的运输搬运条件和气候条件下的使用质量。

降低制造成本：保证零件的包装容器的精益性，降低制造成本。

符合人机工程要求：关心操作人员，保证零件的包装容器在搬运、取件等环节的合理性。

提高客户满意度：要对客户周到、热情，最大可能满足客户提出的合理要求。

(2) 汽车零件工业包装的分类。

在企业生产实践中，通常有以下几类常见的包装类型。

原包装：供应商所提供的直接用于上线的箱式包装或供应商所提供的经少量改动(如开口)后用于上线的箱式包装，称为原包装。

标准包装：根据汽车零件的外形尺寸、重量、运输保护要求等不同特性，以及考虑物流运输工具车厢内部的摆放尺寸，选用与其相适应的材料和制定相适应的系列化尺寸的标准包装箱，称为标准包装。

特殊包装：大型或外形特殊的零件，不能采用标准包装，只能用经特殊设计制造的器具(料架)进行包装，这种包装被称为特殊包装，也称为料架包装。

排序包装：把同一品种，但不同车型、颜色、产地的，即不同零件号的零件同时混装在一个料架上，这种包装即为排序包装。排序包装器具可以是标准包装箱，也可以是料架。

组合包装：同一个包装容器内放置不同的零部件，然后包装上线，这种包装形式即为组合包装。

托盘包装：零部件体积较大，某些部位需特别保护，不能采用标准包装箱和料架来包装，只能根据零部件的外形，采用加工成型的专用容器(托盘)进行包装，这种包装形式被称为托盘包装。

简易包装：供应商在考虑零件质量保护、运输条件等因素的前提下，为了降低包装成本，采用瓦楞纸、钙塑板或木材等材料进行零件包装，称为简易包装。

线旁包装：包装容器不能直接上线，只能把包装容器内的零部件取出重新挂装在线旁的专用料架上，这种用于存放待上线使用的零件的包装即为线旁包装。

物流“1+X”小贴士

包装的作用

物流的功能要素指的是物流系统所具有的基本能力，这些基本能力有效地组合、联结在一起，便成了物流的总功能，能合理、有效地实现物流系统的总目的，主要包括：包装、装卸搬运、运输、仓储、流通加工、配送和信息处理。

其中包装是指为在流通过程中保护产品、方便储运、促进销售，按一定技术方法采用的容器、材料及辅助物等的总体名称，也指为了达到上述目的而在采用容器、材料和辅助物的过程中施加一定的技术方法等的操作活动。

结合单一零件规划的包装规范编制谈一谈包装的作用。

二、编制单一零件规划的存储规范

单一零件规划的存储规范应该涵盖存储区地址、最大存放量、最小存放量、溢出区地址、先进先出规则、存储要求等主要内容。存储管理在企业实践中的要求包括：

(1) 物料存放区域的数量和位置要最优化；

(2) 每一个号码的零件有一个存储地点；

(3) 所有的零件存放地点要目视化标示出来(标记、标签等)；

(4) 目视控制用于确保安全(安全堆放高度)，物流、库存控制(最小/最大、FIFO、溢出)在车间里都应受到管理；

(5) 从接收码头来的物料直接送到存贮区；

(6) 存储区通道满足物流车与两通行原则；

(7) 存储区域有最小/最大的存放数量要求，并有管理流程例外情况(违反最小/最大规则，不符合存贮规则，溢出等)；

(8) 有管理流程规范溢出区物料的存储管理；

(9) 有废料、不合格物料、工程更改物料存放区和垃圾区，并有规范的目视标识。

存储点布局规则应注意如下几个方面：物流路线最优化；每一个物料有一个固定的存储点；便于物流室管控；有足够的面积来存储物料。

应用举例——存储区的目视化标识卡设计：某集配中心存储区的目视化标识卡(见

图 2.4)，在存储区上方悬挂了存储地址标识，包括存储零件代码、名称、存储地址、零件包装方式、最大存放量、最小存放量等信息。

想一想：目视化标识卡的内容包含了哪些存储规范，对存储管理有什么作用？

图 2.4 存储区的目视化标识卡

三、编制单一零件规划的配送规范

单一零件规划的配送规范应该涵盖接收区域、物流线路、配送工具、配送类型、再包装地址等主要内容。配送管理在企业实践中的要求包括如下几个方面。

管理规则 1：物料存储需有固定的存储地址，便于快速寻找物料；物料需要有明确的配送位置(明确物料配送的目的地)。

管理规则 2：需要明确物料的配送路线，以规范配送行为及合理地调配配送资源。

管理规则 3：根据生产计划及生产消耗量确定配送物料及频次。

其他规则：有物料缺料的紧急响应流程，如物料暗灯系统等；物流通道要保持通畅；配送距离应尽量短；设计合理的配送工具进行配送；使用拉动信号来配送物料。

应用举例——某集配中心的配送需求核算表(见图 2.5)：在配送需求核算中需核算零件配送需求，根据配送需求及配送包装计算料车可装箱数、配送拉动频率，规划配送线路。

序号	零件号	零件名称	单位	每班需求量	每个料车可装料箱数（容器数）	每班所需料箱数量	每个料车满载量（零件数）	每班所需料车数	拉动频率（每班）	内部运输路线
1	1007022	气门油封	台	450	8	9	400	1.125	2	2
2	1007014	进气门	台	225	8	9	200	1.125	2	2
3	1007012	排气门	台	450	8	9	400	1.125	2	2
4	1007100	摇臂轴	台	450	6	9	300	1.500	2	2
5	GB/T70.1-2000	摇臂轴螺钉6×16	台	900	6	9	600	1.500	2	2
6	GB/T900-1988	进排气侧双头M8×25	台	450	6	9	300	1.500	2	2
7	GB/T16674-1996	进气歧管带盘螺母M8	台	450	6	9	300	1.500	2	3
8	GB/T900-1988	进气歧管螺栓	台	450	6	9	300	1.500	2	3
9	GB/T900-1988	进气歧管连接螺栓	台	450	6	9	300	1.500	3	3
10	1002027	一道环	台	225	6	9	150	1.500	3	2
11	1002026	二道环	台	225	6	9	150	1.500	3	2
12	1002023	上下刮油环	台	225	6	9	150	1.500	2	2

图 2.5 某集配中心的配送需求核算表

想一想：配送需求核算需要哪些数据，应该如何去收集？

学习工作页

"任务二　单一零件规划表的编制"学习工作页

班级：__________　　学号：__________　　姓名：__________

一、任务描述

单一零件规划的实质是制造企业对零部件物流系统（包括存储、包装、配送）的规划，目的是为生产所需的每一种零件建立门到门的精益物料供应系统。最终我们编制的单一零件规划的规范性文件就是单一零件规划表。本任务的主要内容是作为桂豪物流有限公司集配中心的物流管理人员，已完成了对所给零件编制单一零件规划所需信息的收集，现需要根据收集的信息，依据单一零件规划编制的要求，编写完成单一零件规划表。通过本任务了解单一零件规划表的编制及其在企业实践中的应用。集配中心的相关物流的作业信息如下：

1. 窗口接收区域

窗口接收区分 3 个区域，即 A 区、B 区、C 区。现规划在 A 区收大件，在 B 区收中小件，在 C 区收标准件及通用件。

2. 规划缓存区域

排序缓存区采用就地堆码的方式，可用的区域地址如下（见表 2.7）。

表 2.7　排序缓存区可用的区域地址

PX - 07（空）	PX - 06（空）	PX - 05（空）	PX - 04（空）	PX - 03（空）	PX - 02（空）	PX - 01（空）

接收配送区域采用超市料架存放，可用的区域地址如下（见表 2.8）。

表 2.8　超市料架区可用的区域地址

箱型	A 箱	A 箱	A 箱	A 箱	A 箱	A 箱	B 箱	B 箱	B 箱	B 箱	B 箱	B 箱
地址	B-3-1	B-3-2	B-3-3	B-3-4	B-3-5	B-3-6	C-3-7	C-3-8	C-3-9	C-3-7	C-3-8	C-3-9
箱型	A 箱	A 箱	A 箱	A 箱	A 箱	A 箱	B 箱	B 箱	B 箱	B 箱	B 箱	B 箱
地址	B-2-1	B-2-2	B-2-3	B-2-4	B-2-5	B-2-6	C-2-7	C-2-8	C-2-9	C-2-7	C-2-8	C-2-9
箱型	A 箱	A 箱	A 箱	A 箱	A 箱	A 箱	B 箱	B 箱	B 箱	B 箱	B 箱	B 箱
地址	B-1-1	B-1-2	B-1-3	B-1-4	B-1-5	B-1-6	C-1-6	C-1-6	C-1-6	C-1-6	C-1-6	C-1-6

SPS 配送缓存区采用超市料架存放,可用的区域地址如下(见表 2.9)。

表 2.9　SPS 配送缓存区可用的区域地址

箱型	B箱	B箱	B箱	B箱	B箱	B箱	B箱	B箱	B箱	B箱	B箱	B箱
地址	S-5-1	S-5-2	S-5-3	S-5-4	S-5-5	S-5-6	S-5-7	S-5-8	S-3-9	S-3-10	S-3-11	S-3-12
箱型	B箱	B箱	B箱	B箱	B箱	B箱	B箱	B箱	B箱	B箱	B箱	B箱
地址	S-4-1	S-4-2	S-4-3	S-4-4	S-4-5	S-4-6	S-4-7	S-4-8	S-4-9	S-4-10	S-4-11	S-4-12
箱型	B箱	B箱	B箱	B箱	B箱	B箱	B箱	B箱	B箱	B箱	B箱	B箱
地址	S-3-1	S-3-2	S-3-3	S-3-4	S-3-5	S-3-6	S-3-7	S-3-8	S-3-9	S-3-10	S-3-11	S-3-12
箱型	B箱	B箱	B箱	B箱	B箱	B箱	B箱	B箱	B箱	B箱	B箱	B箱
地址	S-2-1	S-2-2	S-2-3	S-2-4	S-2-5	S-2-6	S-2-7	S-2-8	S-2-9	S-2-10	S-2-11	S-2-12
箱型	B箱	B箱	B箱	B箱	B箱	B箱	B箱	B箱	B箱	B箱	B箱	B箱
地址	S-1-1	S-1-2	S-1-3	S-1-4	S-1-5	S-1-6	S-1-7	S-1-8	S-1-9	S-1-10	S-1-11	S-1-12

拉动缓存区采用普通料架存放,可用的区域地址如下(见表 2.10)。

表 2.10　拉动缓存区可用的区域地址

零件	垫片		自攻螺钉		螺栓 M8		螺母 M8	
箱型	L箱		L箱		L箱		L箱	
地址	L-5-1	L-5-7	L-6-1	L-6-7	L-7-1	L-7-7	L-8-1	L-8-7
	L-5-2	L-5-8	L-6-2	L-6-8	L-7-2	L-7-8	L-8-2	L-8-8
	L-5-3	L-5-9	L-6-3	L-6-9	L-7-3	L-7-9	L-8-3	L-8-9
	L-5-4	L-5-10	L-6-4	L-6-10	L-7-4	L-7-10	L-8-4	L-8-10
	L-5-5	L-5-11	L-6-5	L-6-11	L-7-5	L-7-11	L-8-5	L-8-11
	L-5-6	L-5-12	L-6-6	L-6-12	L-7-6	L-7-12	L-8-6	L-8-12

二、任务地点及使用的设施设备

任务地点:汽车零部件集配作业实训中心。

使用的设施设备：汽车零部件后保险杠、右后视镜、螺栓，以及对应的定制料架、纸箱等包装；3 类物料周转箱，每类 30 个。

三、任务过程

1. 认识与了解单一零件规划表

打开“单一零件规划(PFEP)表”模板(见表 2.11)，了解单一零件规划表的内容及基本结构，以及表中各部分的填写要求。

表 2.11　单一零件规划(PFEP)表

<table>
<tr><th colspan="21">厂内单一零件规划(PFEP)</th></tr>
<tr><th colspan="5">基本信息</th><th colspan="4">窗口接收</th><th colspan="4">接收配送中心</th><th colspan="5">配送缓冲</th><th colspan="3">生产线旁</th></tr>
<tr><th>序号</th><th>物料代码</th><th>名称</th><th>尺寸</th><th>配送方式</th><th>接收窗口</th><th>包装类型</th><th>标准包装数</th><th>运输工具</th><th>存储地址</th><th>包装类型</th><th>标准包装数</th><th>运输工具</th><th>存储地址</th><th>包装方式</th><th>标准包装数</th><th>配送工具</th><th>配送方式</th><th>线旁地址</th><th>包装类型</th><th>标准包装数</th></tr>
<tr><td>1</td><td></td><td></td><td></td><td></td><td></td><td></td><td></td><td></td><td></td><td></td><td></td><td></td><td></td><td></td><td>2</td><td></td><td></td><td></td><td>1</td><td></td></tr>
<tr><td>2</td><td></td><td></td><td></td><td></td><td></td><td></td><td></td><td></td><td></td><td></td><td></td><td></td><td></td><td></td><td>5</td><td></td><td></td><td></td><td></td><td></td></tr>
<tr><td>3</td><td></td><td></td><td></td><td></td><td></td><td></td><td></td><td></td><td></td><td></td><td></td><td></td><td></td><td></td><td>50</td><td></td><td></td><td></td><td>10</td><td></td></tr>
</table>

2. 编写单一零件规划表

想一想：在集配作业中我们通常把物料分成几个大类？分别适合采用哪种配送上线的方式？

(1) 步骤一：根据所给资料，完成零部件“基本信息”栏的填写。

根据所给资料查询云鹏 6550 后保险杠白色、云鹏 6550 右后视镜白色、螺钉 M8 这三种零件的名称、代码及尺寸，确定三种零件适合采用的配送方式，填写表 2.11 中的“基本信息”栏。

(2) 步骤二：完成排序配送上线的零件的物流规划，填写单一零件规划表。

根据对排序配送流程的调查和分析，确定使用排序配送上线方式的零件在窗口接收、接收配送中心、配送缓存、生产线旁等各个物流节点的物流规划，包括存储地址、包装类型、标准包装数、运输工具等，填入表 2.11 中的对应部分。

(3) 步骤三：完成 SPS 配送上线的零件的物流规划，填写单一零件规划表。

根据对 SPS 配送流程的调查和分析，确定使用 SPS 配送上线方式的零件在窗口接收、接收配送中心、配送缓存、生产线旁等各个物流节点的物流规划，包括存储地址、包装类型、标准包装数、运输工具等，填入表 2.11 中的对应部分。

(4) 步骤四：完成看板拉动配送上线的零件的物流规划，填写单一零件规划表。

根据对看板拉动配送流程的调查和分析，确定使用看板拉动配送上线方式的零件在窗口接收、接收配送中心、配送缓存、生产线旁等各个物流节点的物流规划，包括存储地址、包装类型、标准包装数、运输工具等，填入表 2.11 中的对应部分。

3. 拓展运用

(1) 在制造企业中，单一零件规划除了能够用于规划零部件物流系统（包括存储、包装、配送），还可以应用于哪些方面？

(2) 除了汽车制造业，其他的制造企业（如螺蛳粉生产企业）能否实施单一零件规划？如何实施？

四、教师评价与反馈

任务三　职业素养训练：现场定置管理训练

任务导入

定置管理是“6S”活动的一项基本内容，是“6S”活动的深入和发展。“6S”管理包括整理、整顿、清扫、清洁、素养、安全，它指在生产现场对人员、机器、材料、方法等生产要素进行有效管理，从而达到提高整体工作质量的目的。它是指通过对生产现场的整理、整顿，把生产中不需要的物品清除掉，把需要的物品放在规定位置上，使其随手可得，促进生产现场管理文明化、科学化，达到高效生产、优质生产、安全生产。将生产现场的物品按要求定置对物流操作现场作业人员来说，是必须养成的一种行为规范。那么，如果我是桂豪物流有限公司的物流操作班长王小强，作为现场的管理人员，我应该如何根据定置管理的要求，在集配作业现场推行定置管理呢？

知识准备

一、定置管理的起源

定置管理起源于日本，由日本青木能率（工业工程）研究所的青木龟男先生始创。他根据日本企业生产现场管理实践，提出了定置管理这一新的概念，后来又由日本企业管理专家清水千里先生在应用的基础上，发展了定置管理，把定置管理总结和提炼为一种科学的管理方法，并于 1982 年出版了《定置管理入门》一书。

二、定置管理及其作用

1. 定置管理的概念

定置管理是对物的特定管理，是其他各项专业管理在生产现场的综合运用，是研究企业在生产活动中人、物、场所三者关系的一门科学。通过分析三者的相互关系，有效地实现人与物的结合。它的目的是根据企业生产活动的实际需要，从优化物流系统出发，使生产过程中的人、物、场所三者在时间、空间上优化组合，并按三者之间的内在联系进行整理整顿，从而实现提高劳动率及安全生产、文明生产。

2. 定置管理的作用

1）改善企业生产现场面貌

通过推行定置管理，可以规范企业现场物料、设施设备的放置，把生产中不需要的物品清除掉，使企业生产现场整齐、清洁、卫生，改变困扰企业生产现场的脏、乱、差现象。

2）促进安全生产

通过推行定置管理，生产现场中的人、物、场所三者之间达到最佳结合状态，物料、设施设备整齐有序，通道畅通，有效地减少了发生安全事故的隐患，降低了安全事故率，促进了安全生产的实现。

3）提高员工素质

定置管理是“6S”管理的重要内容，也是“6S”活动的深入和发展。推行定置管理利于培养员工良好的行为规范，通过规范化、制度化、日常化的要求，建立素质优良、工作高效的员工队伍，达到内强素质、外树形象的目的。

4）提高企业生产效率

通过推行定置管理，可以根据企业生产工艺流程的要求，对生产现场各环节的区域、岗位的各类物品进行认真定置，使人、物、场所达到最佳结合状态，实现工艺优化、物流有序、操作规范，对提高生产效率起到促进作用。

三、如何推行定置管理

1. 定置管理“三定”原则

定位置：规定物品堆放、工具放置、通道、班组（个人）工作场地的位置；

定数量：对各区域堆放物品、设备、工具的数量加以限制；

定区域：可将产品堆放区具体划分为合格品区、不合格品区、待检区等。

2. 定置管理的推行

定置管理的推行涉及诸多环节，具体的流程图如下（见图 2.6）。

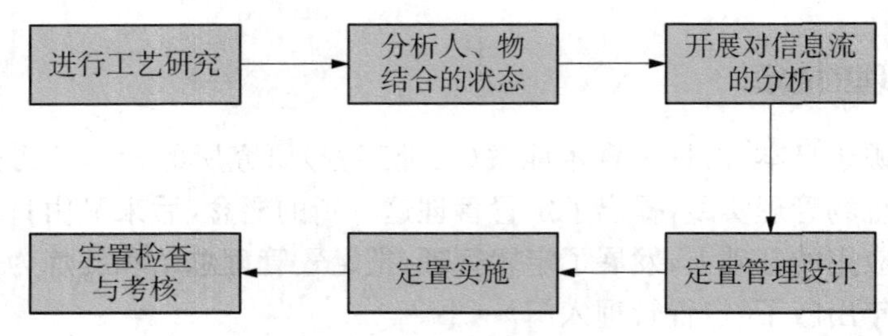

图 2.6 定置管理的推行

1）进行工艺研究

对生产现场现有的加工方法、设备、工艺流程进行详细研究，确定工艺在技术水平上的先进性和经济上的合理性，分析是否需要和是否可能用更先进的工艺手段及加工方法，从而确定生产现场产品制造的工艺路线和搬运路线。具体的步骤为：首先对现场进行调查，详细记录现行方法；其次分析记录的事实，寻找存在的问题；最后拟定改进方案。

2）分析人、物结合的状态

人与物的结合可归纳为 A、B、C 三种基本状态。

A 状态：表现为人与物处于能够立即结合并发挥效能的状态。例如，操作者使用的各种工具，由于摆放地点合理而且固定，当操作者需要时能立即拿到或做到得心应手。

B状态：表现为人与物处于寻找状态或尚不能很好发挥效能的状态。例如，一个操作者想加工一个零件，需要使用某种工具，但由于现场杂乱或忘记了这一工具放在何处，结果因寻找而浪费了时间。

C状态：是指人与物没有联系的状态。这种物品与生产无关，不需要人去同该物结合。例如，生产现场中存在的已报废的设备、工具、模具，生产中产生的垃圾、废品、切屑等。这些物品放在现场，必将占用作业面积，而且影响操作者的工作效率和安全。

实施的要点是通过相应的设计、改进和控制，消除C状态，改进B状态，使之都成为A状态，并长期保持下去。

3）开展对信息流的分析

人与物的结合，需要有四个信息媒介物，缺一不可。

位置台账：表明“该物在何处”，通过查看位置台账，可以了解所需物品的存放场所。

平面定置图：表明“该处在哪里”。在平面定置图上可以看到物品存放场所的具体位置。

场所标志：表明“这儿就是该处”。它是指物品存放场所的标志，通常用名称、图示、编号等表示。

物品标示：表明“此物即该物”。它表示对应的物品。

4）定置管理设计

定置图设计：定置图是对生产现场所在物进行定置，并通过调整物品改善场所中人与物、人与场所、物与场所的相互关系的综合反映图。

信息媒介物设计：包括信息符号设计、定置看板、定置标志等。它们都是实现目视管理的手段。

5）定置实施

定置实施包括清除与生产无关之物、按定置图实施定置、放置定置标志。它要求必须做到：有图必有物，有物必有区，有区必挂牌，有牌必分类；按图定置，按类存放，账（图）物一致。

6）检查与考核

必须建立定置管理的检查、考核制度，按标准进行奖罚，以实现定置管理长期化、制度化和标准化。

定置考核的基本指标是定置率，它表示生产现场中必须定置的物品已经实现定置的程度。公式如下所示。

$$定置率=\frac{实际定置的物品个数}{定置图规定定置的物品个数}\times 100\%$$

定置后的验收检查：检查不合格的不予通过，须重新定置，直到合格为止。

拓展阅读

向下扎根　向上生长——东风公司劳模洪威

东风本田三个工厂的总装车间，一台台设备，一个个零件……总装3科保全系系长洪威对这些已经再熟悉不过了，这里浸润着他的青春记忆。自2004年进入东风本田，洪威扎根生产一线17年，以初心筑匠心，练就过硬的设备维护管理、修旧利废及技术改善专业技能，是名副其实的技术创新能手。他组织开展的“玻璃自动输送装置”和“座椅线横跨装置”项目荣获国家知识产权局实用新型专利；参与的大型能扩项目“二工厂10万台主线设计与应用”和“二工厂底盘横向搬送设计与应用”分别荣获东风公司科技进步奖一等奖和二等奖。

“求真溯源，将每一个问题都弄透”，在东风本田企业文化中，“不懈地钻研和努力”被写进行动方针，并将“三现主义”作为研究和解决问题时重要的思考方式。“三现”，指的是现场、现物、现实。就是说，当发生问题的时候，要快速到“现场”去，亲眼确认“现物”，认真探究“现实”，并据此提出和落实符合实际的解决办法。

洪威就是“三现主义”的忠实实践者。深入一线，处理设备故障时追本溯源，精研细磨，力求彻底解决、形成经验，在洪威的身上，始终有一种向上的力量，有一种执着的职业情感。“他是一个工作上挺‘较真’的人，求真溯源，将每个问题都弄透。”洪威对工作的态度，让东风本田总装3科IPU分装系系长雷辉对敬业与责任有了更深刻的认识。“再改善一点、效率再高一些”，总装3科保全系员工柳欢对师傅洪威的口头禅记忆深刻。

有激情、有梦想，保持不懈钻研与挑战的精神，自觉把人生理想融入企业发展的宏大愿景之中，书写个体与企业和谐发展的精彩篇章，富有东本特色的新时代劳模精神在洪威身上体现得淋漓尽致。东风本田的“洪威”们，正是这个企业向上生长的不竭动能。

资料来源：《洪威：向下扎根　向上生长》，https://www.dfmc.com.cn/news/company/news_20210510_1012.html.

思考：

(1) 劳模洪威在工作中踏实专注、敬业奉献，这为什么会对东风公司向上生长产生重要影响？

(2) 如何在汽车零部件作业运作与管理中养成踏实专注、敬业奉献的精神？

学习工作页

“任务三　职业素养训练：现场定置管理训练”学习工作页

班级：＿＿＿＿＿　学号：＿＿＿＿＿　姓名：＿＿＿＿＿

一、任务描述

本任务主要是利用所学知识，以汽车零部件集配作业实训中心为应用场景，对学生进行作业现场定置管理训练，培养在企业精益物流运作中所需的定置管理的基本技能及素养。

二、任务地点及使用的设施设备

任务地点：汽车零部件集配作业实训中心。

使用的设施设备：各类汽车零部件，以及定制料架、纸箱等包装；物料周转箱3类，每类30个；SPS流利货架；生产线体。

三、任务过程

1. 任务要求

在汽车零部件集配作业实训中心，针对集配作业的现场，在开展调查、分析作业流程的基础上，制定定置管理的实施措施及考核标准。

2. 任务实施

1）进行工艺研究

对集配作业现场的配送方法、设备、流程进行详细研究，分析现有的配送流程，针对存在问题提出改善措施。请将调查分析结果填入“集配作业现场流程调查表”（见表2.12）。

表2.12　集配作业现场流程调查表

配送方式	配送流程	存在问题	改善对策

2）分析人、物结合的状态

评估集配作业流程中各环节的人、物结合的状态，通过相应的设计、改进和控制，消除C状态，改进B状态，使之都成为A状态，并长期保持下去。请将结果填入“人物结合状态的分析表”（见表2.13）。

表2.13　人物结合状态的分析表

作业环节	人、物结合的状态	存在问题	改善对策

3）开展对信息流的分析

分析作业现场的信息媒介物是否满足要求，包括位置台账、平面定置图、场所标志、物品标示等，并填写“信息流分析表”（见表2.14）。

表2.14　信息流分析表

信息媒介	现场调查情况	存在问题	改善对策
位置台账			
平面定置图			
场所标志			
物品标示			

4）定置管理设计

设计集配作业现场定置图及各区域所需的信息媒介物。

5）提出定置实施

提出定置实施措施，做到：有图必有物，有物必有区，有区必挂牌，有牌必分类；按图定置，按类存放，账（图）物一致。

6）制定检查与考核措施

制定集配作业现场定置管理的检查与考核办法，以实现定置管理长期化、制度化和标准化。

想一想：在汽车零部件集配作业中，定置管理对企业的精益物流运作有什么积极意义？如何在日常工作中培养自己在这方面的职业素养？

3. 拓展运用

举例说明，在你的日常生活中，可以如何践行“定置管理”，提升自己的个人素养？

四、教师评价与反馈

课后练习

一、填空题

1. 工匠精神，是一种职业精神，它是________、________、________的体现，是从业者的一种职业价值取向和行为表现。

2. 单一零件规划的英文为________________________，简称________，是规划零部件物流信息的规范性文件。

3. 精益包装是指对每一种零件，设计适当的________及________，以在运输、存放和交付过程中以能________、________、________地提供零件。

4. 定置管理中人与物的结合，可归纳为三种基本状态，即____________、______________和____________，其中________是指人与物处于能够立即结合并发挥效能的状态。

5. 单一零件规划的存储规范应该涵盖________、________、________、________、先进先出规则、存储要求等主要内容。

二、判断题

1. 汽车零部件集配作业中的线旁包装是指供应商在考虑零件质量保护、运输条件等因素前提下，为了降低包装成本，采用瓦楞纸、钙塑板或木材等材料进行零件包装的形式。（　　）

2. 单一零件规划的实质是为每一个零件做物流规划，规划零部件的存储、包装、配送。（　　）

3. 单一零件规划的配送规范应该涵盖物流线路、配送工具、包装标准、标准包装数量等内容。（　　）

4. 单一零件规划的实现是物料管理标准化的要求。（　　）

5. 定置考核的基本指标是定置率，它表明生产现场中必须定置的物品已经实现定置的程度。（　　）

三、不定项选择题

1. 单一零件规划表主要内容包括（　　）。

A. 零部件的基本信息　　B. 配送方式

C. 零件存储地址　　D. 标准包装数

2. 定置管理设计主要包括（　　）。

A. 定置图设计　　B. 确定定置考核的基本指标

C. 确定人和物的结合状态　　D. 信息媒介物设计

3. 单一零件规划的配送规范的三个原则是（　　）。

A. 物料存储需有固定的存储地址，便于配送中快速寻找物料

B. 需要明确物料的配送路线，以规范配送行为及合理地调配配送资源

C. 每一个物料有一个固定的存储点

D. 根据生产计划及生产消耗量确定配送物料及频次

4. 汽车零件工业包装的原则包括（　　）。

A. 确保使用安全　　B. 保证使用质量

C. 降低制造成本　　　　　　　　D. 提高客户满意度

5. 通过单一零件规划，要做到(　　)。

A. 妥善定位和管理零部件供应的超市

B. 规定物品堆放、工具放置、通道、班组工作场地的位置

C. 严格规划物料配送路线，把物料配送流程标准化

D. 靠信息拉动，紧密联系本工位的连续物料流，以进行零部件的供应

四、简答题

1. 结合东风公司劳模洪威的案例，谈谈如何在工作中践行工匠精神的“敬业”与“专注”？

2. 单一零件规划对精益物流运作有何意义？

3. 单一零件规划包括哪些主要内容？

项目三

窗口接收作业

学习目标

1. 知识目标

(1) 了解汽车零部件窗口接收作业的流程；

(2) 认识时间窗口的概念和规划方式；

(3) 掌握先进先出的内涵和常用方法；

(4) 了解溢出物料管理方法。

2. 技能目标

(1) 能编制窗口接收计划；

(2) 能按管理要求完成零部件验收工作；

(3) 能按照先进先出要求转运零部件至缓存区。

3. 素质目标

(1) 践行持之以恒、自强不息的工匠精神；

(2) 传播柳州工业文化，增强践行工匠精神的自驱力。

项目导学

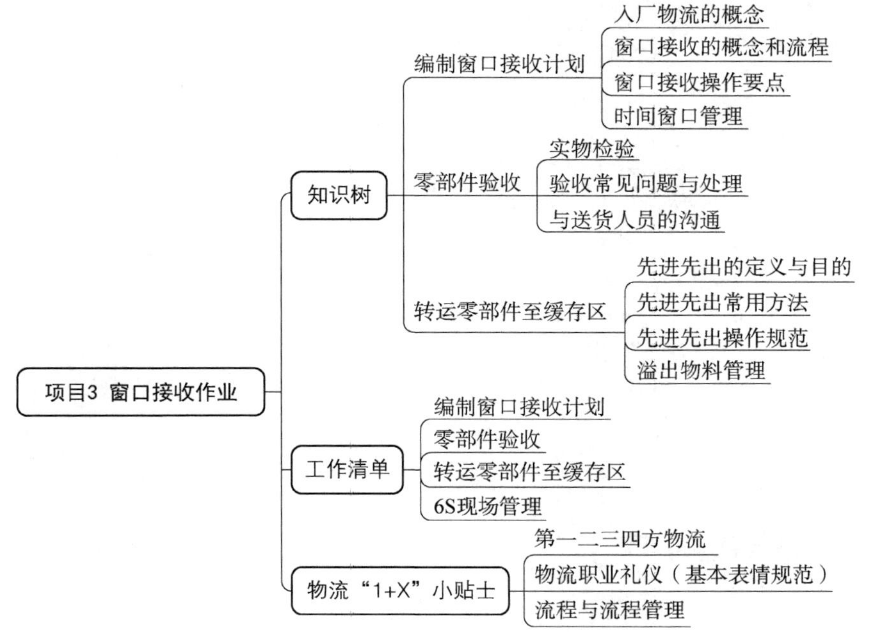

案例导入

汽车行业供应链形成对入厂物流提出更高要求

越来越多汽车行业供应链研究者和汽车整车制造企业发现促进汽车行业供应链上各企业间协作沟通的重要性。其中，入厂物流对整车厂、汽车零部件供应企业都越来越重要，优化入厂供应链对相关企业的成本节约和企业的竞争力有着特殊的意义。

凌云汽车有限公司（以下简称凌云公司）是位于广西的一家汽车整车制造企业，在整个供应链体系中居于核心位置，其最新的车型主要有云鹏6550、云龙730等。凌云公司装车所需的零部件由华宏汽车零部件有限公司、高顺汽车零部件有限公司等供应商生产，其零部件物流体系中，桂豪物流有限公司承担了大部分零部件的集配物流服务，即接收各供应商生产的汽车零部件，并按凌云公司的装车需求将所需零部件按时按量地完成准时化配送，输送到整车流水线旁，供整车装配使用。

桂豪物流有限公司在集配作业中，首先要进行的工作就是组织窗口接收，也就是凌云公司的零部件供应商按照采购订单的要求将各种规格型号的零部件送到桂豪物流有限公司集配中心的接收区，需要组织零部件的验收并将其转运到缓存区存放，下面我们就来了解窗口接收的具体操作流程及管理要求。

任务一　编制窗口接收计划

知识准备

一、入厂物流

入厂物流是指汽车制造企业安排零部件供应商按照合同、口头约定或服务商自行提供的物流服务方式，遵循一定的入厂物流形式将零部件送往其指定地方的物流。当前国内车企主要有以下 4 种入厂物流运作模式。

第一种是供应商直接配送(见图 3.1)。这种模式下，供应商会将零部件直接配送到整车厂，但会导致整车厂的高库存，并需要直接面对众多零部件供应商，管理起来较为复杂。如果需要优化配送效果，就需要供应商高频次、小批量地送货，但不可避免地带来运作成本的增加。

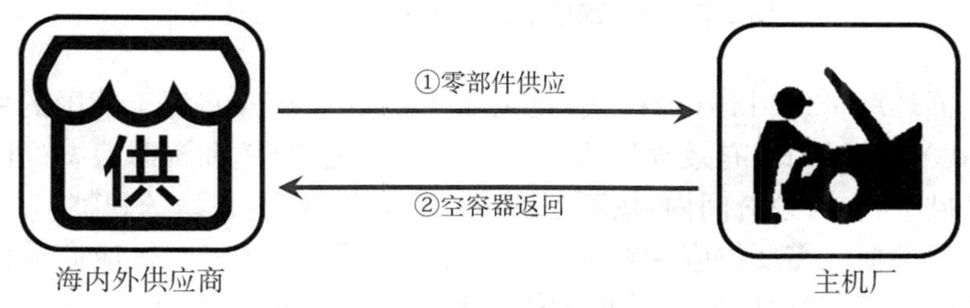

图 3.1　供应商直送模式

第二种是主机厂自主安排取货模式(见图 3.2)。它是指主机厂根据采购订单自主安排提货并送往生产线的模式。主机厂一般都能提前预测生产所需的物料并及时做出反应，提高了主机厂对零部件需求的控制能力，然而这种方式需要主机厂安排专门的物流人员进行

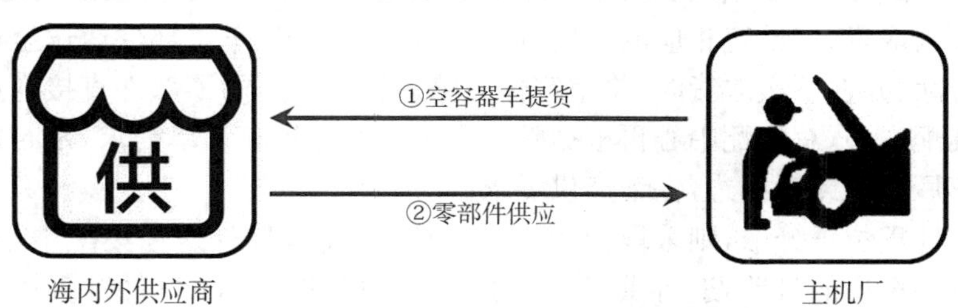

图 3.2　主机厂自主安排取货模式

操作，增加了人工费、操作费，并要投入大量资金去建设物流设施，且这种方式让主机厂的物流成本核算边界模糊化，成本计算更加复杂，不利于成本的管理和优化。

第三种是第三方物流安排零部件配送模式（见图 3.3）。它是指第三方物流组织供应商把零部件运送到第三方物流的配送中心，然后再将零部件配送到主机厂。这种模式利用第三方物流企业的物流设施资源、配送能力和信息平台，解决了零部件供应商过多、地理位置分散的不利，优化了管理，节约了物流成本，同时保证了主机厂的准时生产。

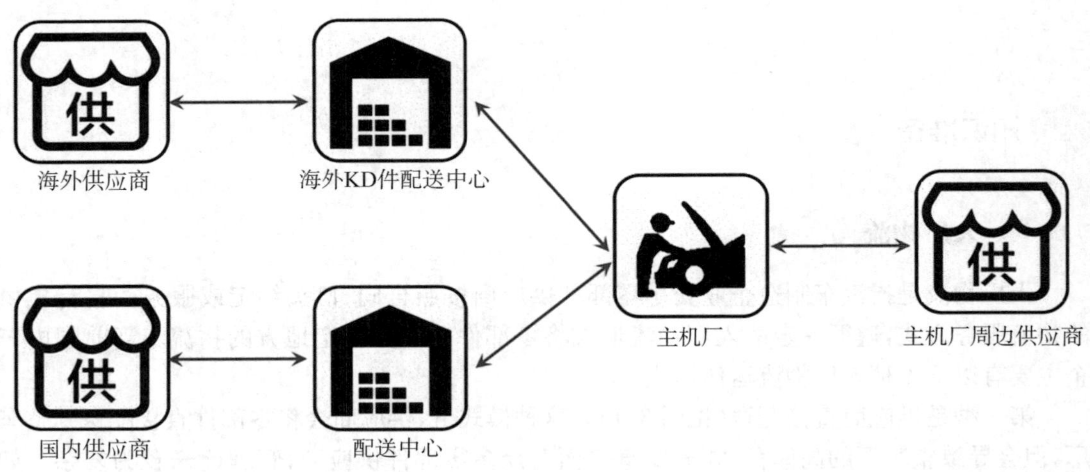

图 3.3 带有配送中心的第三方物流配送模式

第四种是循环取货（Milk-run）模式（见图 3.4）。这种模式起源于英国的牛奶运输配送方式，是闭环式的配送模式，有效地解决了运输路径重复、时效和资源浪费的问题。在提前规划路线的基础上，在有效时间内，按顺序到各供应商处取货，并运送到整车厂，或完成空容器返还作业。这种模式需要供应商在地理位置上较为集中，缓解了供应商单独配送导致的整车运能浪费问题，还能保持主机厂的低库存状态，保证主机厂的 JIT 生产。目前国内这种模式主要和带有配送中心的第三方物流整合使用。

大部分车企会结合实际情况，综合运用多种配送方式。例如，东风本田的全部汽车物流业务目前由东本储运全部承担，其中东风本田的入厂物流运作模式就是以第三方物流运作与循环取货方式相结合的（见图 3.5）。对于地理位置较近且所供零部件数量较少的供应商，采用循环取货模式，通过多频次、少批量地供货，充分利用整车运能，按照约定的路线，在有效的时间范围内取货，并设定相应的惩罚制度进行控制，将汽车零部件运送至东本储运就近的物流网点分库，并在下次取货时，将空容器原路返回。分库的零部件直接通过干线整车运输运送至总集配中心，总集配中心再根据整车厂的生产计划和订单需求，定时定量地将零部件配送至整车厂线上或者线边，保证产供需求。

若供应商地理位置分散，则采取供应商直送模式，将零部件送往集配中心仓库，集配中心仓库再根据整车厂的订单，进行供应。对于海外进口的散件（KD 件），直接运送至集配中心仓库，按月度进行管控，对整车生产厂需求进行及时响应。

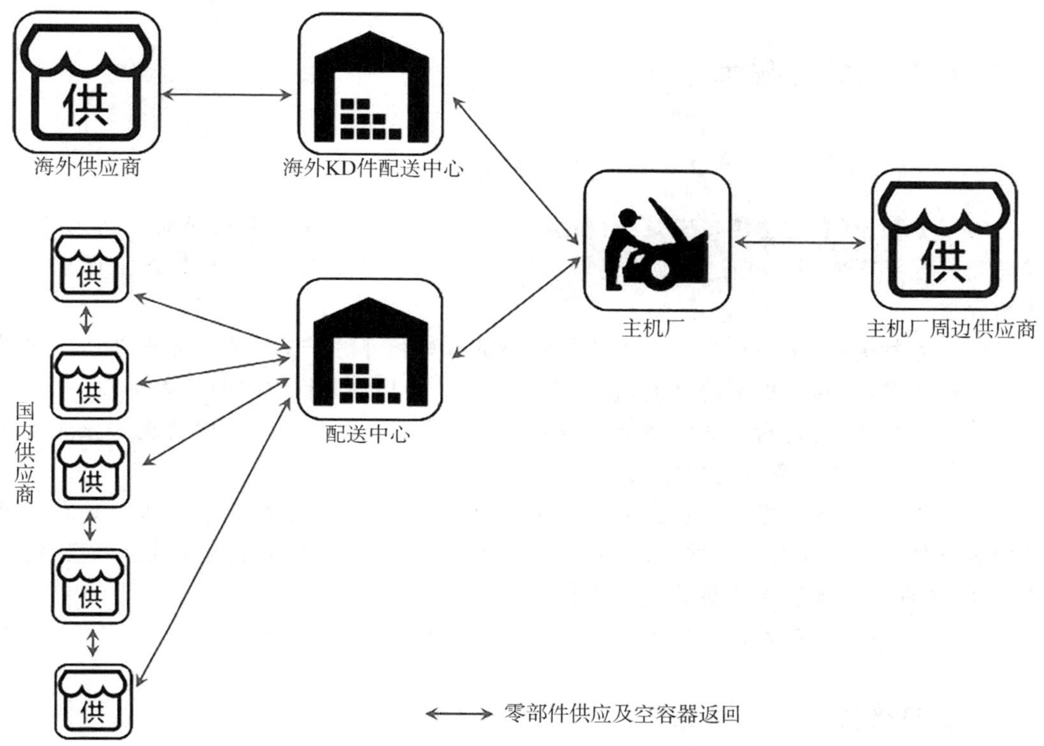

图 3.4　循环取货零部件配送模式

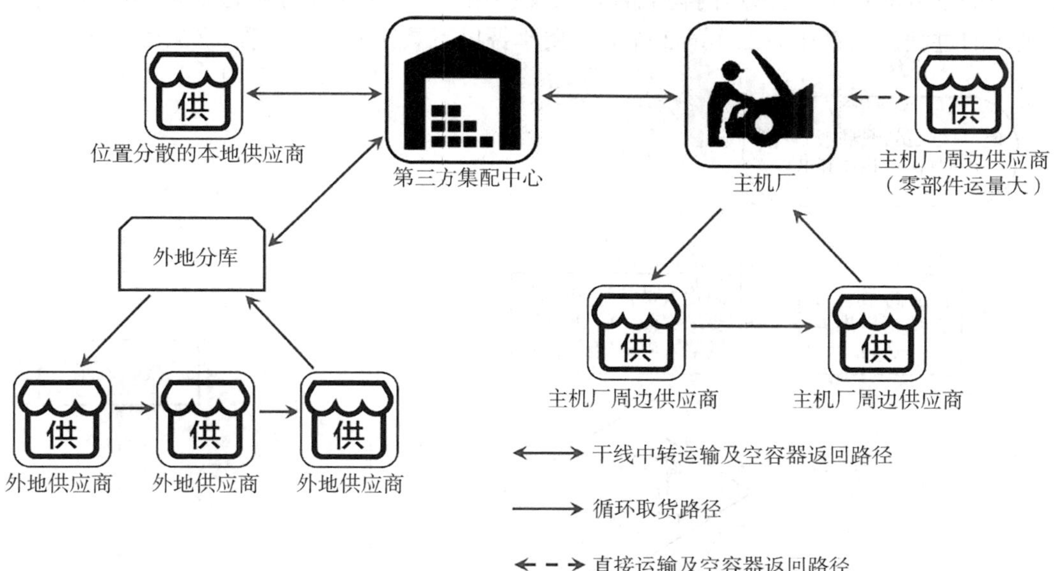

图 3.5　东风本田零部件入厂物流

若对零部件的需求量大、需求频次高，一些供应商直接在整车厂周围建设零部件厂或租仓储为整车生产厂供货，以保证生产的连续进行，由东本储运根据主机厂的生产节拍通过循环取货的方式将零部件送至生产线，以降低主机厂的库存。

物流“1+X”小贴士

第N方物流

第一方物流(自营物流):它是指物流配送的任务由生产商或者供应商自己来完成。其好处是生产商的利润在企业内部流动,而且不会依赖其他物流商,从整体上保证了公司的效益。

第二方物流:它是指将生产企业的销售物流转嫁给了用户,变成了用户自己组织供应物流的形式,货物在成交的时刻,销售商就没有了对货物进行运输的义务。

第三方物流:它是指物资的供给方和需求方以外的第三方专业化的物流企业或配送公司提供物流配送业务的运作方式。

第四方物流:第四方物流供应商是一个供应链的集成商,它对公司内部和具有互补性的服务供应商所拥有的不同资源、能力和技术进行整合和管理,提供一整套供应链解决方案,集成了管理咨询和第三方物流服务商的功能。

想一想:汽车零部件入厂物流一般采用第几方物流?为什么?

二、窗口接收

窗口接收是入厂物流中的一个重要工作环节,指主机厂按照接收排程,接收供应商/物流商外部运输的物料,转入厂内物流管理的交接站点,是双方对物料的数量、质量及包装进行确认的过程。从事相关工作的工作人员要掌握以下具体的工作流程。(见图3.6)

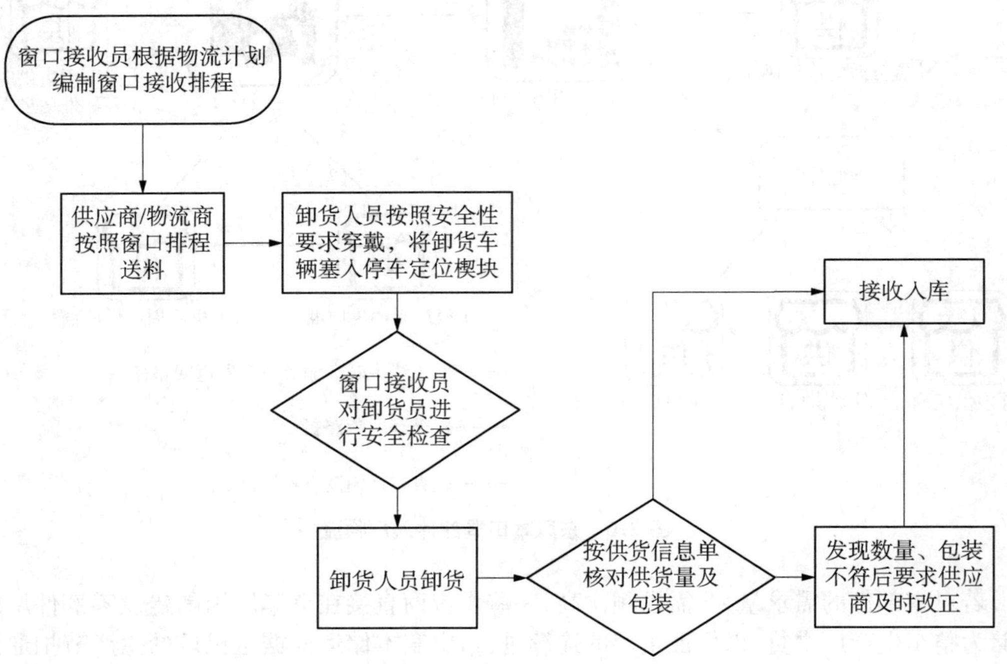

图3.6 窗口接收工作流程

(1) 供应商送货车辆到达集配中心后，集配中心接收人员按照窗口接收时间办理接收手续；

(2) 通知收货人员卸货到地堆暂存区；

(3) 供应商再到空箱整理区装上对应供应商的空箱；

(4) 接收员对暂存区的零部件进行验收，主要进行数量、外观和包装上的核对；

(5) 验收完成后办理货物入库手续。

三、窗口接收的操作要点

1. 收货前的准备

要查阅并接收零部件送货信息，了解时间窗口安排；了解收货验收要求；查阅所收货物的 PFEP 信息；根据送货商品的有关情况配备好收货人员，准备好装卸搬运机械、检验工具、托盘等设备；检查接收货物存储区域，清理收货现场，保证现场整洁、通道无障碍，确保送货车辆进出畅通无阻。

2. 单据核对

收货员在收货区检查供应商承运车辆的送货单，检查货物信息和时间窗口是否符合计划安排。

3. 验收

根据来料包装上的标签与单据确认来料是否正确；根据来料包装上的标签与 PFEP 确认来料标签库位地址是否正确；检查数量及包装，以及供应商来料是否有翻倒、破损、变形及水渍。

货物检验不合格应如何处理呢？接收人员检查供应商送过来的货物(包括物料名称、物料包装、装箱数)是否与系统信息一致。如果不一致，通知班组长，班组长填写问题记录并汇总，最后统一通知供应商。供应商重新补货。

需拒收的情形有：商品无送货单；商品超出送货计划数量；规格、品名、标签与送货单不符；包装不符合 PFEP 规范；未在规定时间内到达窗口；所送商品的包装破损或被污染。

4. 转运物料到缓存库位

注意先进先出，严格执行 FIFO 管理要求；注意物料摆放，在指定库位按要求堆码摆放整齐；注意 6S 管理，清走翻包时所产生的空卡板或空料架或其他废弃包装。

5. 入库登记

填写收货单并签名，填写供应商车辆放行单，并做好相对应的线上系统入库登记。

四、时间窗口

在供应链企业之间或企业内部上下游工序之间，由于外部环境变化等要求设置的物流服务时间范围称为物流运作时间窗口。通俗地说，时间窗口指的是物流活动过程中(如送货、配货、收货)安排限定的时间范围，指定专门的车辆、企业、产品完成交接货手续和完成交接货作业(见图 3.7、图 3.8)。这种特定的作业任务要在限定的时间范围内完成，这一限定的时间范围，被称之为窗口时间。根据是否允许延时，可分为硬时间窗(不允许延时)和软时间窗(允许延时)；根据作业环节不同，又可分为发货时间窗、收货时间窗、道路通行时间窗等。

作业开始时间	卸货时间窗	在途时间	发车时间窗	装货时间窗
淮北→合肥	8:00～17:00	6h	2:00～11:00	18:00～3:00
作业结束时间	卸货时间窗	在途时间	发车时间窗	装货时间窗
淮北→合肥	12:00～21:00	6h	2:00～11:00	2:00～11:00

图 3.7　运输安排中的时间窗口

<table>
<tr><td colspan="4">发往：
供应商：XXX
地址：XXX
电话：XXX</td><td colspan="2"></td><td colspan="3">Duns#编号：XXX
联系人：XXX</td></tr>
<tr><td colspan="4">交货日期：XXX
窗口时间：12:00-12:30
卸货口：XXX
交货地点：XXX</td><td colspan="2"></td><td colspan="3">收货联系人：XXX
电话：XXX
SGM计划跟踪人员：XXX
电话：XXX
承运商：XXX</td></tr>
<tr><td>序号</td><td>零件号</td><td>零件名称</td><td>交货数量</td><td>实际数量</td><td>包装数</td><td>料箱数</td><td>料箱号</td><td>备注</td></tr>
<tr><td></td><td></td><td></td><td></td><td></td><td></td><td></td><td></td><td></td></tr>
</table>

图 3.8　汽车零部件供应商送货的时间窗口

五、收货时间窗口的规划

1. 零部件接收平准化

整车厂通常有许多供应商，每天有很多物流车辆到达整车厂的零部件接收场所卸货。由于卸货口数量、卸货设备和人力制约，需要基于平准化原则，合理安排车辆到各个卸货口的卸货时间，并尽可能利用最少的接收口完成卸货任务。因此，零部件接收平准化主要要考虑车辆接收时间不冲突和每次接收时间均衡化。

在零部件平准化接收后，车辆到达整车厂的时间固定且互不冲突，卸货所需时间因而也相对稳定，设备调度与人力配置也较为方便。如果接收未平准化，则可能出现时间冲突。这时只能通过占用更多卸货口、卸货设备和人员加以应对，否则车辆需要排队等待，影响零部件的及时上线。

2. 时间窗口的规划

时间窗口的规划实际上就是将作业时间划分为若干个时间窗口，安排收货工作。

汽车零部件物流车辆到达整车厂后，将车上的零部件卸货，卸完货后再到空箱整理区装上对应供应商的空箱。物流车辆在工厂内的停靠时间由固定时间和可变时间组成。固定时间是指物流车辆的所有标准作业时间，如停车、熄火、下车、打开飞翼等。可变时间是指卸货和装载空箱的时间，卸货时间和装载空箱的时间与货量、空箱数量有关。广西柳州宝骏基地采用月计划平准化的方式，设定每次物流车辆装载量是基本一致的，收货作业工时也是基本一致的。

大件供应商一般每个班次至少会送两次货，通常收货安排会采用下面三个方法实现快进快出：一是时间窗口按照半小时来设计，就是要求车辆必须在这个时间窗口送达，总装大件的窗口时间基本是由汽车厂家直接确定；二是车辆采用飞翼车，而且都是特殊的料架，叉车能够快速装卸；三是产品质量免检，能够卸货后立刻运到总装车间暂存区。对于那些远距离的大件供应商，汽车企业一般会要求该零部件企业在整车厂家所在地附件租用仓库，然后按照时间窗口供货。对于小件，如果供应商的物流量能够满足一天一送的条件，汽车企业会与供应商协商具体的送货时间窗口，供应商只要在这个时间窗口送货，汽车企业会优先收货。

学习工作页

“任务一 编制窗口接收计划”学习工作页

班级：__________ 学号：__________ 姓名：__________

一、任务描述

汽车零部件供应商根据整车厂凌云公司的采购订单，要将汽车零部件送至桂豪物流有限公司的零部件集配中心，如何安排才能保障高效、顺利地接收成千上万种汽车零部件？在接收时如何对物料数量、质量及包装进行检查确认？本任务的主要内容是学习编制窗口接收计划。桂豪物流有限公司零部件集配中心，设置有 A、B 两个接收窗口，B 窗口接收大件，A 窗口接收中小件及标准件，供应商根据整车厂凌云公司的要求送货到集配中心，凌云公司通过网络发送供应商送货信息到集配中心。在本任务中需作为集配中心工作人员根据供应商送货信息安排接收，完成收货准备和编制窗口接收计划。

二、任务地点及使用设施设备

任务地点：汽车零部件集配作业实训中心窗口接收区。

使用的设施设备：集配作业实训集成系统 1 套；物料周转箱 3 类，每类 30 个；汽车零部件包装纸箱 3 类，各 20 个；定制接收窗口 1 个。

三、任务过程

1. 知识回顾

请阅读课程网站及其他网络资源，查阅相关内容，在空白处填上你对问题的回答。

（1）请解释什么是窗口接收，窗口接收的流程是什么？

（2）什么是收货的时间窗口？请举例说明。

2. 安排实训岗位及人员

分 A、B 两个接收窗口，每个窗口安排一个实训小组。B 窗口为大件组，A 窗口为中小件组，具体岗位安排见下表（见表 3.1）。

表 3.1 实训岗位安排表

大件组			中小件组		
岗位	人数	姓名	岗位	人数	姓名
收货班长	1 名		收货班长	1 名	
供应商 A	1 名		供应商 C	1 名	
供应商 B	1 名		供应商 D	1 名	
收货员	1 名		收货员	1 名	
叉车司机	1 名		叉车司机	1 名	

3. 收集相关信息

请从表 3.2 至表 3.6 中查找本次实训所需的相关数据资料。

表 3.2 供应商清单及送货信息

供应商代码	供应商名称	配送零部件	包装器具	标准装箱数	联系人	电 话
8450564	柳州中菱	左前门装饰板	定制包装	5	王 宝	0772－2855333
8450565	华宏汽车				王 玖	0772－2855334
8450566	高鹏汽车	换挡机构	定制包装	5	马 瑞	0772－2855335
8450567	超顺				王 棕	0772－2855336
8450568	五丰汽配厂	后保险杠	定制包装	5	李 武	0772－2855337
8450569	华高机械				黄 柳	0772－2855338
8450570	菱广汽车				张 期	0772－2855339
8450571	六合方圆	后视镜	纸包装	1	刘 源	0772－2855340
8450572	金洪汽配				王 大	0772－2855341
8450573	诚安汽车				何家欢	0772－2855342
8450574	福赛汽车	前门把手	纸包装	1	贺国强	0772－2855343
8450575	曙光汽车				李 露	0772－2855344
8450576	龙腾汽车	雨刮器	纸包装	1	李 强	0772－2855345
8450577	广鹏汽车				王 静	0772－2855346
8450578	东诚汽车				李 娟	0772－2855347
8450579	信裕汽车	机油滤清器	纸包装	2	王思远	0772－2855348
8450580	橡胶厂	密封条	纸包装	10	陈 杰	0772－2855349
8450581	翔明汽配				黄 娜	0772－2855350
8450582	雅新汽车	螺母	纸包装	10	郭晓丹	0772－2855351
8450583	坤鹏汽车	螺钉	纸包装	10	程丽丽	0772－2855352
8450584	丰泉汽车	垫片、堵头	纸包装	10	何梅梅	0772－2855353

表 3.3　大件供应商送货计划

序号	计划协议号	供应商代码	供应商名称	承运车辆	供应零部件	配额	周一	周二	周三	周四	周五	周六
1	201911014001	8450564	柳州中菱	货车	云鹏 6550 左前门装饰板	5	5	5	5	5	5	5
2	201911014001	8450564	柳州中菱	货车	云龙 730 左前门装饰板	5	5	5	5	5	5	5
3	201911014002	8450565	宏华	货车	云鹏 6550 左前门装饰板	5	5	5	5	5	5	5
4	201911014002	8450565	宏华	货车	云龙 730 左前门装饰板	5	5	5	5	5	5	5
5	201911014003	8450566	高鹏	货车	云鹏 6550 换挡机构1.5L	5	10	10	10	10	10	10
6	201911014003	8450566	高鹏	货车	云龙 730 换挡机构1.5L	5	10	10	10	10	10	10
7	201911014004	8450567	超顺	货车	云鹏 6550 换挡机构1.5L	5	10	10	10	10	10	10
8	201911014004	8450567	超顺	货车	云龙 730 换挡机构1.5L	5	10	10	10	10	10	10
9	201911014005	8450568	五丰汽配厂	货车	云鹏 6550 后保险杠　白色	5	10			10		
10	201911014005	8450568	五丰汽配厂	货车	云鹏 6550 后保险杠　灰色	5		10			10	
11	201911014005	8450568	五丰汽配厂	货车	云鹏 6550 后保险杠　棕色	5			10			10
12	201911014005	8450568	五丰汽配厂	货车	云龙 730 后保险杠　灰色	5	10		10		10	
13	201911014005	8450568	五丰汽配厂	货车	云龙 730 后保险杠　棕色	5		10		10		10
14	201911014006	8450569	华高机械	货车	云鹏 6550 后保险杠　白色	2.5	5			5		
15	201911014006	8450569	华高机械	货车	云鹏 6550 后保险杠　灰色	2.5		5			5	
16	201911014006	8450569	华高机械	货车	云鹏 6550 后保险杠　棕色	2.5			5			5
17	201911014006	8450569	华高机械	货车	云龙 730 后保险杠　灰色	2.5	5		5		5	
18	201911014006	8450569	华高机械	货车	云龙 730 后保险杠　棕色	2.5		5		5		5
19	201911014007	8450570	菱广汽车	货车	云鹏 6550 后保险杠　白色	2.5	5			5		

（续表）

序号	计划协议号	供应商代码	供应商名称	承运车辆	供应零部件	配额	周一	周二	周三	周四	周五	周六
20	201911014007	8450570	菱广汽车	货车	云鹏 6550 后保险杠　灰色	2.5		5			5	
21	201911014007	8450570	菱广汽车	货车	云鹏 6550 后保险杠　棕色	2.5			5			5
22	201911014007	8450570	菱广汽车	货车	云龙 730 后保险杠　灰色	2.5	5		5		5	
23	201911014007	8450570	菱广汽车	货车	云龙 730 后保险杠　棕色	2.5		5		5		5

表 3.4　中小件供应商送货计划

序号	计划协议号	供应商代码	供应商名称	承运车辆	供应零部件	配额	周一	周二	周三	周四	周五	周六
1	201911014008	8450571	菱广汽车	手推车	云鹏 6550 左后视镜　白色	5	10			10		
4	201911014008	8450571	菱广汽车	手推车	云鹏 6550 左后视镜　灰色	5		10			10	
7	201911014008	8450571	菱广汽车	手推车	云鹏 6550 左后视镜　棕色	5			10			10
10	201911014008	8450571	菱广汽车	手推车	云龙 730 左后视镜　灰色	5	10		10		10	
13	201911014008	8450571	菱广汽车	手推车	云龙 730 左后视镜　棕色	5		10		10		10
2	201911014009	8450572	六合方圆	手推车	云鹏 6550 左后视镜　白色	2.5	5			5		
5	201911014009	8450572	六合方圆	手推车	云鹏 6550 左后视镜　灰色	2.5		5			5	
8	201911014009	8450572	六合方圆	手推车	云鹏 6550 左后视镜　棕色	2.5			5			5
11	201911014009	8450572	六合方圆	手推车	云龙 730 左后视镜　灰色	2.5	5		5		5	
14	201911014009	8450572	六合方圆	手推车	云龙 730 左后视镜　棕色	2.5		5		5		5
3	201911014010	8450573	金洪汽配	手推车	云鹏 6550 左后视镜　白色	2.5	5			5		
6	201911014010	8450573	金洪汽配	手推车	云鹏 6550 左后视镜　灰色	2.5		5			5	

（续表）

序号	计划协议号	供应商代码	供应商名称	承运车辆	供应零部件	配额	周一	周二	周三	周四	周五	周六
9	201911014010	8450573	金洪汽配	手推车	云鹏 6550 左后视镜　棕色	2.5			5			5
12	201911014010	8450573	金洪汽配	手推车	云龙 730 左后视镜　灰色	2.5	5		5		5	
15	201911014010	8450573	金洪汽配	手推车	云龙 730 左后视镜　棕色	2.5		5		5		5
16	201911014011	8450574	诚安汽车	手推车	云鹏 6550 左前门把手	5	10	10	10			
18	201911014011	8450574	诚安汽车	手推车	云龙 730 左前门把手	5			10	10	10	10
17	201911014012	8450575	福赛汽车	手推车	云鹏 6550 左前门把手	5	10	10	10			
19	201911014012	8450575	福赛汽车	手推车	云龙 730 左前门把手	5			10	10	10	10
20	201911014013	8450576	龙腾汽车	手推车	前雨刮器 22 寸	5	10			10		
23	201911014013	8450576	龙腾汽车	手推车	前雨刮器 15 寸	5		10			10	
26	201911014013	8450576	龙腾汽车	手推车	前雨刮器 18 寸	5			10			10
21	201911014014	8450577	广鹏汽车	手推车	前雨刮器 22 寸	2.5	5			5		
24	201911014014	8450577	广鹏汽车	手推车	前雨刮器 15 寸	2.5		5			5	
27	201911014014	8450577	广鹏汽车	手推车	前雨刮器 18 寸	2.5			5			5
22	201911014015	8450578	东诚汽车	手推车	前雨刮器 22 寸	2.5	5			5		
25	201911014015	8450578	东诚汽车	手推车	前雨刮器 15 寸	2.5		5			5	
28	201911014015	8450578	东诚汽车	手推车	前雨刮器 18 寸	2.5			5			5
29	201911014016	8450579	信裕汽车	手推车	机油滤清器 1.5 L	10	10	10	10			
30	201911014016	8450579	信裕汽车	手推车	机油滤清器 1.8 L	10		10	10	10	10	10
31	201911014017	8450580	橡胶厂	手推车	云鹏 6550 右前门密封条	5	10	10	10	10	10	10

（续表）

序号	计划协议号	供应商代码	供应商名称	承运车辆	供应零部件	配额	周一	周二	周三	周四	周五	周六
33	201911014017	8450580	橡胶厂	手推车	云鹏 6550 右后门密封条	5	10	10	10	10	10	10
35	201911014017	8450580	橡胶厂	手推车	云龙 730 右前门密封条	5	10	10	10	10	10	10
37	201911014017	8450580	橡胶厂	手推车	云龙 730 右后门密封条	5	10	10	10	10	10	10
32	201911014018	8450581	翔明汽配	手推车	云鹏 6550 右前门密封条	5	10	10	10	10	10	10
34	201911014018	8450581	翔明汽配	手推车	云鹏 6550 右后门密封条	5	10	10	10	10	10	10
36	201911014018	8450581	翔明汽配	手推车	云龙 730 右前门密封条	5	10	10	10	10	10	10
38	201911014018	8450581	翔明汽配	手推车	云龙 730 右后门密封条	5	10	10	10	10	10	10
39	201911014019	8450582	雅新汽车	手推车	螺母 M8	10	30	30	30	30	30	30
40	201911014020	8450583	坤鹏汽车	手推车	螺栓 M8	10	30	30	30	30	30	30
41	201911014021	8450584	丰泉汽车	手推车	密封圈	10	30	30	30	30	30	30
42	201911014021	8450585	丰泉汽车	手推车	堵头	10	30	30	30	30	30	30

表 3.5　大件 PFEP 信息表

基本信息			窗口接收				接收配送中心					配送缓冲					生产线旁		
序号	物料代码	名　称	配送方式	接收窗口	包装类型	标准包装数	运输工具	存储地址	包装类型	标准包装	运输工具	存储地址	包装方式	标准包装数	配送工具	配送方式	线旁地址	包装类型	标准包装数
1	MPVWLHGSNSZQSB0	云鹏 6550 左前门装饰板	排序	窗口 B	定制包装	5	定制料架					PX-06	定制料架	5	定制料架	排序	GAA-08R	定制料架	3

（续表）

基本信息			窗口接收				接收配送中心				配送缓冲					生产线旁			
序号	物料代码	名　称	配送方式	接收窗口	包装类型	标准包装数	运输工具	存储地址	包装类型	标准包装	运输工具	存储地址	包装方式	标准包装数	配送工具	配送方式	线旁地址	包装类型	标准包装数
2	MPVBJ730NSZQSB0	云龙 730 左前门装饰板	排序	窗口B	定制包装	5	定制料架					PX-07	定制料架	5	定制料架	排序	GAA-08R	定制料架	3
3	MPVWLHGSNSYQSB0	云鹏 6550 右前门装饰板	排序	窗口B	定制包装	5	定制料架					PX2-06	定制料架	5	定制料架	排序	GAA-08R	定制料架	3
4	MPVBJ730NSYQSB0	云龙 730 右前门装饰板	排序	窗口B	定制包装	5	定制料架					PX2-07	定制料架	5	定制料架	排序	GAA-08R	定制料架	3
5	MPVWLHGSDLHD150	云鹏 6550 换挡机构 1.5L	排序	窗口B	定制包装	5	定制料架					PX-08	定制料架	5	定制料架	排序	GAA-07R	定制料架	3
6	MPVWLHGSDLHD180	云鹏 6550 换挡机构 1.8L	排序	窗口B	定制包装	5	定制料架					PX2-08	定制料架	5	定制料架	排序	GAA-07R	定制料架	3
7	MPVBJ730DLHD150	云龙 730 换挡机构 1.5L	排序	窗口B	定制包装	5	定制料架					PX-09	定制料架	5	定制料架	排序	GAA-07R	定制料架	3
8	MPVBJ730DLHD180	云龙 730 换挡机构 1.8L	排序	窗口B	定制包装	5	定制料架					PX2-09	定制料架	5	定制料架	排序	GAA-07R	定制料架	3

（续表）

基本信息			窗口接收				接收配送中心				配送缓冲					生产线旁			
序号	物料代码	名称	配送方式	接收窗口	包装类型	标准包装数	运输工具	存储地址	包装类型	标准包装	运输工具	存储地址	包装方式	标准包装数	配送工具	配送方式	线旁地址	包装类型	标准包装数
9	MPVWLHGSWGHBXGB	云鹏 6550 后保险杠　白色	排序	窗口B	定制包装	5	定制料架					PX－01 PX－02	定制料架	5	定制料架	排序	GAA－06R	定制料架	3
10	MPVWLHGSWGHBXGH	云鹏 6550 后保险杠　灰色	排序	窗口B	定制包装	5	定制料架					PX－10 PX－11	定制料架	5	定制料架	排序	GAA－06R	定制料架	3
11	MPVWLHGSWGHBXGZ	云鹏 6550 后保险杠　棕色	排序	窗口B	定制包装	5	定制料架					PX－12 PX－13	定制料架	5	定制料架	排序	GAA－06R	定制料架	3
12	MPVBJ730WGHBXGH	云龙 730 后保险杠　灰色	排序	窗口B	定制包装	5	定制料架					PX－03 PX－04	定制料架	5	定制料架	排序	GAA－06R	定制料架	3
13	MPVBJ730WGHBXGZ	云龙 730 后保险杠　棕色	排序	窗口B	定制包装	5	定制料架					PX－14 PX－15	定制料架	5	定制料架	排序	GAA－06R	定制料架	3
14	MPVWLHGSWGQBXGB	云鹏 6550 前保险杠　白色	排序	窗口B	定制包装	5	定制料架					PX3－01	定制料架	5	定制料架	排序	GAA－06R	定制料架	3
15	MPVWLHGSWGQBXGH	云鹏 6550 前保险杠　灰色	排序	窗口B	定制包装	5	定制料架					PX3－02	定制料架	5	定制料架	排序	GAA－06R	定制料架	3

（续表）

基本信息			窗口接收				接收配送中心				配送缓冲					生产线旁			
序号	物料代码	名称	配送方式	接收窗口	包装类型	标准包装数	运输工具	存储地址	包装类型	标准包装	运输工具	存储地址	包装方式	标准包装数	配送工具	配送方式	线旁地址	包装类型	标准包装数
16	MPVWLHGSWGQBXGZ	云鹏 6550 前保险杠　棕色	排序	窗口B	定制包装	5	定制料架					PX3－03	定制料架	5	定制料架	排序	GAA－06R	定制料架	3
17	MPVBJ730WGQBXGH	云龙 730 前保险杠　灰色	排序	窗口B	定制包装	5	定制料架					PX3－04	定制料架	5	定制料架	排序	GAA－06R	定制料架	3
18	MPVBJ730WGQBXGZ	云龙 730 前保险杠　棕色	排序	窗口B	定制包装	5	定制料架					PX3－05	定制料架	5	定制料架	排序	GAA－06R	定制料架	3

表 3.6　中小件 PFEP 信息

基本信息				窗口接收				接收配送中心				配送缓冲				生产线旁			
序号	物料代码	名称	配送方式	接收窗口	包装类型	标准包装数	运输工具	存储地址	包装类型	标准包装	运输工具	存储地址	包装方式	标准包装数	配送工具	配送方式	线旁地址	包装类型	标准包装数
1	MPVWLHGSFJZHSJB	云鹏 6550 左后视镜　白色	SPS	窗口A	纸包装	1	手推车	A－1－1	标准料箱	2	手推车	S－4－7	B料箱	2	AGV小车	SPS	GAA－02R	物料小车	1
2	MPVWLHGSFJZHSJH	云鹏 6550 左后视镜　灰色	SPS	窗口A	纸包装	1	手推车	A－1－2	标准料箱	2	手推车	S－4－8	B料箱	2	AGV小车	SPS	GAA－02R	物料小车	1

（续表）

序号	基本信息			窗口接收				接收配送中心				配送缓冲					生产线旁		
	物料代码	名　称	配送方式	接收窗口	包装类型	标准包装数	运输工具	存储地址	包装类型	标准包装	运输工具	存储地址	包装方式	标准包装数	配送工具	配送方式	线旁地址	包装类型	标准包装数
3	MPVWLHGSFJZHSJZ	云鹏 6550 左后视镜　棕色	SPS	窗口A	纸包装	1	手推车	A-1-3	标准料箱	2	手推车	S-4-9	B料箱	2	AGV小车	SPS	GAA-02R	物料小车	1
4	MPVBJ730FJZHSJH	云龙 730 左后视镜　灰色	SPS	窗口A	纸包装	1	手推车	A-1-4	标准料箱	2	手推车	S-4-5	B料箱	2	AGV小车	SPS	GAA-02R	物料小车	1
5	MPVBJ730FJZHSJZ	云龙 730 左后视镜　棕色	SPS	窗口A	纸包装	1	手推车	A-1-5	标准料箱	2	手推车	S-4-6	B料箱	2	AGV小车	SPS	GAA-02R	物料小车	1
6	MPVWLHGSFJYHSJB	云鹏 6550 右后视镜　白色	SPS	窗口A	纸包装	1	手推车	A-1-6	标准料箱	2	手推车	S-01-06	B料箱	2	AGV小车	SPS	GAA-02R	物料小车	1
7	MPVWLHGSFJYHSJH	云鹏 6550 右后视镜　灰色	SPS	窗口A	纸包装	1	手推车	A-1-7	标准料箱	2	手推车	S-01-07	B料箱	2	AGV小车	SPS	GAA-02R	物料小车	1
8	MPVWLHGSFJYHSJZ	云鹏 6550 右后视镜　棕色	SPS	窗口A	纸包装	1	手推车	A-1-8	标准料箱	2	手推车	S-01-08	B料箱	2	AGV小车	SPS	GAA-02R	物料小车	1
9	MPVBJ730FJYHSJH	云龙 730 右后视镜　灰色	SPS	窗口A	纸包装	1	手推车	A-2-1	标准料箱	2	手推车	S-02-01	B料箱	2	AGV小车	SPS	GAA-02R	物料小车	1

（续表）

基本信息				窗口接收				接收配送中心				配送缓冲					生产线旁		
序号	物料代码	名　称	配送方式	接收窗口	包装类型	标准包装数	运输工具	存储地址	包装类型	标准包装	运输工具	存储地址	包装方式	标准包装数	配送工具	配送方式	线旁地址	包装类型	标准包装数
10	MPVBJ730FJYHSJZ	云龙 730 右后视镜　棕色	SPS	窗口A	纸包装	1	手推车	A－2－2	标准料箱	2	手推车	S－02－02	B料箱	2	AGV小车	SPS	GAA－02R	物料小车	1
11	MPVWLHGSFJZQBS0	云鹏 6550 左前门把手	SPS	窗口A	纸包装	1	手推车	A－2－3	标准料箱	2	手推车	S－02－03	B料箱	2	AGV小车	SPS	GAA－04R	物料小车	1
12	MPVWLHGSFJYQBS0	云鹏 6550 右前门把手	SPS	窗口A	纸包装	1	手推车	A－2－4	标准料箱	2	手推车	S－02－04	B料箱	2	AGV小车	SPS	GAA－04R	物料小车	1
13	MPVBJ730FJZQBS0	云龙 730 左前门把手	SPS	窗口A	纸包装	1	手推车	A－2－5	标准料箱	2	手推车	S－02－05	B料箱	2	AGV小车	SPS	GAA－04R	物料小车	1
14	MPVBJ730FJYQBS0	云龙 730 右前门把手	SPS	窗口A	纸包装	1	手推车	A－2－6	标准料箱	2	手推车	S－02－06	B料箱	2	AGV小车	SPS	GAA－04R	物料小车	1
15	MPV00000FJQG220	前雨刮器 22 寸	SPS	窗口A	纸包装	1	手推车	A－2－7	标准料箱	2	手推车	S－02－07	B料箱	2	AGV小车	SPS	GAA－01R	物料小车	1
16	MPV00000FJQG150	前雨刮器 15 寸	SPS	窗口A	纸包装	1	手推车	A－2－8	标准料箱	2	手推车	S－02－08	B料箱	2	AGV小车	SPS	GAA－01R	物料小车	1

（续表）

基本信息				窗口接收				接收配送中心				配送缓冲					生产线旁		
序号	物料代码	名　称	配送方式	接收窗口	包装类型	标准包装数	运输工具	存储地址	包装类型	标准包装	运输工具	存储地址	包装方式	标准包装数	配送工具	配送方式	线旁地址	包装类型	标准包装数
17	MPV00000FJQG180	前雨刮器 18 寸	SPS	窗口A	纸包装	1	手推车	B-1-1	标准料箱	2	手推车	S-03-01	B料箱	2	AGV小车	SPS	GAA-01R	物料小车	1
18	MPVWLHGSFJHYGQ0	云鹏 6550 后雨刮器	SPS	窗口A	纸包装	1	手推车	B-1-2	标准料箱	2	手推车	S-03-02	B料箱	2	AGV小车	SPS	GAA-01R	物料小车	1
19	MPVBJ730FJHYGQ0	云龙 730 后雨刮器	SPS	窗口A	纸包装	1	手推车	B-1-3	标准料箱	2	手推车	S-03-03	B料箱	2	AGV小车	SPS	GAA-01R	物料小车	1
20	MPV00000FJJL150	机油滤清器 1.5 L	SPS	窗口A	纸包装	1	手推车	B-1-4	标准料箱	2	手推车	S-03-04	B料箱	2	AGV小车	SPS	GAA-04R	物料小车	1
21	MPV00000FJJL180	机油滤清器 1.8 L	SPS	窗口A	纸包装	1	手推车	B-1-5	标准料箱	2	手推车	S-03-05	B料箱	2	AGV小车	SPS	GAA-04R	物料小车	1
22	MPVWLHGSFJZQMF0	云鹏 6550 左前门密封条	SPS	窗口A	纸包装	1	手推车	B-1-6	标准料箱	2	手推车	S-03-06	B料箱	2	AGV小车	SPS	GAA-03R	物料小车	1
23	MPVWLHGSFJZHMF0	云鹏 6550 左后门密封条	SPS	窗口A	纸包装	1	手推车	B-1-7	标准料箱	2	手推车	S-03-07	B料箱	2	AGV小车	SPS	GAA-03R	物料小车	1

（续表）

基本信息				窗口接收				接收配送中心				配送缓冲					生产线旁		
序号	物料代码	名　称	配送方式	接收窗口	包装类型	标准包装数	运输工具	存储地址	包装类型	标准包装	运输工具	存储地址	包装方式	标准包装数	配送工具	配送方式	线旁地址	包装类型	标准包装数
24	MPVBJ730FJZQMF0	云龙 730 左前门密封条	SPS	窗口A	纸包装	1	手推车	B-1-8	标准料箱	2	手推车	S-03-08	B料箱	2	AGV小车	SPS	GAA-03R	物料小车	1
25	MPVBJ730FJZHMF0	云龙 730 左后门密封条	SPS	窗口A	纸包装	1	手推车	B-2-1	标准料箱	2	手推车	S-04-01	B料箱	2	AGV小车	SPS	GAA-03R	物料小车	1
26	MPVWLHGSFJYQMF0	云鹏 6550 右前门密封条	SPS	窗口A	纸包装	1	手推车	B-2-2	标准料箱	2	手推车	S-04-02	B料箱	2	AGV小车	SPS	GAA-03R	物料小车	1
27	MPVWLHGSFJYHMF0	云鹏 6550 右后门密封条	SPS	窗口A	纸包装	1	手推车	B-2-3	标准料箱	2	手推车	S-04-03	B料箱	2	AGV小车	SPS	GAA-03R	物料小车	1
28	MPVBJ730FJYQMF0	云龙 730 右前门密封条	SPS	窗口A	纸包装	1	手推车	B-2-4	标准料箱	2	手推车	S-04-04	B料箱	2	AGV小车	SPS	GAA-03R	物料小车	1
29	MPVBJ730FJYHMF0	云龙 730 右后门密封条	SPS	窗口A	纸包装	1	手推车	B-2-5	标准料箱	2	手推车	S-04-05	B料箱	2	AGV小车	SPS	GAA-03R	物料小车	1

4. 收货准备

首先,要仔细查阅零部件的送货信息,重点了解收货验收要求。之后,查阅所收货物的 PFEP 信息,做好记录。最后,检查接收货物存储区域、运输工具及包装。

5. 编制窗口接收计划

接收窗口有 2 个:B 窗口负责接收大件,A 窗口负责接收中小件和标准件。

假设 B 窗口接收 1 车大件物料的时间为 1.5h,工作时间为 8:00～16:00,根据供应商送货计划,请编制周一的大件窗口接收计划(见表 3.7)。

表 3.7 B 窗口接收计划

时间窗口	供应商	零件名称	数量

假设 A 窗口接收 1 车中小件物料的时间为 0.5h,工作时间为 8:00～16:00,根据供应商送货计划,请编制周一的中小件及标准件窗口接收计划(见表 3.8)。

表 3.8 A 窗口接收计划

时间段	供应商	零件名称	数量

（续表）

时间段	供应商	零件名称	数量

四、教师评价与反馈

任务二 零部件验收

知识准备

一、实物检验

实物检验就是根据入库单和有关技术资料对实物进行数量和质量的检验。一般情况下，若合同没有约定检验事项，仓库仅对物品的品种、规格、数量、外包装状况，以及无须开箱、拆捆而可以直观可辨的外观质量情况进行检验。但是在进行分拣、配装作业的仓库里，通常需要检验物品的品质和状态。

数量检验是保证物品数量准确的重要步骤。按物品性质和包装情况，数量检验主要有计件、检斤、检尺求积等形式。在进行数量验收时，必须与供货方采用相同的计量方法。采取何种方法计量要在验收记录中做出记载，出库时也要按同样的方法计量，避免出现误差。

按件数供货或以件数为计量单位的物品，做数量验收时要清点件数。一般情况下，计件物品应全部逐一点清。对于固定件数包装的小件物品，如果包装完好，打开包装则不利于以后进行保管，所以通常情况下，国内物品只检查外包装，不拆包检查，而进口物品则按合同或惯例办理。

按重量供货或以重量为计量单位的物品，做数量验收时有的采用检斤称量的方法，有的则采用理论换算的方法。按理论换算重量的物品，先要通过检尺，例如金属材料中的板材、型材等，然后按规定的换算方法换算成重量验收。对于进口物品，原则上应全部检斤，但如果订货合同规定按理论换算重量交货的，则按合同规定办理。

按体积供货或以体积为计量单位的物品，做数量验收时要先检尺，后求积。例如木材、竹材、砂石等。

在做数量验收之前，还应根据物品来源、包装好坏或有关部门规定，确定对到库物品是采取抽验还是全验方式。在一般情况下，数量检验应全验，即按件数全部进行点数；按重量供货的应全部检斤，按理论重量供货的应全部检尺，然后换算为重量，以实际检验结果的数量为实收数。对于大批量、同包装、同规格、较难损坏的物品，质量较高、可信赖的，可以采用抽验的方式检验。

二、货物验收中发现问题的处理

在物品验收过程中，如果发现物品数量或质量有问题，应该严格按照有关制度进行处理。验收过程中发现的数量和质量问题有可能发生在各个流通环节，要按照有关规章制度对问题进行处理。不同的问题对应不同的处理方式。

(1) 凡属承运部门造成的货物数量短缺、外观破损等，应凭接运时索取的货运记录，向承运部门索赔。

(2) 如发生到货与订单、入库通知单或采购合同不相符的，尽管运输单据上已标明本库为收货人的货物，仓库原则上也应拒收，或者同有关业务部门沟通后，将货物置于待处理区域，并做相应的标记。

(3) 凡必要的证件不齐全的，应将货物置于待处理区域，并做相应的标记，待证件到齐后再进行验收。

(4) 凡有关证件已到库，但在规定时间内货物尚未到库的，应及时向存货单位反映，以便查询处理。

(5) 供货单位提供的质保书与存货单位的进库单、合同不符的，作待处理货物等待处理，不得随意动用，并要通知存货单位，按存货单位提出的办法处理。

(6) 凡数量差异在允许的磅差以内，仓库可按应收数入账；若超过磅差范围，应查对核实，做好验收记录，并提出意见，送存货单位再行处理。该批货物在做出结案前，不准随意动用，待结案后，才能办理入库手续。

(7) 当规格、品质、包装不符合要求或发生错发时，应先将合格品验收，再将不合格品或错发部分分开并进行查对，核实后将不合格的情况向收货人说明，并将货物置于不合格品隔离区域，做相应的标记。对于错发货物，应将货物置于待处理区域，并做相应的标记，并应及时通知相关业务部门或货主，以便尽快处理。

(8) 进口货物在订货合同上均要规定索赔期限。有问题必须在索赔期限内申报商检局检验出证，并提供验收报告及对外贸易合同和国外发货单、运输单据（如海运提单、航空运单、铁路运单）、装箱单、磅码单、检验标准等单证资料，以供商检局审核复验。若缺少必要的单证技术资料，应分别向有关外贸公司和外运公司索取，以便商检局复验出证和向外办理索赔手续。

(9) 对于需要对外索赔的货物，未经商检局检验出证的，或经检验提出退货或换货的，应妥善保管，并保留好货物原包装，以供商检局复验。

拓展学习：某地A汽车公司零部件进货检验规程

1. 目的

本规程的制定是为了对进货检验过程实施控制，确保采购产品的质量符合规定的要求。

2. 适用范围

本规程适用于本公司采购的进货检验。

3. 职责

(1) 采购部门负责进货产品的送检工作。

① 采购人员负责下达“进货检验记录表”；

② 质检员根据“进货检验记录表”负责进货产品的检验和试验；

③ 配件部根据各部门反映的信息对供应商进行考评。

(2) 仓储部门负责对进货产品进行登记入库。

(3) 技术部门负责提供进货产品的检验和试验依据。

(4) 质检部门负责进货产品检验和试验的工作指导，并对质量问题进行仲裁。

4. 工作内容

1) 原材料的分类

根据原材料对最终产品的重要程度，将其分为关键项、重要项和一般项：关键项，即保证安全项，指如果不满足要求，将危及人身安全并导致产品不能完成主要任务的特性。重要项，即重要原材料，是构成最终产品的主要部分或关键部分，直接影响最终产品的使用或安全性能，它是可能导致顾客严重投诉、对产品有重要影响的物资。一般项，即一般原材料，它是构成最终产品非关键部位的批量物资，一般不影响最终产品的质量。

2) 进货检验判定标准

进货检验判定依据：《进货检验规程》、产品图纸、技术标准等。

批次允收准则：进料检验必须以"0"缺陷为允收准则；其中关键项、重要项合格率为100%，一般项不低于92%。

3) 检验工作程序

供方供货→采购员送达"进货检验记录"→检验员对待检物料进行抽样检验并填写检验结果→交质量经理判定是否合格并批准同意入库。

供方首次供货：供方必须将样件、自检报告单、合格证、生产许可证、营业执照和注册证书复印件等交由采购部门，采购部门负责填写"请验单"，质量负责人依据图纸等技术要求制定检验项目，交检验员进行检验，检验人员填写"原材料检验单"，工厂试用必须有相关人员认可。样件检验完毕后，"样件检验单"交由采购部门，据此做出鉴定报告，采购部门通知供方并列入"合格供货方清单"，根据供方情况制定初步供货份额。

非首次供货：供方须待质检报告、理化实验报告单、合格证、采购员开具的"外购件检验验收单"，检验员确认后进行检验。检验后，检验员将检验数据和相关资料交质量负责人批准，合格后方可办理入库手续。

4) 检验工作要求

(1) 采购人员必须按照月采购计划和交货进度，报送"请验单"，填写器件名称、交检批数量、制造单位等内容；

(2) 检验员严格按《检验规程》、产品图纸和工艺技术问题通知等要求，进行检查并如实填写检测数据；

(3) 检查结果报质量负责人，质量负责人依据产品图纸、工艺要求、加工及装配等要求，判定物料是否合格，并批准同意入库，或要求退货并通知办理相关手续，不得含糊不清、模棱两可地签字。

(4) 仓库必须确认"检验单"上的质量负责人签字，如无误，方可办理入库手续。

5) 质量问题的处理

(1) 检验员或质量负责人在接到质量信息后，立即赶到生产现场，按《不合格品控制程序》进行处理。

(2) 检验员认真填写相关信息报质量负责人，质量负责人每周依据检验人员的记录进行汇总，每周二向采购部提供信息，以便统计供应商业绩，集中考评。

6) 进货检验规定

(1) 进货检验抽样方式：检验样本须由检验人员在送检样本中随意抽取，不得由供方人员自行选样。

(2) 外观检查：检验样本检查须按比例进行抽检。

(3) 原材料检验标识验证：采购部门收集供方产品合格证书等文件并存档，形成供方档案。检验人员必须对原材料的合格标识进行核实，发现标识有问题的要及时通知质量负责人，并传递信息到采购部门核实标识情况，由采购部门确认方可进行验收，否则不必进行检验，直接退货，并按不合格品登记数量。

(4) 外观检查：当批量在 500 件以下时，按 5%的比例抽检，不低于 5 件；当批量在 1 500 件以下时，按 2%～3%的比例抽检，不低于 10 件；当批量在 1 500 件以上时，按 1%～2%的比例抽检，不低于 15 件。

(5) 性能检验和试验：抽检项目应符合产品图纸、技术标准和《检验规程》等的要求。

(6) 检验及试验记录

原材料的检验和试验均要做记录。所有的进货检验和试验过程应建立检验台账。

(7) 检验试验状态标识

对于合格件，在包装箱或工件上贴上合格证。对不合格的而又不能及时退回的，要在包装箱或工件上用红色标示，并及时隔离或按有关规定就地销毁。对来不及检查的，要在包装箱或工件上挂上待检标志并定置存放。其他标识办法和内容详见《产品标识与可追溯性控制程序》。

(8) 紧急放行的控制

若需紧急放行时，须有质量负责人或公司副总签字。

7) 检验项目控制点(见原材料质量标准)

8) 其他检验规定

对于本厂无法检测的项目，可以委托指定供方到第三方检测机构做检验。检验工作中认同第三方机构出具的报告。

9) 入库

检验合格后，由检验人员做出标识，通知库管员验收入库。其过程见相应仓库仓库管理制度。

5. 相关文件

相关的文件有《仓库管理制度》《供应商管理实施细则》。

6. 记录

检验过程中记录的文件有“供应商调查表”“合格供方年度考核表”“合格供应商名录”“进货检验记录”。

三、与供应商/物流商的工作人员沟通

广义的客户是指购买产品或服务的个体,是企业所有的服务对象,包括公司股东、雇员、顾客、合作者、政府官员、社区的居民。从某个角度来说,送物料来的供应商/物流商的工作人员也是我们的客户(合作者),在货物检验、接收时要注意沟通技巧,如简化运用语言、积极倾听、重视反馈、控制情绪等,要做到换位思考,展示良好的企业形象。在具体的沟通中,应做到如下几个方面:

(1) 展现出对对方和对方企业的尊重;

(2) 注意说话方式,不卑不亢;

(3) 常微笑,和对方有眼神交流;

(4) 注意倾听,了解对方的需求;

(5) 简明扼要,避免喋喋不休;

(6) 要熟悉自己的业务、企业双方的权利与义务关系;

(7) 不聊私事,不谈企业内部的问题。

物流“1+X”小贴士

物流职业礼仪(基本表情规范)

一、眼神

物流行业从业人员在与客户交流时眼神只能锁定在一定范围内,不能随意上下打量对方全身。目光允许的范围在对方肩部以上,以头顶和两个肩膀为三个顶点,形成的三角区域俗称“大三角区域”,眼神与对方交互的可持续时间为3～5秒,一直盯着对方和不进行任何眼神交流都是不恰当的行为。

眼神是有力量的,在服务的过程中,要善用眼神,也要用对方向。正视的眼神是庄重的;微笑正视传递友善、自信的信号;仰视代表在思考;俯视代表羞涩不自信;而斜视对方是不友好的,工作中尽量不要出现。

二、微笑

微笑的状态能够传递正能量,帮助保持良好的外在形象,提高客户的满意度。但微笑不只是一个动作,而是一个状态,需要做到“三个结合”。

结合眼睛的状态,你在微笑的时候,你的眼睛也要“微笑”,否则,给人的感觉是“皮笑肉不笑”。

结合表达的状态,使用恰当的表达方式和语言,不能光笑不说。

结合肢体的状态,如使用正确的手势,在尊重对方的私人空间的状态下,提供专业亲切、真诚热情的服务,才是物流人服务的真谛。

三、练一练:微笑五步操

对着镜子——赞美自己——上提苹果肌——拉开嘴角——露出牙齿。

小提示:千万不要认为微笑是在讨好别人,微笑首先是传递你的自信和从容,然后才是去影响别人。

学习工作页

"任务二　零部件验收"学习工作页

班级：__________　　学号：__________　　姓名：__________

一、任务描述

零部件验收工作是一项技术要求高、组织严密的工作，关系到整个物料接收业务能否顺利进行，所以，必须准确、及时、严格地对采购的零部件进行检验接收，确保来料品质能够满足规定的使用要求。本任务的主要内容是作为桂豪物流有限公司的窗口接收工作人员，开展接收零部件、检验零部件和不合格零部件的退料处理等工作。

二、任务地点及使用的设施设备

任务地点：汽车零部件集配作业实训中心窗口接收区。

使用的设施设备：集配作业实训集成系统 1 套；物料周转箱 3 类，每类 30 个；汽车零部件包装纸箱 3 类，各 20 个；定制接收窗口 1 个。

三、任务过程

1. 知识准备

请阅读课程网站及其他网络资源，查阅相关内容，并回答在窗口接收中需拒收货物的情形有哪些？

2. 安排实训岗位及人员

分 A、B 两个接收窗口，每个窗口安排一个实训小组，B 窗口为大件组，A 窗口为中小件组，具体岗位安排见下表(见表 3.9)。

表 3.9　实训岗位安排表

大件组			中小件组		
岗位	人数	姓名	岗位	人数	姓名
收货班长	1 名		收货班长	1 名	
供应商 A	1 名		供应商 C	1 名	

（续表）

大件组			中小件组		
岗位	人数	姓名	岗位	人数	姓名
供应商 B	1 名		供应商 D	1 名	
收货员	1 名		收货员	1 名	
叉车司机	1 名		叉车司机	1 名	

3. 收集相关信息

请从表 3.2 至表 3.6 中查找本次实训所需的相关数据资料。

4. 收货

窗口接收人员按时间窗口安排进行货物接收，对供应商的货物包装、数量进行检验。

按要求填写送货单及检验记录，不合格的予以退货，填写问题记录及退料单（见表 3.10、表 3.11、表 3.12）。

表 3.10　检验记录表

进货品	检验依据	检验项目	标准要求	检验方式	检验记录
云鹏 6550 前门装饰板	标准样件	包装	符合采购订单要求		
		外观	表面无毛刺、锐角，无严重伤痕、裂纹、砂孔		
		尺寸	950×680×100 mm		
		数量			
云龙 730 前门装饰板	标准样件	包装	符合采购订单要求		
		外观	表面无毛刺、锐角，无严重伤痕、裂纹、砂孔		
		尺寸	850×750×100 mm		
		数量			
云鹏 6550 换挡机构	标准样件	包装	符合采购订单要求		
		外观	表面无毛刺、锐角，无严重伤痕、裂纹、砂孔		
		尺寸	250×180×320 mm		
		数量			

（续表）

进货品	检验依据	检验项目	标准要求	检验方式	检验记录
云龙 730 换挡机构	标准样件	包装	符合采购订单要求		
		外观	表面无毛刺、锐角，无严重伤痕、裂纹、砂孔		
		尺寸	260×180×100 mm		
		数量			
云鹏 6550 后保险杠	标准样件	包装	符合采购订单要求		
		外观	表面无毛刺、锐角，无严重伤痕、裂纹、砂孔		
		尺寸	1 800×750×520 mm		
		数量			
云龙 730 后保险杠	标准样件	包装	符合采购订单要求		
		外观	表面无毛刺、锐角，无严重伤痕、裂纹、砂孔		
		尺寸	1 920×750×520 mm		
		数量			

表 3.11　检验记录表

进货品	检验依据	检验项目	标准要求	检验方式	检验记录
云鹏 6550 左后视镜　白色	标准样件	包装	符合采购订单要求		
		外观	表面无毛刺、锐角，无严重伤痕、裂纹、砂孔		
		尺寸			
		数量			
云龙 730 左后视镜　灰色	标准样件	包装	符合采购订单要求		
		外观	表面无毛刺、锐角，无严重伤痕、裂纹、砂孔		
		尺寸			
		数量			
云鹏 6550 左前门把手	标准样件	包装	符合采购订单要求		
		外观	表面无毛刺、锐角，无严重伤痕、裂纹、砂孔		
		尺寸	250×180×320 mm		
		数量			

（续表）

进货品	检验依据	检验项目	标准要求	检验方式	检验记录
		包装			
		外观			
		尺寸			
		数量			
		包装			
		外观			
		尺寸			
		数量			

表 3.12　送货单

收货单位:凌云汽车有限公司					计划协议号			20190227101	
序号	物料编码	零件名称	单位	需求箱数	实收箱数	包装箱型	包装数量	车型	备注
1	MPVWLHGSDLHD150	云鹏 6550 换挡机构 1.8L	个	2	2	专用料箱	5	MPVWLHGS	
2									
3									
供应商名称：		签收时间：				联系电话：			
计划员：		收货员：			送货员：		制单：		

5. 情况描述

高鹏汽车所送的云鹏 6550 换挡机构 1.5L 有 2 个表面损坏，需退料，请按要求填写退料记录（见表 3.13）。

表 3.13　问题记录及退料单

<table>
<tr><td colspan="4">编制：</td><td colspan="3">审核：</td><td colspan="2">批准：</td></tr>
<tr><td>序号</td><td>零件名称</td><td>数量</td><td>问题</td><td>供应商</td><td>时间</td><td>临时改进建议或对策</td><td>责任人</td><td>备注</td></tr>
<tr><td>1</td><td></td><td></td><td></td><td></td><td></td><td></td><td></td><td></td></tr>
<tr><td>2</td><td></td><td></td><td></td><td></td><td></td><td></td><td></td><td></td></tr>
<tr><td>3</td><td></td><td></td><td></td><td></td><td></td><td></td><td></td><td></td></tr>
<tr><td>4</td><td></td><td></td><td></td><td></td><td></td><td></td><td></td><td></td></tr>
<tr><td>5</td><td></td><td></td><td></td><td></td><td></td><td></td><td></td><td></td></tr>
<tr><td>6</td><td></td><td></td><td></td><td></td><td></td><td></td><td></td><td></td></tr>
<tr><td>7</td><td></td><td></td><td></td><td></td><td></td><td></td><td></td><td></td></tr>
<tr><td>8</td><td></td><td></td><td></td><td></td><td></td><td></td><td></td><td></td></tr>
<tr><td>9</td><td></td><td></td><td></td><td></td><td></td><td></td><td></td><td></td></tr>
<tr><td>10</td><td></td><td></td><td></td><td></td><td></td><td></td><td></td><td></td></tr>
<tr><td colspan="9">备注：</td></tr>
</table>

四、教师评价与反馈

任务三 转运零部件至缓存区

知识准备

一、先进先出的概念

先进先出(first in first out,简称 FIFO),指在物料管理中,按照物品进入的时间顺序整理好,在使用时按照先进入的物品先出库的原则进行操作,其旨在减少库存量,减少占地空间,避免物料损耗与浪费。

二、先进先出的常用方法

1. 区域规划法

区域规划法——移区法:只允许使用带有物料出货看板区域的零件;物料出货看板区域"只出不进";无物料出货看板区域"只进不出";当区域在制品用完后移动物料出货看板。具体的窗口接收工作流程见图 3.9。

区域规划法——标识法:在存储区制作先进先出标识,按标识指示进行先进先出操作(见图 3.10)。

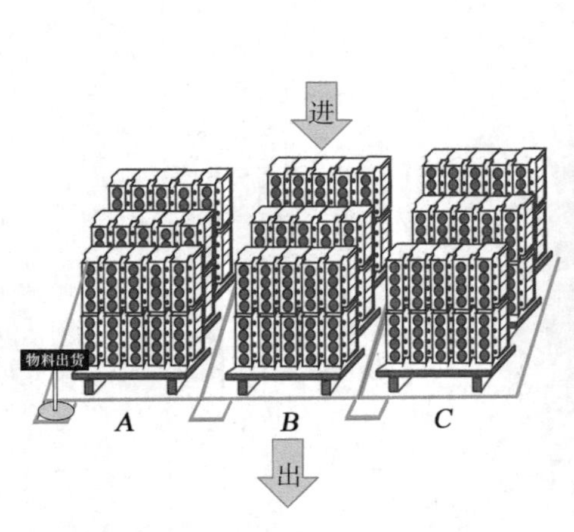

图 3.9 窗口接收工作流程

图 3.10 标识法使用示例

2. 时间标贴法

时间标贴法，就是指用不同颜色带时间说明的标识粘贴在相应物品的外包装上或其他显眼处，表示不同月份入库的货物。同一时间段的标识用相同颜色，并且要和上一时间段、下一时间段的标识的颜色明显不同。这样工作人员从远处看到标识的颜色就能判断这批货物的入库。该方法的使用示例见图 3.11。

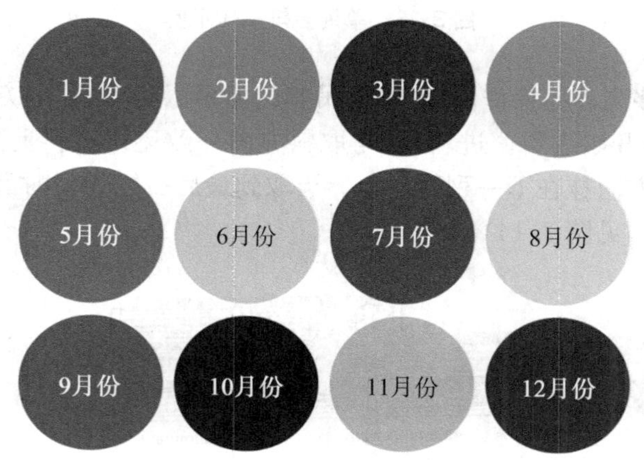

图 3.11　时间标贴法使用示例

3. 批次管理法

根据时间顺序给物料的批次编号，并利用批次编号进行管理，批次早的先使用。通常情况下，外购件以每次送货为一个批次；生产的半成品及成品以同一“生产任务单”为一个批次；不同批次号的物料不能混装。例如，2022 年第 16 周，“生产任务单”号为“J22161881”的产品，物料批次号为 J2216188101。

三、先进先出的操作规范

1. 通常库位物料的先进先出

(1) 单排单列操作原则：单排单列零件每次进料按供货日期先后进行翻转；采用表单形式将每次零件进料翻转都写明在表单中，并将此单贴于固定位置便于检查(见图 3.12)。

图 3.12　单排单列操作示例

(2) 单列多排操作原则：单边进料，单边取料。如图 3.13 所示，按 1、2、3……9 的顺序取料(自然的先进先出，不需挂 FIFO 指示牌)。

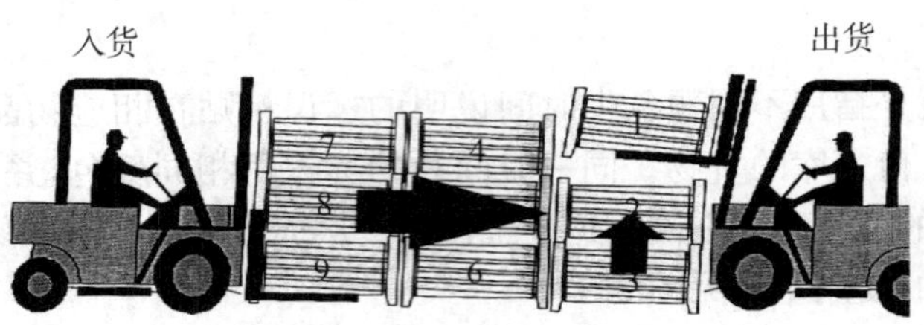

图 3.13 单列多排操作示例

(3) 单排多列、多列多排操作原则:根据吊牌的指示入货、出货的方向进料、取料。一列物料全部取掉后方可开始进料。进料时,与取料方向一致逐列将料上满。当取完前列物料时,请将标牌按箭头方向挂在下一列物料上。当取到最后一列物料时,请将此标牌箭头向下挂于最先取的物料上(见图 3.14)。

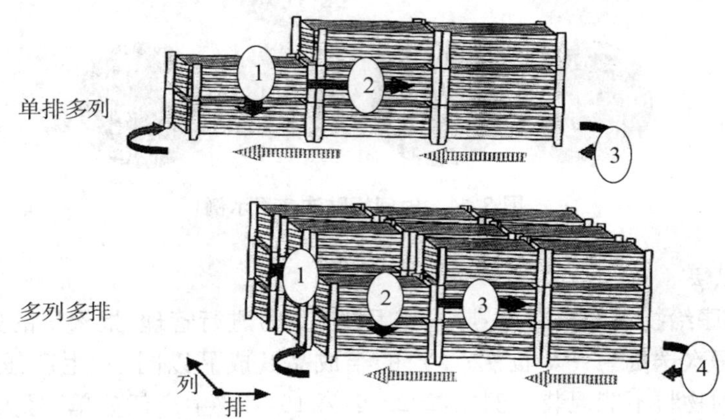

图 3.14 单排多列、多列多排操作示例

2. 靠墙物料的先进先出

(1) 单列单排操作原则:采用“单列单排”原则,每次上料翻转时需填写翻转记录表(见表 3.14)。

表 3.14 翻转记录表

日 期	操作者	日 期	操作者

(2) 单排多列、多列多排操作原则:物料入库按入库先后顺序分别按列悬挂标识牌(如 1、2、3、4……),发货取料按数字升序依次按列取料。取完一列物料依次将标识牌往后移一列。新一批次物料入库时,先将旧批次物料按数字升序往前移,新批次物料顺延旧批次数字标识牌,按列依次放置,不断重复以上流程。

3. 超市料架物料的先进先出

取料操作原则:以同种物料占超市料架三层(如按照 A、B、C 层)为例,取料方式为按照 A1、A2、A3、B1、B2、B3、C1、C2、C3、A1 的次序循环取料(见图 3.15)。

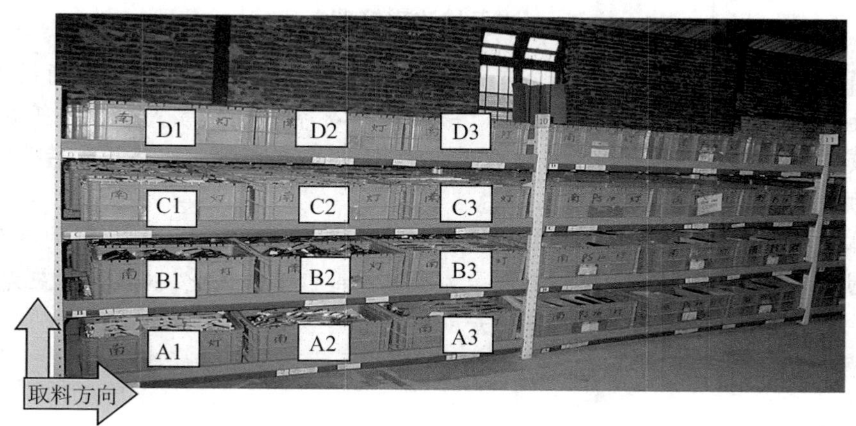

图 3.15 取料操作示意图

进料操作原则:以同种物料占超市料架三层(如 A、B、C 层)为例,进料方式为按照 A1、A2、A3、B1、B2、B3、C1、C2、C3、A1 的次序循环进料(见图 3.16)。

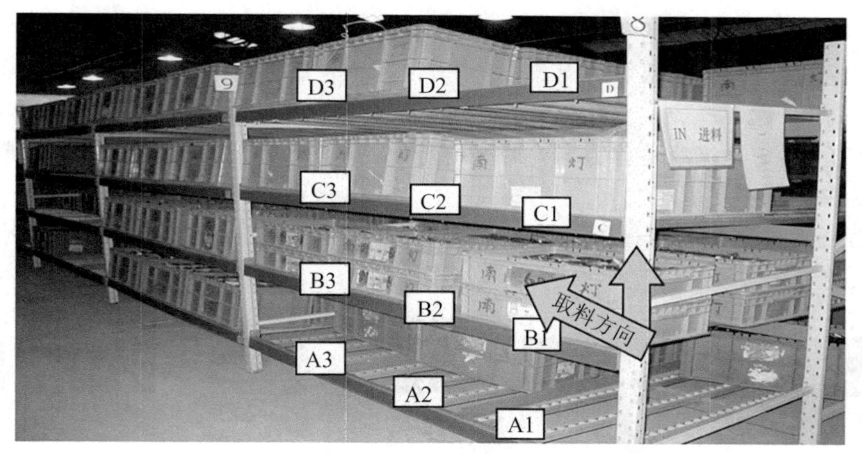

图 3.16 进料操作示意图

四、溢出物料管理

物料溢出是指到货物料超出存放库位的最大存放量。物料到货后,库位存已超出最大存量,在物料进口方向悬挂"溢库区有此物料"标识牌,同时将该物料转入溢出区。溢出物料管理遵循 FIFO 操作规则,按库存存放,并更新物料溢出目视板(或溢出物料登记表)。当物料低于最小库存量时,物料接收员根据目视板信息按入溢库时间先后将溢库区物料移入正常库位,同时更新溢库数和溢库区信息板中对应的箱数。

物流“1+X”小贴士

流程与流程管理

流程就是做事情的顺序，是一个或一系列有联系、有规律的行动，这些行动以确定的方式发生或执行，导致特定结果的实现。一般来说，流程是由一系列单独的任务组成，并使输入变成输出。ISO9000 对业务流程的定义是，业务流程是一组将输入转化为输出的相互关联或相互作用的活动。

从本质上讲，企业的业务流程就是由一系列具有先后顺序且互相关联的活动所组成的经营过程，企业业务流程的整体目标是为顾客创造价值。因此，以顾客利益为中心，以员工为中心，以及以效率和效益为中心是业务流程的核心。

流程的六大要素分别是输入、活动、活动之间的相互作用（即结构）、输出、客户、价值。

(1) 输入：它是运作流程所必需的资源，不仅包括传统的人、财、物，还包括信息、关系、计划等。

(2) 活动：它是流程运作的环节。

(3) 活动之间的相互作用（即结构）：它是环节之间的关系，将流程从头至尾串联起来。

(4) 输出：它是流程运作的结果，应该承载流程的价值。

(5) 客户：它是流程服务的对象，对外来讲是单位服务的个人或组织，对内来讲是流程的下一个环节。

(6) 价值：它是流程运作为客户带来的好处，很多情况下不是用货币来衡量的，它可以表现为降本增效等。

流程图的绘制是要掌握的一个技能，常见的流程图标准符号及流程图示例，分别见图 3.17、图 3.18。

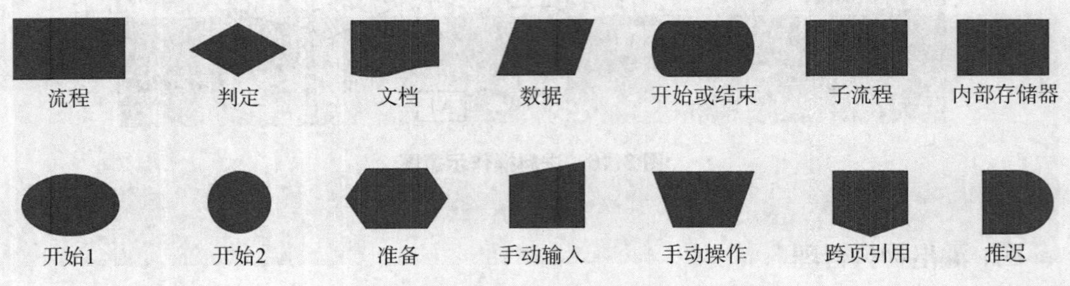

图 3.17　常见流程图标准符号

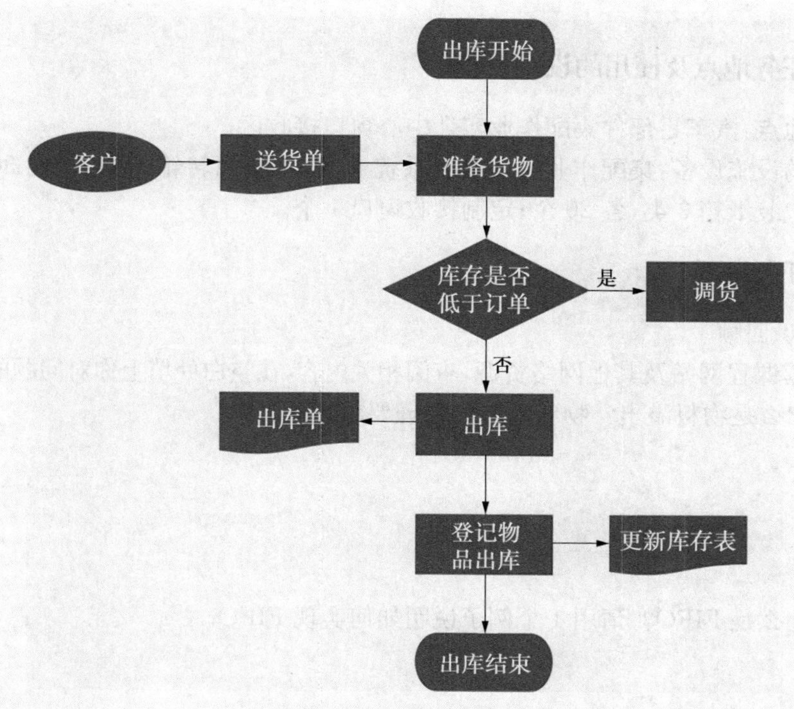

图 3.18　流程图示例(出库作业)

试一试:根据项目三所学内容制作汽车零部件窗口接收作业流程图。

学习工作页

"任务三　转运零部件至缓存区"学习工作页

班级:__________　　学号:__________　　姓名:__________

一、任务描述

完成验收的零部件要被转运至缓存区,等待拣选及配送。零部件从收货那一刻起,企业就应以先进先出的规则来进行管理,按零部件入库时间的先后顺序存放及使用。本次任务的主要内容是学习零部件转运至缓存区存放的操作及管理要求。桂豪物流有限公司零部件集配中心,设置有 A、B 两个接收窗口,B 窗口接收大件,A 窗口接收中小件及标准件,供应商根据整车厂凌云公司的要求送货到集配中心,凌云公司通过网络发送供应商的送货信息到集配中心,集配中心接收窗口工作人员已根据供应商的送货信息完成窗口接收的验收环节,本次任务需按要求完成转运零部件至缓存区存放的操作。

二、任务地点及使用的设施设备

任务地点：汽车零部件集配作业实训中心窗口接收区。

使用的设施设备：集配作业实训集成系统 1 套；物料周转箱 3 类，每类 30 个；汽车零部件包装纸箱 3 类，各 20 个；定制接收窗口 1 个。

三、任务过程

1. 知识回顾

请阅读课程网站及其他网络资源，查阅相关内容，在空白处填上你对问题的回答。

(1) 什么是物料溢出？物料溢出的管理要求是什么？

(2) 什么是 FIFO？请用 1 个例子说明如何实现 FIFO。

2. 安排实训岗位及人员

分 A、B 两个接收窗口，每个窗口安排一个实训小组，B 窗口为大件组，A 窗口为中小件组，具体岗位安排见下表(见表 3.15)。

表 3.15 实训岗位安排表

大件组			中小件组		
岗位	人数	姓名	岗位	人数	姓名
收货班长	1 名		收货班长	1 名	
供应商 A	1 名		供应商 C	1 名	
供应商 B	1 名		供应商 D	1 名	
收货员	1 名		收货员	1 名	
叉车司机	1 名		叉车司机	1 名	

3. 收集相关信息

请从表 3.2 至表 3.6 中查找本次实训所需的相关数据资料。

4．将验收完成的零部件存放至指定缓存地址

（1）货物存储遵守先进先出的规则；

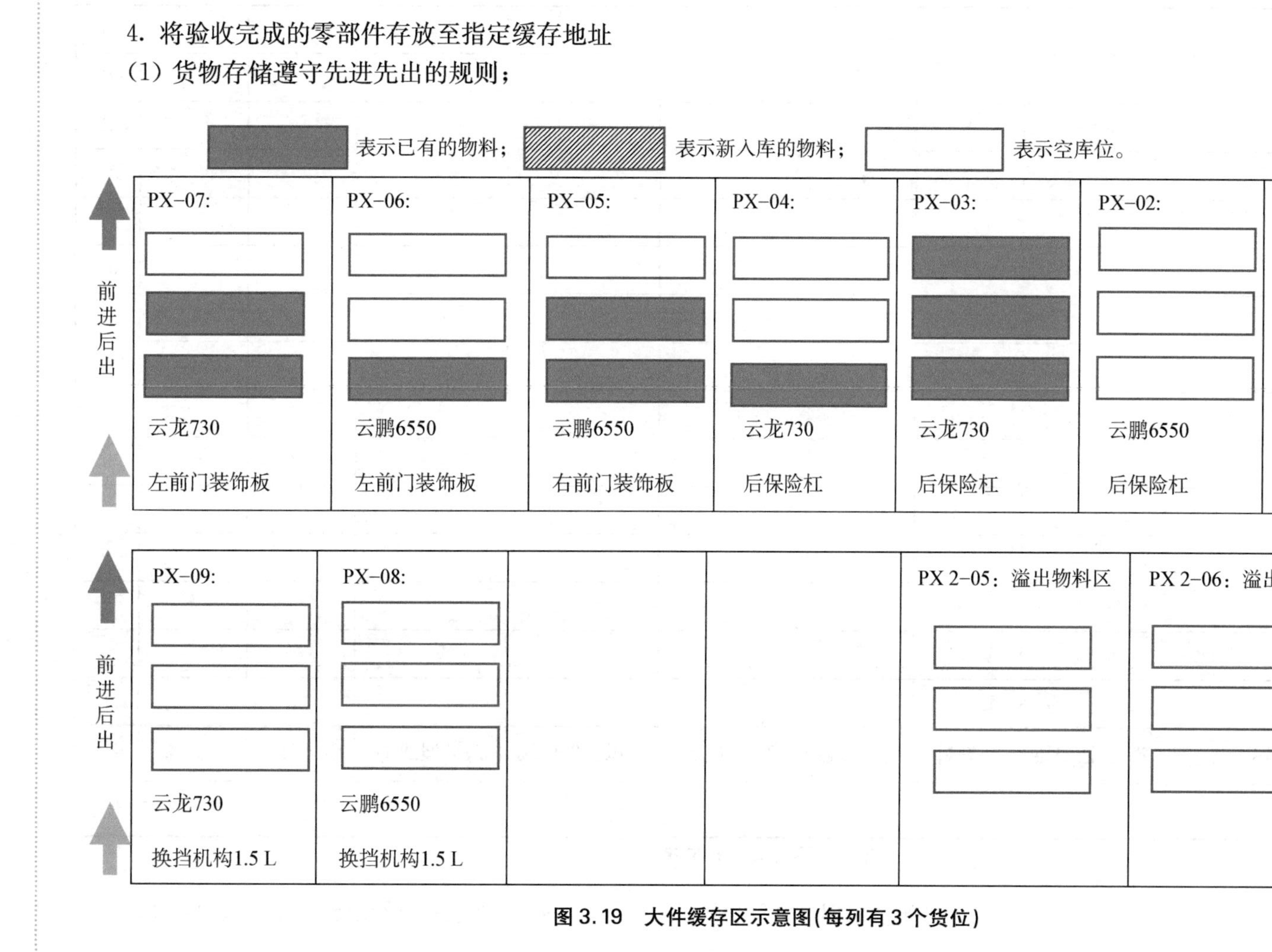

图 3.19　大件缓存区示意图（每列有 3 个货位）

(2) 溢出物料遵守溢出物料管理要求，如有物料溢出，请填写物料溢出看板。

表 3.16　物料溢出看板

负责人：									
序号	零件号	零件名称	供应商名称	溢出物料箱数	溢出库位	到货日期	接收员	消耗记录(第一次)	消耗记录(第二次)
1									
2									
3									
4									
5									
6									
7									
8									
9									
10									
11									
12									
13									
14									
15									

(3) 中小件接收配送区料架的存储位置如下(见图 3.20),每个库位可以存 5 箱零件。

物料名称 货位号	A-3-1	A-3-2	A-3-3	A-3-4	A-3-5	A-3-6	A-3-7	A-3-8
物料名称 货位号	A-2-1	A-2-2	A-2-3	A-2-4	A-2-5	A-2-6	A-2-7	A-2-8
物料名称 货位号	A-1-1	A-1-2	A-1-3	A-1-4	A-1-5	A-1-6	A-1-7	A-1-8

物料名称 货位号	B-3-1	B-3-2	B-3-3	B-3-4	B-3-5	B-3-6	B-3-7	B-3-8
物料名称 货位号	B-2-1	B-2-2	B-2-3	B-2-4	B-2-5	B-2-6	B-2-7	B-2-8
物料名称 货位号	B-1-1	B-1-2	B-1-3	B-1-4	B-1-5	B-1-6	B-1-7	B-1-8

物料名称 货位号	C-3-1	C-3-2	C-3-3	C-3-4	C-3-5	C-3-6	C-3-7	C-3-8
物料名称 货位号	螺栓 M8 C-2-1	螺母 M8 C-2-2	螺母 M8 C-2-3	密封圈 C-2-4	堵头 C-2-5	C-2-6	C-2-7	C-2-8
物料名称 货位号	C-1-1	C-1-2	C-1-3	C-1-4	C-1-5	C-1-6	C-1-7	C-1-8

图 3.20　中小件接收配送区示意图

四、教师评价与反馈

任务四 职业素养训练：6S 管理训练

知识准备

二战以后，日本的制造业管理水平低，导致生产现场人员的安全得不到保障，产品质量、生产效率都无法满足客户需求，为了改善这些问题，日本的制造企业在现场提出“整理”(SEIRI)、“整顿”(SEITON)、“清扫”(SEISO)的概念。这就是 3S 管理。在这个时期，3S 管理基本解决了以上问题。20 世纪 80 年代中期，日本的制造商品因物美价廉开始在美国流行，美国人开始研究 3S 管理对企业现场水平提升的作用，并结合美国制造的特点，加入了第四个“S”，即“清洁”(SEIKETSU)。20 世纪 80 年代后期，中国台湾的企业开始深入研究现场管理，从管理人的角度出发，提出了第五个“S”，即“素养”(SHITSUKE)的概念。随着美国麻省理工学院对丰田生产模式研究的深入，逐步形成了系统的精益生产理论，赋予“素养”新的含义，融入了持续改善的理念。5S 管理作为精益生产的重要组成部分，开始在全球流行。中国企业在 5S 现场管理的基础上，结合国家如火如荼的安全生产活动，在原来的 5S 基础上增加了安全(SAFETY)要素，形成“6S”。

假设下图(见图 3.21)是我们的工作区域(数字代表我们的工作)，我们的任务是尽快按照顺序找出 1～50 这些数字，怎么能快点完成呢？

图 3.21 工作区域示意图 1

第一步：对工作区域实行 6 s 管理。首先要“整理”，也就是我们把所有不要的 51～100 的数字去除(见图 3.22)。

第二步：整顿。我们如果要使任务尽可能简单，那么最好的方法就是完全按照数字的顺序排列好(见图 3.23)。

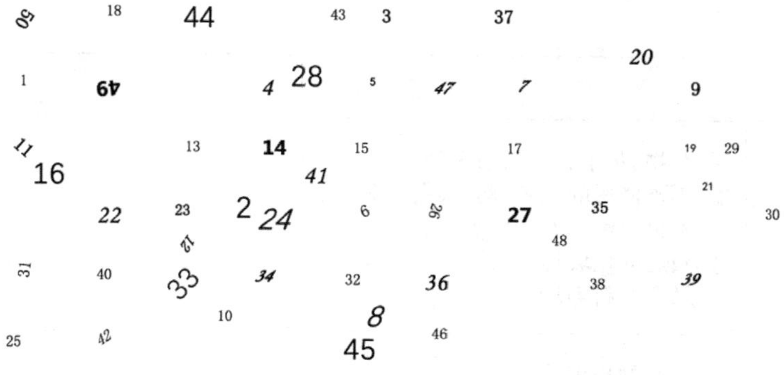

图 3.22　工作区域示意图 2

1	2	3	4	5	6	7	8	9	10
11	12	13	14	15	16	17	18	19	20
21	22	23	24	25	26	27	28	29	30
31	32	33	34	35	36	37	38	39	40
41	42	43	44	45	46	47	48	49	50

图 3.23　工作区域示意图 3

之后的步骤:清扫、清洁、素养……按前面的做法制定出现场管理的要求,督促员工执行。员工执行后,养成良好的素养。

一、整理

整理,即对“必需品”与“非必需品”进行区分与处理。无论是在工作还是生活中,人们很容易对周围的事物习以为常,且视而不见,这就是工作场所以及家中堆积的物品会越来越多的原因。通过清理“不要”的东西,可以腾出工作空间、防止误用、提高整顿清扫效率。要注意清除物品不是一扔了之,而是有目的地对物品分类筛选。对所在工作场所全面检查,包括看得见的和看不见的。清除不需用物品时要反省这些物品产生的根源。整理的“要”与“不要”的标准见表 3.17。

表 3.17　整理的“要”与“不要”

类别	基 准 分 类
要	① 用的机器设备、电气装置; ② 工作台、材料架、板凳; ③ 使用的工装、模具、夹具等; ④ 原材料、半成品、成品等; ⑤ 栈板、周转箱、防尘用具; ⑥ 办公用品、文具等; ⑦ 使用中的看板、海报等; ⑧ 各种清洁工具、用品等; ⑨ 文件和资料、图纸、表单、记录、档案等; ⑩ 作业指导书、作业标准书、检验用的样品等。

（续表）

类别	基准分类	
不要	地板上	① 杂物、灰尘、纸屑、油污等； ② 不再使用的工装、模具、夹具等； ③ 不再使用的办公用品； ④ 破烂的垃圾桶、周转箱、纸箱等； ⑤ 呆滞物料等。
	工作台	① 过时的报表、资料； ② 损坏的工具、样品等； ③ 多余的材料等； ④ 私人用品。
	墙上	① 蜘蛛网； ② 老旧无用的标准书； ③ 老旧的海报标语。
	空中	① 不再使用的各种挂具； ② 无用的各种管线； ③ 无效的标牌、指示牌等。

二、整顿

整顿是指将需要的物品指定存放位置，并以简单的方式将其管理起来，并将每项物品赋予储放位置、名称、数量（见图 3.24）。整顿的目的有：消除“寻找”的浪费；使工作场所清楚明了；拥有整整齐齐的工作环境；消除过多的积压物品。

图 3.24　整顿后的工作场所

整顿，就要做到如下几方面：撤除不用的东西；整理并规划放置空间；放置标志设置；放置物品本身，亦应有标志；明确表明放置场所。

三、清扫

清扫是指将工作场所内看得见与看不见的地方（如机器、工具及地面、墙壁等）清扫干净，保持工作场所干净、亮丽。清扫的目的：清除垃圾，保持整洁；清除脏污，美化环境；稳定品质，减少工业伤害。

除了责任到人外，企业还需要建立一套清扫的基准，制定一份清扫制度，促进清扫工作的标准化，以确保职场的干净整洁（见表 3.18）。

表 3.18　企业清扫责任人与清扫基准范例

包干区	责任人	值日检查内容
电脑区	陆小小	OA 机器是否保持干净，无灰尘
检查区	张朝阳	作业场所、作业台是否杂乱，垃圾桶是否清理
计测器区	张　恒	计测器摆放是否整齐，柜面是否保持干净，柜内有无杂物
休息区	华　安	地面无杂物，休息凳摆放是否整齐
治具区	华　安	治具摆放是否整齐，治具架是否保持干净
不良品区	薛　丁	地面是否无杂物，除不良品外无其他零件和杂物存放
零件规划书放置区	薛　丁	柜内零件规格是否摆放整齐、标识明确
文件柜及其他	周文斌	文件柜内是否保持干净，柜内物品是否摆放整齐

四、清洁

清洁是指将整理、清扫进行到底，并且制度化，经常保持环境外在美观的状态。清洁的目的：清净环境，形成规范；贯彻到底，形成制度；创造明朗现场，维持之前 3S 管理的成果。清洁是“6S”活动中重要的一环，它能保持通过整理、整顿、清扫创造的优良环境。对于大多数工作场地，做好一次现场改善是容易的，但要每天持续不断地做改善则完全是两码事。因此必须要使工作场所管理任务标准化，促进工作场所的管理。

清洁推行的实施要点是要让 6S 管理要求成为惯例和制度，并形成企业标准化的要求，将其上升至企业文化。

五、素养

素养是指通过前阶段 4S 的活动，让员工自觉遵守规章制度，养成良好的工作习惯。素养的目的：注重礼仪，提高素质；养成习惯，坚持执行；提升个人素质，养成工作认真规范的习惯。5S/6S 现场管理最后的着眼点是对自身的高要求，即鼓励员工自觉遵守规章制度，成为有修养的员工。素养意味着遵守标准及政策，有责任心、尊重自我、尊重他人。

六、安全

安全，主要是指企业的安全生产，要实现安全，需做到：有安全生产有关的法律法规；有安全生产规章制度和操作规程；举行安全生产教育培训；安全设施要完善。另外还有消防安全、治安安全等方面。

“6S”之间彼此关联，整理、整顿、清扫是具体内容；清洁是指将上面的3S实施的做法制度化、规范化，并贯彻执行及维持结果；素养是指让每位员工养成良好的习惯，并遵守规则做事。开展6S容易，但长时间的维持必须靠员工素养的提升；安全是基础，要尊重生命，杜绝违章。

想一想：实施6S管理，最难的是什么？

（提示：坚持一天不难，难的是每天坚持。）

拓展阅读

从“柳拖”到“柳微”“五菱”

柳州有着100多年近现代工业历史，曾经造出广西第一台以木炭做燃料的汽车，造出广西第一架双翼单座战斗机。如今，平均每分钟超过4辆“柳州产”汽车驶下生产线。让我们从“柳拖”到“柳微”“五菱”的广西汽车集团汽车工业发展历程，领略持之以恒、自强不息的柳州工业文化。

从河西村壮大起来

1958年，广西汽车集团前身柳州动力机械厂，在柳州郊区河西村破土奠基。最初生产船用发动机，后自主研发生产拖拉机。

柳州动力机械厂于1966年改名为柳州拖拉机厂（以下简称柳拖），开创了拖拉机时代。柳拖以年产5 000台的生产能力，1978年跻身“全国八大拖拉机厂之一”。

靠双手开创“微车霸主”地位

随着时代的发展，市场需求发生变化。勇于开拓创新的柳拖人，将目光瞄准了当时的市场稀缺品——微型汽车。

1981年，围着一辆外国微型货车，柳拖人从它身上拆下2 500余种、5 500余件零件，一件件手工测量、绘图。1982年1月20日，用机床车、用锤子一点点敲打出第一辆万家牌微型货车，开启了微车制造的历史。

1985年5月10日，柳拖改名柳州微型汽车厂；1987年，五菱商标正式启用。1996年，柳州五菱汽车有限责任公司成立，完成工厂制到公司制改造。

从1991年产销1万台，到1998年产销10万台，五菱成为当时国内微车行业产销第一的企业。2000年9月28日，五菱汽车下线第60万辆。

时代中变革

进入21世纪，国内掀起汽车合资大潮。柳州五菱汽车有限责任公司与上海汽车、美国通用合作，成立首个“中中外”三方合资企业——上汽通用五菱汽车股份有限公司。一个五菱裂变为“两个五菱”。

站在历史的拐点，五菱集团迎难而上，调整原来落后的生产资源，将零部件、发动机及专用汽车业务定为三大主业。2007年，实现境外上市，获得汽车制造做大做强资本。五菱集团营业收入从合资之初的20亿元，发展到2009年突破100亿元，成功实现再造一个新五菱。2010年，五菱集团开始谋求产品向中高端市场转型升级。

2015年5月，五菱集团再次迎来变革。在广西官方的推动和指导下，通过引入柳州产投、桂林国投、玉柴集团等5家企业资本，五菱集团更名为广西汽车集团，由国有独资企业转变为混合所有制企业。

2017年，广西汽车集团营收突破220亿元，具备年产150万套汽车零部件、80万台汽车发动机、10万辆客车及改装车的实力。

版图不断扩大，"朋友"越来越多

如今，广西汽车集团在国内已形成柳州、桂林、青岛、重庆、贵阳南北联动的汽车制造基地。

广西汽车集团积极响应"一带一路"倡议，扬帆出海。该集团在印尼建设的乘用车零部件生产基地于2017年7月正式投产。该基地总投资2.1亿元人民币，投资建设包括冲压线、焊接线、装配线在内的共6条主要生产线，打造底盘件、冲焊件等乘用化零部件的核心竞争力。

近两年，广西汽车集团的国际"朋友圈"逐渐扩大。该集团与佛吉亚、美桥等多家世界强企，在乘用车座椅、内外饰、传动等系统展开合资合作。

从制造到"智造"，上演"机器人总动员"

一手护具遮面、一手紧握焊枪，身前焊花四溅的焊工，在广西汽车集团河西冲焊件厂正在逐年减少。取而代之的是，流水线上挥舞着"手臂"的机器人。在该厂的前地板生产线，13台机器人1小时能自动焊接45个零部件，相当于27个人工的工作量。

在该公司柳东基地智能立体仓库的空中座椅厂，由机器人制作成型的座椅海绵，通过悬挂链自动运送至库房顶部的海绵存储仓库挂晾，整个过程无需人工操作。

向新能源发力

在整车方面，广西汽车集团紧跟市场需求，执行深耕细分市场之策略，重点开发符合新法规的校车产品和客车产品，同时积极探索有高附加值的特种改装车业务。目前，五菱改装车市占率已达到62%，仍在不停刷新纪录。

依托电机驱动技术和整车控制技术两大核心技术，公司提前做好新能源汽车产业布局，自2009年成为广西首家获得微型电动货车生产资质的企业后，不断储备相关技术和人才。如今搭上政策和市场"春风"，打造了涵盖物流车、客车、观光车等新能源汽车的产品矩阵，开启了新能源产业链的推进。

如今，广西汽车集团已成为中国汽车工业30强、中国制造业企业500强，柳州五菱汽车工业有限公司被评为零部件企业全球百强。越来越多的五菱人坚持发扬"艰苦创业，自强不息"的企业精神，以改革为引领，以创新为动力，不断推动企业实现高质量发展。

资料来源：《原来，柳州这个企业这么厉害》，https//m. sohu. com/a/257133987-203359?010004_wapwxfzlj。

思考：

(1) 该汽车制造企业不断发展的动力是什么？具体体现在哪些方面？

(2) 如何在汽车零部件集配作业运作与管理一线工作中开展创新？

学习工作页

“任务四　职业素养训练:6S 管理训练”学习工作页

班级:__________　学号:__________　姓名:__________

一、任务描述

窗口接收作业现场,场地有限而人多物杂、物料流动频繁。若无法保障工作场所和空间环境的干净、整洁、舒适、安全,很容易导致混料、错料、丢失物料,难以维系物料的先进先出,引发各种管理问题。6S 管理是解决这些问题的非常有效的方法。如果我是桂豪物流公司的物流操作班长,那么在工作现场,实施 6S 管理有哪些要求?我怎么才能做好现场的 6S 管理工作呢?

二、任务地点及使用设施设备

任务地点:汽车零部件集配作业实训中心窗口接收区和班组园地。

使用设施设备:打印机 1 台;反光背心和安全帽若干。

三、任务过程

1. 知识回顾

(1) 谈谈你对柳州工业文化的认识。

(2) 为什么说 6S 管理的关键是“持之以恒”?

2. 认识 6S 管理常见问题及不良影响

作为现场管理人员,我们首先要了解企业生产现场 6S 管理的常见问题及不良影响,请大家思考并填写下表(见表 3.19)。

表 3.19　企业生产现场 6S 常见问题与处理

存在现象	产生后果	规避办法
1. 作业流程不畅，搬运距离过长且通道被阻		
2. 工装夹具随地乱放		
3. 物品堆放杂乱，良品与不良品混杂，成品与半成品很难区分		
4. 私人物品随意摆放，员工频繁走动		
5. 机器设备保养不良，故障多		
6. 地面脏污，设施破旧，灯光昏暗		
7. 物品因没有标识而时常被误送、误用		
8. 管理气氛紧张，员工都无所适从		
9. 未按规定穿戴 PPE		
10. 班组不重视安全培训		

3. 对工作现场进行 6S 检查

然后我们可以使用 6S 检查表对工作现场进行 6S 检查（见表 3.20）。

表 3.20　车间现场 6S 活动检查表

序号	项目	规　范　内　容	存在问题标记“×”
1	整理	把永远不用及不能用的物品清理掉	
		把一个月以上不用的物品放在指定位置	
		把一周内要用的物品放到近工作区，并摆放好	
		把 3 日内要用的物品放到容易取到的位置	
2	整顿	规划工作区、物品放置区、通道位置并将其明显标示出来	
		物品放置有合理规划	
		物品应分类整齐摆放并进行标识	
		通道畅通，无物品占住通道	
		对生产线、工序号、设备、工模夹具进行标识	
		仪器设备、工模夹具摆放整齐，工作台面摆放整齐	
3	清扫	地面、墙上、天花板、门窗打扫干净，无灰尘、杂乱物	
		工作台面清扫干净，无灰尘	
		仪器设备、工模夹具清理干净	
		一些污染源、噪音设备要进行防护	

（续表）

序号	项目	规 范 内 容	存在问题标记“×”
4	清洁	每天上下班花3分钟做6S工作	
		随时自我检查、互相检查，定期或不定期进行检查	
		对不符合的情况及时纠正	
		整理、整顿、清扫保持得非常好	
5	修养	员工戴厂牌，按规定着装且整洁得体，仪容整齐大方	
		员工言谈举止文明有礼，对人热情大方	
		员工工作精神饱满	
		员工有团队精神，互帮互助，积极参加6S活动	
		员工时间观念强	
6	安全	员工根据岗位需要穿戴必要的PPE	
		定期有全员安全教育或培训	
		在明显位置张贴禁烟标志	
		在工作或行走中不使用手机	

根据我们检查的结果及发现的问题，我们就可以根据6S管理的要求提出改进的措施，请写在下方。

四、教师评价与反馈

课后练习

一、单选题

1. 汽车制造商窗口接收作业中，直接参与人员不包括(　　)。

A. 收货人员　　B. 主机厂采购员
C. 供应商　　D. 承运物流商

2. 货物接收时间窗口指的(　　)。

A. 货物接收作业的收货平台　　B. 完成货物接收作业的时间范围
C. 完成货物接收作业的时间　　D. 载货车辆从进厂到离厂的时间

3. FIFO 的中文含义是(　　)。

A. 区域定置　　B. 先进先出
C. 时间标贴　　D. 批次管理

二、多选题

1. 窗口接收作业内容包括(　　)。

A. 集配中心接收人员按照窗口接收时间办理接收手续
B. 供应商到空箱整理区装上对应供应商的空箱
C. 接收员对暂存区的零部件进行验收，主要进行数量、外观和包装上的核对
D. 接收员验收完成后办理货物入库手续

2. 物流车辆在工厂内的停靠时间属于固定时间的是(　　)。

A. 停车、熄火时间　　B. 卸货时间
C. 装载空箱的时间　　D. 司机下车交接物流单据的时间

3. 物流车辆在工厂内的停靠时间属于变动时间的是(　　)。

A. 停车、熄火时间　　B. 卸货时间
C. 装载空箱的时间　　D. 司机下车交接物流单据的时间

4. 实行先进先出的意义在于(　　)。

A. 减少库存量　　B. 减少占地空间
C. 避免物料损耗与浪费　　D. 提高生产效率

三、判断题

1. 来货实物的包装方式跟来货标签上的包装方式不同，如果数量检验无误后可以进行收货作业。(　　)

2. 先进先出操作常用的方法有区域规划法、时间标贴法和批次管理法。(　　)

四、排序题

请将窗口作业流程按正确顺序排序：(　　)。

A. 转运物料到缓存库位
B. 单据核对
C. 收货前的准备
D. 入库登记
E. 验收

项目四

零部件成套配送作业

学习目标

1. 知识目标

(1) 认识并了解汽车零部件成套配送作业；

(2) 了解汽车零部件成套配送作业岗位的工作要求；

(3) 掌握零部件成套配送拣选单的编制方法；

(4) 能够实施零部件成套配送计划。

2. 技能目标

(1) 能编制零部件成套配送拣选单；

(2) 能够按零部件成套配送拣选单拣选物料；

(3) 能够处理零部件成套配送过程中的常见问题。

3. 素质目标

(1) 了解合作精神，增强政治认同，确立道路自信；

(2) 了解精益精神及全员设备管理内涵。

项目导学

- 项目4　零部件成套配送作业
  - 知识树
    - 编制零部件成套配送捡选单
      - SPS配送的概念
      - SPS配送的优缺点
      - SPS配送零部件的选取原则
    - 实施零部件成套配送
      - SPS配送流程
      - SPS配送方式拣选作业类型
      - SPS配送岗位作业指导书
      - SPS配送操作要求
    - 零部件成套配送现场常见问题处理
      - 现场管理的概念
      - 现场管理的要素
      - 现场管理的目标
      - 现场管理的内容
      - 现场管理的基本方法
  - 工作清单
    - 编制SPS配送拣选单
    - 按SPS配送拣选单拣选物料
    - 处理SPS配送过程中常见问题
    - 实施全员设备管理
  - 物流“1+X”小贴士
    - 制定配送作业计划
    - 物流信息技术的运用

案例导入

桂豪物流公司的难题

一般来说,整车厂总装线旁边一般都有线边库,线边库会存放半小时、一小时或两小时左右的零部件。如果整车装配是混线生产,多种车型轮流总装,这样线边库就需要存放多种车型的零部件。当下是个性化的时代,汽车也是这样,汽车型号、规格越多,线边库管理越复杂。

今年,桂豪物流有限公司就接到了客户凌云汽车有限公司提出的新要求:随着终端客户需求日趋个性化,本年度凌云汽车的车型配置会再增加4种,而且60%的生产将会采用订单式生产;所有车型的所有零件都要求降低生产线旁10%的库存,且要保证不缺件停产;所有零部件必须要实现精确到单件号的追溯要求等。

如何能够在较低的库存量下完成高效的配送,并且实现对零部件的高精度追溯是摆在桂豪物流有限公司面前一道急待解决的难题。

任务一 编制零部件成套配送捡选单

任务导入

凌云汽车有限公司总装车间接到一批订货要求，要在 2021 年 11 月 18 日完成云鹏 6550 白色标准型 5 台、云龙 730 灰色标准型 5 台、云龙 730 棕色舒适型 10 台的生产任务。为此，桂豪物流有限公司必须完成装配上述车辆的所有零部件的拣选和配送。那么这些物料应该怎样分类，又应该以怎样的顺序供应给总装车间装配线呢？

知识准备

一、汽车零部件分类

汽车零部件的种类名目非常多，一般情况下，载货汽车的零部件总数约为 7 000 个～8 000 个，而轿车的零部件总数更多，达到 1 万个以上。在一辆汽车总成本中，零部件成本要占到 70%～80%。如果我们从汽车零部件的使用材质、使用用途、结构功能、科技含量等方面来看，大致可以分为以下几类。

按零部件的材质分类，可分为金属零部件和非金属零部件。目前，金属零部件所占比重约为 60%～70%，非金属零部件约占 30%～40%，其中塑料零部件占 5%～10%。从发展趋势来看，金属零部件比重逐渐下降，塑料零部件逐渐增加。

按零部件的使用用途分类，可分为汽车制造用零部件和汽车维修用零部件，各自所占比重决定于汽车产量和保有量，以及汽车维修量的多少。从世界总的状况来看，两类零部件的大体比例为 80∶20。

按零部件的性质分类，可分为发动机系统、动力系统、传动系统、悬挂系统、制动系统、电气系统及其他（一般用品、装载工具等）。各自所占比重，因车型不同而定。

从零部件模块化供应的角度来看，汽车零部件可分为“模块→总成→组件→零部件”几个层次，在理论上一般依次称为一级零部件供应商、二级零部件供应商、三级零部件供应商。

按其物流属性来分，汽车零部件可分为大件、中小件和标准件，其零部件分类的方式如下（见表 4.1）。

表 4.1　桂豪物流有限公司汽车零部件分类标准

分类	特性	包装状态	零件示例
大件物料	重量较大的零件	定制料架	发动机、变速器、座椅、轮胎、消音器、玻璃、制动盘、车门外板、顶盖
	重量、体积较大的零件(长度大于1米),或者多个品种放在一起,不易拿取、易干涉的零部件		顶棚、保险杠、行李箱护面、地毯
	不易拿取、易干涉的零部件		门洞密封条、水槽密封条,手制动后操作拉线
标准件/通用件	标准件	标准料箱 纸箱 塑料袋	螺栓、螺母、螺钉、垫片、铆钉、螺母板等
	体积非常小的通用件		如卡扣、胶贴、保险丝、管箍、线束扎带、密封环、固定夹、保护盖、孔盖
中小件物料	除去大件和标准件,其他零部件视为中小件物料	标准料箱 纸箱	车门锁、气囊模块、线束、千斤顶、控制器、溢流管等

二、SPS 配送的概念

汽车行业的管理者们经过不断探索,提出了零部件成套配送方式(set parts supply,简称 SPS)。这个词最先是丰田公司用的,部分其他汽车公司现在也用 SPS 这种叫法,另外一些公司将这种单辆份成套供应、物料与生产线同步随行的方式称之为“Kitting”等。

SPS 是向生产线单辆份成套供料的一种零部件配送方式,其配送流程见图 4.1。这种方式取消了线边的物料存储料架,改为与生产线同步随行的台车料架。刚开始,SPS 成套供应主要应用在内饰线和车门线等,因为这两条线的零部件具有体积大、重量轻、配置多、颜色件多等特点,线边存放占用面积较大,操作人员拣选麻烦。随着对 SPS 的应用越来越熟悉,慢慢就扩展到底盘线、发动机装配线等。

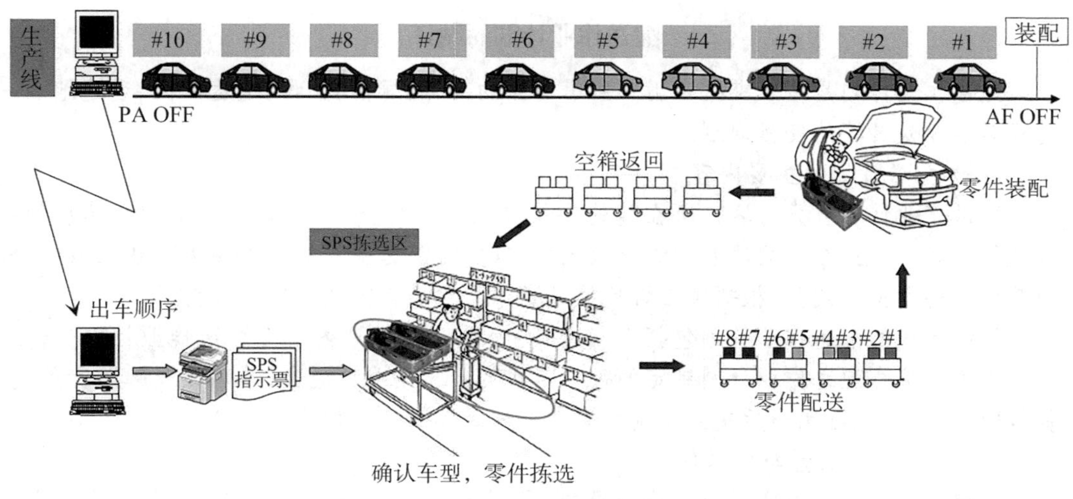

图 4.1　SPS 配送流程示意图

为什么SPS这种方式越来越多地被汽车企业采用呢?

首先,由于SPS是单辆份成套供应,它降低了取料错误的可能性,提高了装配质量和装配效率。中国汽车行业增长较快,车间新手较多,这种降低拣料、装配复杂度的方法能有效减少新手的学习时间。

其次,SPS单辆份成套供应还降低了生产线操作人员拣选物料的时间。同时,由于零部件是与生产线同步随行,物料箱可以放在操作人员身边,不需要走出装配区域去取物料,这同样提升了装配效率。装配效率的提升会导致装配节拍的降低,这对生产线资源紧缺的汽车总装来讲非常重要,因为同样的生产线在不扩产的情况下可以生产出更多的车辆了。

再次,由于SPS采用同步顺序上线和物料随行方式,节省了线边库的占用。每个岗位节省几平方米的面积也许意义不大,但如果能让总装线更加紧凑就重要多了。丰田在部分生产线进行SPS改善后,一小段5名操作人员组成的生产线从25米减少到15米。生产线的缩短导致车体运输时间的缩短,这种车体运输效率的提升与装配效率的提升叠加起来,效果就更明显了。

另外,SPS这种同步上线方式,降低了线边库存量,更接近"单件流",更精益,可以实现在必要的时间将必要数量的必要零部件配送到必要地点的运送方式。那么在桂豪物流有限公司的集配作业中,应该如何组织SPS配送?具体的管理要求有哪些呢?

三、适用于SPS配送方式的汽车零部件

汽车零部件按物流属性分为大件、中小件和标准件,其对应的零部件上线的方式如下。

(1) 大件:如发动机、顶棚、保险杠、座椅、仪表盘等,采用排序配送上线;

(2) 中小件:尽可能采用SPS配送上线;

(3) 标准件:如螺栓、螺母、卡扣、垫片和卡环,主要采用看板拉动配送上线。

 物流"1+X"小贴士

配送作业计划的制订

配送作业计划是按日期排定用户所需商品的品种、规格、数量、送达时间、送达地点、送货车辆和人员等的安排规划。

(一) 配送计划的主要内容

配送作业计划首先对客户所在地的具体位置做系统统计,并做区域上的整体规划,再将每一客户包括在不同的基本送货区域中,以作为配送决策的基本参考。在区域划分的基础上再作弹性调整,根据客户订单的送货时间要求确定送货的先后次序。

最终形成的配送作业计划包括两部分:一份是一定时期内综合配送作业计划表;另一份是依据综合配送作业计划制定的每一车次的单车作业计划表(单),该表(单)交给送货驾驶员执行,执行完毕后交回。制订配送计划的步骤具体如下。

1. 分配地点、数量与配送任务

分配要使配送业务实现配送路线最短、所用车辆最少、总成本最低、服务水平最高。

2. 决定配送批次和配送先后顺序

当配送中心的货品性质差异很大，有必要分开配送时，需要决定不同的配送批次。

3. 确定车辆数量

企业需要在提高客户的服务水平与减轻企业的负担之间进行权衡，确定合适的车辆数量。

4. 合理搭配不同类型、不同来源的车辆

在车辆安排上，调度人员要熟悉不同类型车辆的积载量和重量限制，根据成本的计算来考虑是选用外雇车辆进行配送，还是利用自有车辆多次巡回配送比较划算。

5. 确定车辆装载方式

最好绘制出详细的车辆配载图。

6. 确定配货作业指标

公式为：PHD=PI/ZI。

式中：PHD——分拣配货率

ZI——库存种类数

PI——分拣种类数

7. 控制车辆最长行驶里程

需考虑的情况：配送完毕之后的返程路途；车辆的油耗；司机的精力。

控制的目的：避免成本过高；避免出现交通意外。

8. 时间范围的确定

重点注意夜间配送、凌晨配送、假日配送这几个时间范围。

9. 与客户作业层面的衔接

应该对门店的收货方面进行沟通，做好衔接安排。如托盘货物，门店有接货的月台以及相关的操作设备。

10. 达到最佳化目标

配送的最佳化目标为：配送路线最短、所用车辆最少、作业总成本最低、服务水平最高。

(二) 配送计划的调整

由于配送作业过程情况复杂，在配送计划执行过程中，难免发生偏离计划要求的情况，而且涉及面较广。因此，必须详尽分析与系统检查，才能分清缘由，采取有效措施消除干扰计划执行的不利因素，保证计划顺利实施。一般干扰配送计划执行的影响因素主要包括下列各项。

(1) 临时变更送货路线或交货地点。

(2) 装卸工作中出现的意外。

(3) 提前完成作业计划。

(4) 送货作业计划变更。

(5) 行车人员工作意外情况的影响。

(6) 道路情况变故所带来的影响。

(7) 气候情况影响。

想一想：制订汽车零部件配送计划应考虑哪些因素？

学习工作页

“任务一 编制零部件成套(SPS)配送拣选单”学习工作页

班级：__________ 学号：__________ 姓名：__________

一、任务描述

凌云汽车有限公司总装车间已领到了生产计划部门发来的 2021 年 11 月 18 日主生产计划 MPS(见表 4.2)。在实施 SPS 配送时，首先要根据装车计划与对应车型的物料清单表，生成 SPS 配送的拣选单。(因篇幅限制，本任务所列的只是整车装配所需的部分零件)。

表 4.2 凌云汽车有限公司总装车间主生产计划

主生产计划		
产品代码	名　称	计划数量
MPVWLHGSBS	云鹏 6550 白色标准型	5
MPVWLHGSHS	云鹏 6550 灰色标准型	0
MPVWLHGSZL	云鹏 6550 棕色舒适型	0
MPVBJ730HS	云龙 730 灰色标准型	5
MPVBJ730ZL	云龙 730 棕色舒适型	5

二、任务地点及使用的设施设备

任务地点：汽车零部件集配作业实训中心。

使用的设施设备：SPS 配送扫码上线系统。

三、任务过程

1. 教师展示主生产计划中待装配的车型 BOM 表(见表 4.3)

表 4.3 车型 BOM(节选)

产品名称	物料代码	物料名称	单位数
云鹏 6550 白色标准型	MPVWLHGSFJZHSJB	云鹏 6550 左后视镜　白色	1
	MPVWLHGSFJZQBSO	云鹏 6550 左前门把手	1
	MPV00000FJQG150	前雨刮器 15 寸	2
	MPVWLHGSFJHYGQ0	云鹏 6550 后雨刮器	2

（续表）

产品名称	物料代码	物料名称	单位数
	MPV00000FJJL150	机油滤清器 1.5 L	1
	MPVWLHGSFJZQMF0	云鹏 6550 左前门密封条	1
	MPVWLHGSFJZHMF0	云鹏 6550 左后门密封条	1
云鹏 6550 灰色标准型	MPVWLHGSFJZHSJH	云鹏 6550 左后视镜　灰色	1
	MPVWLHGSFJZQBS0	云鹏 6550 左前门把手	1
	MPV00000FJQG150	前雨刮器 15 寸	2
	MPVWLHGSFJHYGQ0	云鹏 6550 后雨刮器	2
	MPV00000FJJL150	机油滤清器 1.5 L	1
	MPVWLHGSFJZQMF0	云鹏 6550 左前门密封条	1
	MPVWLHGSFJZHMF0	云鹏 6550 左后门密封条	1
云鹏 6550 棕色标准型	MPVWLHGSFJZHSJZ	云鹏 6550 左后视镜　棕色	1
	MPVWLHGSFJZQBS0	云鹏 6550 左前门把手	1
	MPV00000FJQG150	前雨刮器 15 寸	2
	MPVWLHGSFJHYGQ0	云鹏 6550 后雨刮器	2
	MPV00000FJJL150	机油滤清器 1.8 L	1
	MPVWLHGSFJZQMF0	云鹏 6550 左前门密封条	1
	MPVWLHGSFJZHMF0	云鹏 6550 左后门密封条	1
云龙 730 灰色标准型	MPVBJ730FJZHSJH	云龙 730 左后视镜　灰色	1
	MPVBJ730FJZQBS0	云龙 730 左前门把手	1
	MPV00000FJQG150	前雨刮器 15 寸	2
	MPVBJ730FJHYGQ0	云龙 730 后雨刮器	2
	MPV00000FJJL150	机油滤清器 1.5 L	1
	MPVBJ730FJZQMF0	云龙 730 左前门密封条	1
	MPVBJ730FJZHMF0	云龙 730 左后门密封条	1
云龙 730 棕色舒适型	MPVBJ730FJZHSJZ	云龙 730 左后视镜　棕色	1
	MPVBJ730FJZQBS0	云龙 730 左前门把手	1
	MPV00000FJQG220	前雨刮器 22 寸	2
	MPVBJ730FJHYGQ0	云龙 730 后雨刮器	2
	MPV00000FJJL180	机油滤清器 1.8 L	1
	MPVBJ730FJZQMF0	云龙 730 左前门密封条	1
	MPVBJ730FJZHMF0	云龙 730 左后门密封条	1

2. 确定上线车型的装配顺序(见表 4.4)

表 4.4 凌云汽车有限公司总装车间 11 月 18 日装车计划

上线序列		
序号	产品代码	产品名称
1	MPVWLHGSBS	云鹏 6550 白色标准型
2	MPVWLHGSBS	云鹏 6550 白色标准型
3	MPVBJ730HS	云龙 730 灰色标准型
4	MPVBJ730HS	云龙 730 灰色标准型
5	MPVBJ730ZL	云龙 730 棕色舒适型
6	MPVBJ730ZL	云龙 730 棕色舒适型
7	MPVWLHGSBS	云鹏 6550 白色标准型
8	MPVWLHGSBS	云鹏 6550 白色标准型
9	MPVWLHGSBS	云鹏 6550 白色标准型
10	MPVBJ730HS	云龙 730 灰色标准型
11	MPVBJ730HS	云龙 730 灰色标准型
12	MPVBJ730HS	云龙 730 灰色标准型
13	MPVBJ730ZL	云龙 730 棕色舒适型
14	MPVBJ730ZL	云龙 730 棕色舒适型
15	MPVBJ730ZL	云龙 730 棕色舒适型

3. 按配载单格式填写第 1 辆车拣选单(见表 4.5)

表 4.5 SPS 配载单

总装线　　　　单号：

打印时间：　　　　装配时间：　　　　页码：1/1

装配车型：　　　　车辆颜色：　　　　零件数：

序号	库位地址	零件号	数量	灯地址	零件名称	物料编码	备注

4. 按配载单格式填写第 5 辆车拣选单(见表 4.6)

表 4.6　SPS 配载单

总装线　　　　单号：

打印时间：　　　　装配时间：　　　　页码：1/1

装配车型：　　　　车辆颜色：　　　　零件数：

序号	库位地址	零件号	数量	灯地址	零件名称	物料编码	备注

5. 按配载单格式填写第 10 辆车拣选单(见表 4.7)

表 4.7　SPS 配载单

总装线　　　　单号：

打印时间：　　　　装配时间：　　　　页码：1/1

装配车型：　　　　车辆颜色：　　　　零件数：

序号	库位地址	零件号	数量	灯地址	零件名称	物料编码	备注

四、教师评价与反馈

任务二 实施零部件成套配送

任务导入

物料计划与管理人员在整车装配前，已经根据 2021 年 11 月 18 日的主生产计划制定了当日 SPS 配送的拣选单。本任务的主要内容，就是作为桂豪物流有限公司的集配作业人员，如何根据拣选单内容，按照 SPS 配送的流程，完成 SPS 配送任务的实施。

知识准备

SPS 配送通过看板、按灯及其他形式件生产零件拉动至 SPS 配载操作区，操作人员根据系统输出的配料信息，将一台车份的零件配载到相应的料车上，按需求时间送至生产线指定工位投入，料车在线随对应生产车辆同步行进，配料车内零件全部装配完毕后在指定工位撤出。

在总装车间，SPS 采用一台线上车身随行 1 个或 2 个零部件专用台车。台车中放置对应车身所需装配的零部件。该台车根据车辆生产计划在 SPS 区进行拣选和备货。SPS 台车根据 MES 的上线进度指示进行同步拉动上线。车身在总装生产线流动，可方便线上组装人员的拿取。在多车型混线生产时，基本上是 1 个工序或 1 个作业者所需装配的零件，根据作业顺序放置于料盒或者随生产线移动的 SPS 台车上，减少组装人员找料与选料时间，因此 SPS 也称为单台份供应方式。

一、SPS 配送流程

SPS 配送区通常位于总装线旁，配送操作流程见图 4.2。

二、SPS 配送方式拣选作业类型

SPS 区拣配人员负责将所需的零部件拣配至对应台车，拣配方式一般包括以下几种。

1. 车型零件拣配表方式

基于车型拣配表的 SPS 运作模式一般包括如下程序：

(1) MES 在车辆排序点采集车辆配置信息，通过整车 BOM 确定随行配料信息。

(2) 发布配料单至相应的 SPS 拣配区。

(3) 拣料人员根据打印的 SPS 配料单分拣零件至随行 SPS 台车，并按照生产序列排序配送上线。

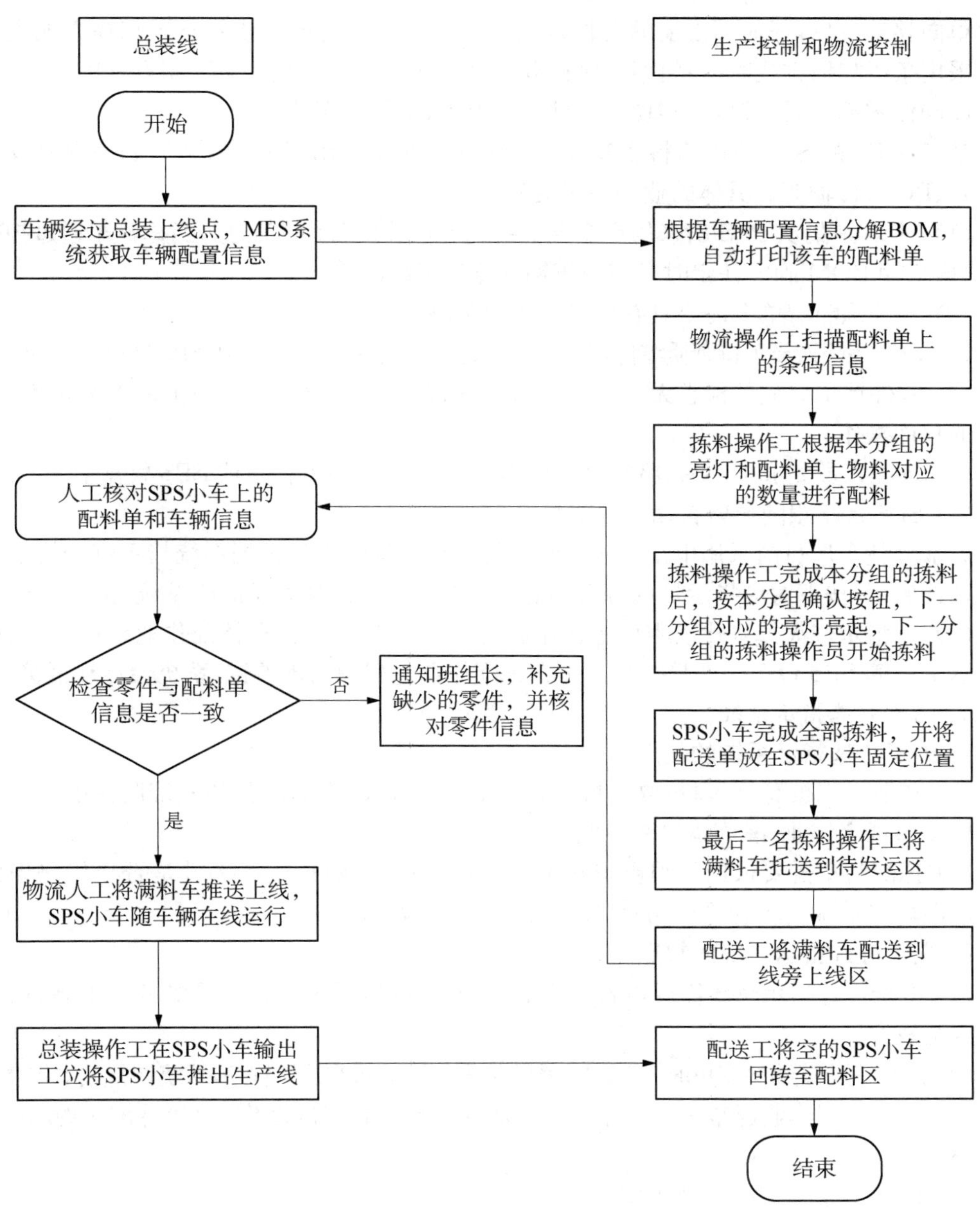

图 4.2 SPS 配送流程图

(4) SPS 台车随整车一起在组装线上流转，保证各工位工艺的正常安装。

(5) 在车辆装配完成后，再将 SPS 空台车送回 SPS 拣配区。

SPS 拣配清单指示方式的运作成本相对较低，但是这种方式增加了拣配人员的确认工作量。拣配人员作业时需要注意力高度集中，否则容易出现错误。因此在拣配完成后，要增加再次核对拣选零件清单的流程。

因要根据车型零件清单拣配表进行拣选，故需要在 SPS 区安装打印机。拣配人员根据指示打印清单来进行零件拣选作业，指示打印清单的捡取顺序与货架顺序相同，拣配人员仅需要单向移动（没有任何不必要的动作），通过用笔画打钩的形式或者条码扫描方式进行确认。采用条码扫描方式时，在料架上每捡取 1 个零部件都要求扫描 EU 箱看板的条形码，这样可以确保零部件无差错，并实现零部件的可追溯，确保整车质量。

基于 MES 的 SPS 清单拣料业务需要实现 SPS 小车控制管理、条码扫描、库存管理系统的交互、BOM 传输等。具体的业务系统流程如下：

(1) MES 采集从 PBS 出来的空车身上线到前仪装线 T1 的信息。当每辆车通过扫描点后，根据车辆 BOM 确定并定时发布该车辆的零件拣配清单。

(2) 零件拣配清单上需要具有可以扫描的条码。

(3) SPS 拣配人员手持纸质零件拣配清单，根据零件清单内的信息在 SPS 区进行拣配作业。

(4) 零件拣配完成并检查无误后，拣配人员用无线扫描枪扫描清单上的条码标签，完成相应的移库操作。

(5) 拣配人员完成配料后，将零件拣配清单贴在随行 SPS 台车或 SPS 料盒上。

(6) SPS 台车跟随导轨自动上线匹配。

大部分整车厂目前采用电子灯选指示系统。SPS 拣配人员根据系统指示灯的提示进行零件拣选后，并按下对应指示灯的开关按钮，零件拣选状态自动反馈给系统，由系统判断零件正确性。指示灯灭掉则代表零件拣选作业的完成。当 SPS 台车拣配作业结束后，系统自动指示下一辆 SPS 台车。如果拣配人员在拣配作业过程中出现差错，系统会自动报警。

2. 电子灯选指示系统

1) 电子灯选指示系统的优点

(1) 作业员根据亮灯拣料，取完料以后按下按钮开关，具有较强的系统防错能力。作业员严格按照规定作业，漏拣错误率极低。

(2) 拣配清单需要根据代码辨识料架行列和料位，判断拣配零部件是否在代码识别区间内。而灯选系统则较为简单，亮灯取料即可，拣配效率高。

2) 电子灯选指示系统的缺点

(1) 电子灯选指示系统需要具备一定的软硬件基础，系统识别信号灯的成本高，初期资金投入会较大。

(2) 工位变更或物料变更时，需要 IT 系统工程师协助修改系统程序，系统调整成本较高。

(3) 人工拣配作业通常采用单手取料，会存在无效的按灯动作，增加拣配工时，影响拣配效率。

3) SPS 电子灯选指示系统构成

SPS 电子灯选指示系统主要由服务器、带指示灯的拨触开关、PLC 等组成。对于 SPS 拣配区的零件料架，零部件的位置与指示灯一一对应。

根据上位 MES 提供的数据和灯选系统设定的指示条件，灯选系统的服务器自动生成数据信息，进而控制料架上对应零件指示灯的明灭。电子灯选指示业务流程如下：

(1) SPS 空料车进入 SPS 拣配区，MES 打印零件拣配清单，拣配人员核对零件拣配订单。

(2) 拣配人员按照零件拣配清单开始拣配。

(3) 电子灯选系统亮灯，拣配人员根据亮灯的位置和亮灯显示的数量信息进行配料。

(4) 配料结束，扫描零件拣配清单上的车号信息条码，在系统上进行确认。

(5) SPS 台车配料完成，人工运行至 SPS 待发区。

(6) AGV 牵引 SPS 台车至组装线起始工位。
(7) 组装工人将 SPS 台车运行上线。
(8) SPS 台车随线运行,各组装工位依序拿取零件进行组装。
(9) SPS 空台车显现,自动将空台车运行至待发区。
(10) AGV 牵引 SPS 空台车至 SPS 区,进入下一拣配循环。

链接视频

扫描二维码获取微课资源,SPS 上线员标准化作业指导书如表 4.5 所示。

微课 4.1　SPS 上线员标准操作流程

表 4.5　SPS 上线员标准化作业指导书

<table>
<tr><td colspan="6">SPS 上线员标准化作业指导书</td><td colspan="2">工位号</td><td>SPS 上线员</td><td>工位名称</td><td>SPS 上线员</td><td rowspan="2">产品型号</td><td rowspan="2"></td><td rowspan="2">版本号</td><td rowspan="2"></td></tr>
<tr><td>安全</td><td>关键特性</td><td>推拉</td><td>工具</td><td>看</td><td>摸</td><td colspan="2">要素序号</td><td></td><td>要素名称</td><td></td></tr>
<tr><td></td><td></td><td></td><td></td><td></td><td></td><td>重要度</td><td>序号</td><td colspan="3">主要步骤</td><td colspan="2">要点(成功、安全、简便)</td><td colspan="2">原因</td></tr>
<tr><td colspan="6" rowspan="5"></td><td></td><td>1</td><td colspan="3">登录系统</td><td colspan="2">注册号:LZZY. WLSX;账号:60020180001;密码:123456</td><td colspan="2"></td></tr>
<tr><td></td><td>2</td><td colspan="3">拿起扫描枪</td><td colspan="2"></td><td colspan="2"></td></tr>
<tr><td></td><td>3</td><td colspan="3">扫描任意一个产品码</td><td colspan="2">听到“滴”声,扫码成功</td><td colspan="2"></td></tr>
<tr><td></td><td>4</td><td colspan="3">检查系统中产品上线情况</td><td colspan="2"></td><td colspan="2"></td></tr>
<tr><td></td><td>5</td><td colspan="3">按照节拍循环以上步骤</td><td colspan="2">节拍:60S/台</td><td colspan="2"></td></tr>
<tr><td rowspan="6">物料</td><td>物料名称</td><td>数量</td><td rowspan="6">工具/辅料</td><td>工具名称</td><td>数量</td><td rowspan="6"></td><td colspan="4">要素时间(秒)</td><td>增值时间(秒)</td><td>非增值时间(秒)</td><td colspan="2">步行时间(秒)</td></tr>
<tr><td></td><td></td><td></td><td></td><td colspan="4"></td><td></td><td></td><td colspan="2"></td></tr>
<tr><td></td><td></td><td></td><td></td><td colspan="2">标记</td><td colspan="2">处数</td><td colspan="2">修订理由/内容</td><td>签字</td><td>日期</td></tr>
<tr><td></td><td></td><td></td><td></td><td colspan="2"></td><td colspan="2"></td><td colspan="2"></td><td></td><td></td></tr>
<tr><td></td><td></td><td></td><td></td><td colspan="2"></td><td colspan="2"></td><td colspan="2"></td><td></td><td></td></tr>
<tr><td></td><td></td><td></td><td></td><td colspan="2"></td><td colspan="2"></td><td colspan="2"></td><td></td><td></td></tr>
<tr><td colspan="15">要点:①成功。它是指找到决定该工作是否能顺利完成的操作要点并重点关注。②安全。它是指去除工作中可能导致组员受伤的操作。③简便。它是指在能完成工作的基础上,寻求使工作实施更加简易的操作。</td></tr>
<tr><td colspan="15">编制:　　　　审核:　　　　批准:</td></tr>
</table>

链接视频

扫描二维码获取微课资源，SPS 拣料员标准化作业指导书如表 4.6 所示。

微课 4.2 拣料员标准操作流程

表 4.6 SPS 拣料员标准化作业指导书

SPS 捡料员标准化作业指导书						工位号	SPS 拣料员	工位名称	SPS 拣料 A 工位	产品型号		版本号	
安全	关键特性	推拉	工具	看	摸	要素序号		要素名称					

重要度	序号	主要步骤	要点(成功、安全、简便)	原因
	1	开启 AGV 启动按钮	确认 AGV 小车运行状态指示正常	
	2	捡取 1 个亮灯的零部件	拣选前，确认每一箱物料首件，核对名称和物料代码	
	3	按灭分拣料架上亮灯按钮	确认物料灯已按灭	
	4	检查物料最小存储量	如果低于货位最低存储量，在工厂实训云 app 发送物料拉动紧急需求	
	5	把零部件放入 SPS 物料小车对应物料定制处		
	6	重复拣选其他亮灯物料	确认每一台套物料灯全部按灭	

	物料名称	数量		工具名称	数量	要素时间(秒)		增值时间(秒)	非增值时间(秒)	步行时间(秒)	
物料			工具								
						标记	处数	修订理由/内容		签字	日期

要点：①成功。它是指找到决定该工作是否能顺利完成的操作要点并重点关注。②安全。它是指去除工作中可能导致组员受伤的操作。③简便。它是指在能完成工作的基础上，寻求使工作实施更加简易的操作。

编制： 审核： 批准：

三、SPS配送操作要求

微课4.3　SPS配送标准操作流程

链接视频

扫描二维码获取微课资源。

(1) 上线员按照节拍器的提示(每60秒一次)扫二维码,完成车辆上线任务。

(2) AGV带动自行小车(即带轮货架)开始工作。

(3) 拣选员1按照亮灯拣选零件放置在自行小车上,完成拣选信息确认;同时,将自行小车推送至2号拣选工位。

(4) 拣选员2按照亮灯拣选零件放置在自行小车上,完成拣选信息确认;并将自行小车推送至3号拣选工位。

(5) 拣选员3按照亮灯拣选零件放置在自行小车上,完成拣选信息确认;并将自行小车推送至物料缓存区。

(6) AGV到物料缓存区将物料送至操作工位3,AGV脱离自行小车继续移动。

(7) 操作工位3拿取岗位所需零件进行组装,完成信息确认;将自行小车托送至操作工2。

(8) 操作工位2拿取岗位所需零件进行组装,完成信息确认;将自行小车托送至操作工1。

(9) 操作工位1拿取岗位所需零件进行组装,完成信息确认;并将空自行小车托送至自行小车缓存区。

物流"1+X"小贴士

物流信息技术的运用

随着国内自动化信息技术水平的不断提升,国内智能物流行业也快速发展。我国智能物流将迎来四大主要发展趋势:融入智能制造工艺流程、市场化与专业化、仓储快速发展、云仓系统兴起。

以工业4.0为契机,机器人、无人机、"货到人"等技术相继涌现,各项传统科技与新兴科技开始整合,互联网、大数据、云计算、人工智能等现代信息技术成为主流。

智慧物流就是利用条形码、射频识别技术、传感器、全球定位系统等先进的物联网技术,通过信息处理和网络通信技术平台广泛应用于物流业运输、仓储、配送、包装、装卸等基本活动环节,实现货物运输过程的自动化运作和高效率优化管理,提高物流行业的服务水平,降低成本,减少自然资源和社会资源消耗。

自动识别技术已经发展成为由条码识别技术、智能卡识别技术、光学字符识别技术、射频识别技术、生物识别技术等组成的综合技术,并正在向集成应用的方向发展。

说一说:零部件成套配送中自动化信息技术的运用情况。

学习工作页

“任务二　实施零部件成套配送”学习工作页

班级：__________　　学号：__________　　姓名：__________

一、任务描述

作为桂豪物流有限公司的 SPS 配送班组，根据 SPS 配送拣选单实施 SPS 配送。

二、任务地点及使用的设施设备

任务地点：汽车零部件集配作业实训中心。

使用的设备设施：SPS 配送上线系统、分拣指示系统，AGV 小车、物料台车。

三、任务过程

1. 岗位分工(见表 4.7)

表 4.7　人员分工表

岗位	人数	姓名	岗位职责
班长	1		
上线员	1		
拣选员 1	1		
拣选员 2	1		
拣选员 3	1		
操作工 1	1		
操作工 2	1		
操作工 3	1		

实训工厂运转起来需要各个模块同时运行才行，为了保证每位学员都能学习、体验 SPS 配送各岗位的工作，建议进行八次演练、七次轮岗。

2. 熟悉岗位作业指导书

见 P125 至 P126 的上线岗位和拣选岗位作业指导书。

3. 按照生产节拍实施 SPS 配送(见表 4.8)

表 4.8　SPS 配送实施过程安排表

步骤	内　容	时间(秒)	道具	负责人
1	岗前培训	20	/	教师

（续表）

步骤	内　　容	时间(秒)	道具	负责人
1.1	指导学生穿戴劳保用品	3	劳保用品	教师
1.2	组织学员进行岗位轮换，安排各岗位人员就位	5		教师
1.3	组织学员进行岗前培训 培训要求参照第一次岗前培训步骤即可	15	标准化操作单 班组业务目标考核表	教师
2	生产前准备	5		教师
	参照第一次演练步骤即可			教师
3	开始第二次演练	15		教师
	参照第一次演练步骤即可			教师
4	演练结束	2	/	教师

4. 拓展讨论

如果生产节拍提升至45秒一次，SPS配送会有什么样的变化？

四、教师评价与反馈

任务三 零部件成套配送现场常见问题处理

任务导入

桂豪物流有限公司物流班长王小强在月度生产现场检查时，发现现场存在以下现象：

(1) 设备布局、作业路线不合理；物料、半成品乱堆乱放，工具箱、更衣箱参差不齐；门上有尘土，地面有油污，杂物堆积，通道堵塞，作业面积狭窄，环境条件达不到规定标准的要求。

(2) 半成品堆积如山，生产线却停工待料。

(3) 成品积压，客户却天天催货。

(4) 放在旁边的是不需要做的，需要做的却不在旁边。

(5) 一边交期紧急，一边返工返修不断。

(6) 很容易买到的螺栓、螺母，却保留一到两年的用量。

(7) 整批产品常常因为一两个零件而搁浅耽误。

(8) 有人没事做，有事没人做。

(9) 员工干活无计划，操作无标准；职责分工不明，遇事推诿扯皮。

他该如何做好现场管理？管什么？怎么管？

知识准备

一、现场管理的概念

现场管理就是指用科学的管理制度、标准和方法对生产现场的各生产要素，包括人（工人和管理人员）、机（设备、工具、工位器具）、料（原材料）、法（加工、检测方法）、环（环境），进行合理有效的计划、组织、协调、控制和检测，使其处于良好的结合状态，达到优质、高效、低耗、均衡、安全、文明生产的目的。

现场管理是企业管理的重要环节，企业管理中的很多问题必然会在现场得到反映，各项专业管理工作也要在现场落实。可是作为基层环节的现场管理，其首要任务是保证现场的各项生产活动能高效率、有秩序地进行，实现预定的目标任务，现场出现的各种生产技术问题，有关人员在现场就能及时解决，不等、不拖、不“上交”。从这个意义上说，生产现场管理也就是现场的生产管理。

优秀生产现场管理的标准：

① 定员合理，技能匹配； ② 材料工具，放置有序；

③ 场地规划,标注清晰; ④ 工作流程,有条不紊;
⑤ 规章制度,落实严格; ⑥ 现场环境,卫生清洁;
⑦ 设备完好,运转正常; ⑧ 安全有序,物流顺畅;
⑨ 定量保质,调控均衡; ⑩ 登记统计,应记无漏。

二、现场管理的要素

现场管理的五个要素,即人、机、料、法、环,也称为4M1E分析法(见图4.3)。
(1) 人(man):操作者对质量的认识、技术掌握情况、身体状况等;
(2) 机器(machine):设备、测量仪器的精度和维护保养状况等;
(3) 材料(material):材料能否达到要求的性能等;
(4) 方法(method):生产工艺、设备选择、操作规程、检测手段及方法等;
(5) 环境(environment):工作现场的技术要求和清洁条件等;
由于这五个因素的英文名称的第一个字母是M和E,故简称为4M1E。

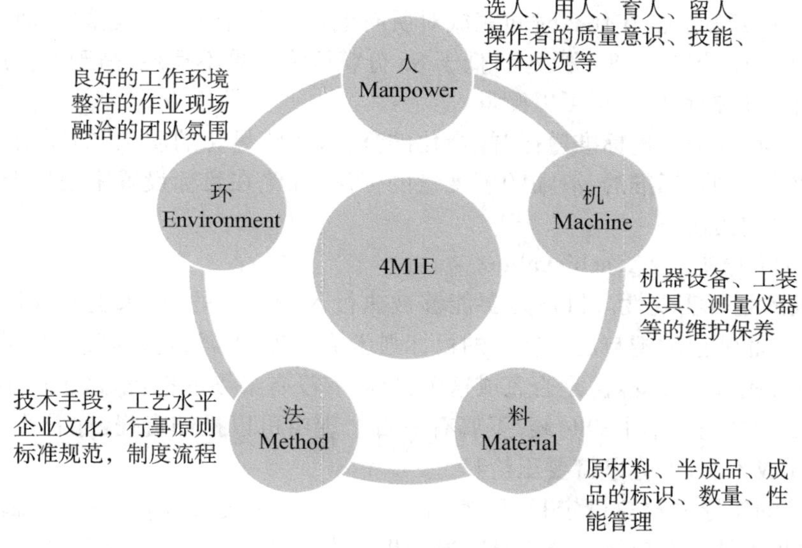

图4.3 现场管理五要素

三、现场管理的目标

1. 目标的SMART原则

1) SMART原则一:S(specific)

"S"代表的是明确性。所谓明确就是要用具体的语言清楚地说明要达成的行为标准。明确的目标几乎是所有成功团队的一致特点。很多团队不成功的重要原因之一就是目标定的模棱两可,或没有将目标有效地传达给相关成员。

示例:目标——"增强客户意识"。这种对目标的描述就很不明确,因为增强客户意识有许多具体做法,如:减少客户投诉,过去客户投诉率是4%,现在把它减低到2%或者1%。提升服务的速度,使用规范礼貌的用语,采用规范的服务流程,也是客户意识的一个方面。

有这么多增强客户意识的做法，我们所说的“增强客户意识”到底是指哪一块？不明确就没有办法评判、衡量。所以建议这样修改，比方说，我们将在月底前把前台收银的速度提升至正常的标准，这个正常的标准可能是两分钟，也可能是一分钟，或分时段来确定标准。

实施要求：目标设置要有项目、衡量标准、达成措施、完成期限以及资源要求，使考核人能够很清晰地看到部门或科室的月计划要做哪些事情，计划完成到什么样的程度。

2) SMART 原则二：M(measurable)

“M”代表的是可衡量性。可衡量性就是指目标应该是明确的，而不是模糊的。应该有一组明确的数据，作为衡量是否达成目标的依据。

如果制定的目标没有办法衡量，就无法判断这个目标是否可以实现。比如，领导有一天问“这个目标离实现大概有多远？”，团队成员的回答是“我们早实现了”。这就是领导和下属对团队目标所产生的一种分歧。原因就在于没有给他一个定量的可以衡量的分析数据。但并不是所有的目标都可以衡量，有时也会有例外，大方向性质的目标就难以衡量。例如，“为所有的老员工安排进一步的管理培训”。“进一步”是一个既不明确也不容易衡量的概念，它到底是指什么？是不是只要安排了这个培训，不管谁讲，也不管效果好坏，都可以叫“进一步”？

改进一下：准确地说，在什么时间完成对所有老员工关于某个主题的培训，并且在这个课程结束后，学员的评分在 85 分以上，低于 85 分就认为效果不理想，高于 85 分就认为达到所期待的结果。这样目标变得可以衡量。

实施要求：目标的衡量标准遵循“能量化的量化，不能量化的质化”的原则，使制定人与考核人有一个统一的、标准的、清晰的可度量的标尺，杜绝在目标设置中使用形容词等概念模糊、无法衡量的描述。

3) SMART 原则三：A(achievable)

“A”代表的是可实现性。目标是要能够被执行人所接受的，如果上司利用一些行政手段，利用权力一厢情愿地把自己所制定的目标强压给下属，下属典型的反应会是一种心理和行为上的抗拒：我可以接受，但是否完成这个目标，有没有最终的把握，这个可不好说。一旦有一天这个目标真完成不了的时候，下属有一百个理由可以推卸责任：你看我早就说了，这个目标肯定完成不了，但你坚持要压给我。

“控制式”的领导喜欢自己定目标，然后交给下属去完成，他们不在乎下属的意见和反映，这种做法越来越没有市场。今天员工的知识层次、学历、自己本身的素质，以及他们主张的个性张扬的程度都远远超出从前。因此，领导者应该更多地吸纳下属来参与目标制定的过程，甚至是团队整体的目标。

定目标成长，就先不要想达成的困难，不然热情还没点燃就先被畏惧给打消念头了。

实施要求：目标设置要坚持员工参与、上下左右沟通，使拟定的工作目标在组织及个人之间达成一致。既要使工作内容饱满，也要具有可达性。可以制定出跳起来“摘桃”的目标，不能制定出跳起来“摘星星”的目标。

4) SMART 原则四：R(relevant)

“R”代表的是实际性。目标的实际性是指在现实条件下是否可行、可操作。可能有两种情形，一方面领导者乐观地估计了当前形势，低估了达成目标所需要的条件，这些条件包括人力资源、硬件条件、技术条件、系统信息条件、团队环境因素等，以至于下达了一个高于实际能力的指标。另外，可能花了大量的时间、资源，甚至人力成本，最后确定的目标根本没有太多实际意义。

示例：一位餐厅的经理定的目标是早餐时段的销售在上月早餐销售额的基础上提升15%。算一下知道，这可能是一个几千块钱的概念，如果把它换成利润是一个相当低的数字。但为完成这个目标的投入要花费多少？这个投入比起利润要更高。

这就是一个不太实际的目标，就在于它花了大量的钱，最后还没有收回所投入的成本，它不是一个好目标。有时实际性需要团队领导来衡量。因为有时可能领导说投入这么多钱，目的就是打败竞争对手，所以尽管获得的并不那么高，但打败竞争对手是主要目标。这种情形下的目标就是实际的。

实施要求：部门工作目标的实现要得到各位成员的通力配合，就必须让各位成员参与到部门工作目标的制定中去，使个人目标与组织目标达成认识一致。目标一致，既要有由上到下的工作目标协调，也要有员工自下而上的参与工作目标的制定。

5）SMART 原则五：T（time-based）

“T”代表的是时限性。目标的时限性就是指目标是有时间限制的。例如，我将在2022年6月30日之前完成某事。6月30日就是一个确定的时间限制。没有时间限制的目标没有办法考核，或带来考核的不公。上下级之间对目标轻重缓急的认识程度不同，上司着急，但下面不知道。到头来上司可以暴跳如雷，而下属觉得委屈。这种没有明确的时间限定的方式也会带来考核的不公正，伤害工作关系，伤害下属的工作热情。

实施要求：目标设置要具有时间限制，根据工作任务的权重、事情的轻重缓急，拟定出完成目标项目的时间要求，定期检查项目的完成进度，及时掌握项目进展的变化情况，以方便对下属进行及时的工作指导，以及根据工作计划的异常变化及时地调整工作计划。

总之，无论是制定团队的工作目标，还是员工的绩效目标，都必须符合上述原则，五个原则缺一不可。制定的过程也是对部门或科室先期的工作掌控能力提升的过程，完成计划的过程也就是对自己现代化管理能力历练和实践的过程。

2. 现场管理的目标

现场管理的六大目标分别是提高品质（quality）、降低成本（cost）、确保交货期（delivery）、提高效率（efficiency）、确保人身安全（safety）、提高员工士气（morale）（见图4.4）。

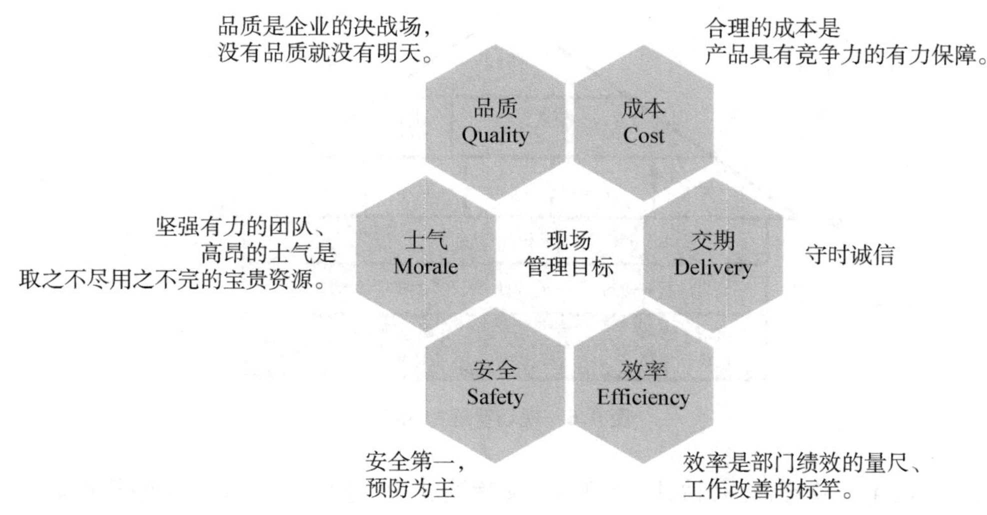

图4.4　现场管理目标

1) 提高品质

制造良品品质是企业未来的决战场,没有品质就没有企业的明天,员工要增强质量意识,管理层要增加员工的自我检验意识,从“要我做好”变为“我要做好”。

2) 降低成本

成本合理的产品是企业进行市场竞争的有力保障。现场管理的目标之一,就是在标准工时内,提高生产效率;减少材料、设备的在线库存量;在保证按时供货的前提下降低安全库存量。

3) 确保交货期

适时交货、满足客户交货期的要求,是提高客户满意度、增加客户黏性的关键,因此现场管理需要根据交货期,逐周编制作业计划。根据计划,在生产、安装过程中加强人力、物力、技术调度,保证材料的供应,每天对照检查计划执行情况,及时调整。

4) 提高效率

生产效率是满足交货期、生产计划的重要手段,对实现交货期这个目标有重要的影响。生产效率同时还影响生产成本,生产效率越低,需要人员或设备的数量就越多,生产成本就越高。效率目标主要体现在:人员生产效率、设备生产效率、生产线平衡率、标准工时、工时利用率等。

5) 确保人身安全

确保人身安全主要是指确保人员的安全(而不是与机器故障、损坏相关的设备安全)。对安全的重视是以人为本的基本体现。安全指标主要包括:死亡人数、受伤人数、班组安全活动次数等。

6) 提高员工士气

全员一致、士气高涨、坚强有力的团队、高昂的士气是企业活力的表现,是实现上述目标的基本保证。

四、现场管理的内容

现场管理的内容由以下几个部分组成(见图 4.5)。

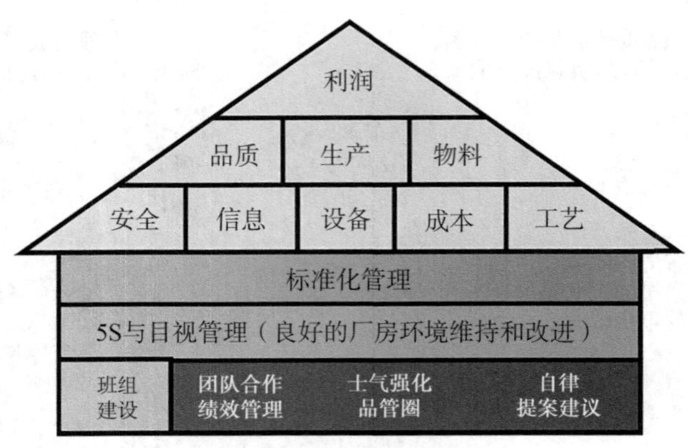

图 4.5 现场管理的内容

(1) 现场生产管理:对品种、质量、数量、交货期、成本进行管理,保证工序按作业计划投入和产出产品。

(2) 现场质量管理:建立现场质量保证体系以及质量控制方法,严格执行规范,确保产品质量符合规定的质量要求,以满足用户的需求。

(3) 现场成本控制:科学地组织和管理产品制造过程,运用降低成本的方法,对产品制造过程中的物料消耗、劳动消耗和各种费用支出进行控制,使产品成本控制在一定的目标范围之内。

(4) 现场设备管理:正确地使用、维护、保养设备,管好、用好生产设备,确保设备的正常运转并使之经常处于良好状态,充分发挥设备的效能。

(5) 现场物流管理:它是指原材料进入现场,沿着既定的工艺路线流动,转化为在制品,最后变成产品转入成品库这个过程中的管理。物流过程对产品的生产周期、资金占用、经济效益有直接影响。

(6) 现场环境管理:要"5S"(整理、整顿、清扫、清洁、素养)的彻底性,创造安全、文明、井然有序、美好舒适的环境,可以使职工心情舒畅、身体健康,有良好的情绪和精神状态投入生产。

(7) 现场安全管理:按照国家安全生产管理体制的规定,对生产现场的安全状况实施有效的制约。

五、现场管理的实施阶段

生产现场管理的包含 3 个阶段:班前计划—班中控制—班后总结。

1. 班前计划

1) 提前准备

计划制定的根据是任务量和交货期,需要制定的计划内容包括:人员数量;设备数量及状态;原辅材料的到位情况;相关配套设施的到位情况。

2) 交接管理

了解上个班的交接内容,重点是需本班注意的异常情况及处理措施。

3) 班前会

班前会作为小组精神传达的主要表现形式,主要做的内容包括对上个班的总结、本班工作安排、人员激励(正激励与负激励)、制度宣贯、士气提升等;时间控制在 10~15 分钟内为宜;语言要简洁、简短、清楚(重点需重复);最后需小组人员对会议内容达成共识;

4) 人员派工

因生产过程中人员的变动,造成个别岗位需要临时补充人员,这时需进行人员派工。派工要求为:因岗定人、因人施教、重点检查、注重沟通。

2. 班中控制

班中控制即班组长在所管辖的区域内为完成既定生产任务而进行的支配和指挥工作,主要是对当班的产量、质量、安全、成本、交货期和生产现场六大员的控制。

1) 产量

要控制的产量主要有原料配给、人员出勤、设备运转以及生产效率的核定。

2) 质量

要控制的质量主要有人员卫生(如穿戴洗手、操作过程卫生)、工器具卫生(如残留、目视)、设备卫生(如残留、目视)、工序质量标准和判定标准(如原料、半成品、成品)。

3）安全

要控制的安全主要有以下几个方面：一是电，查看负荷、有无破损、有无接触水等；二是气，查看有无泄漏；三是汽，查看有无冒、滴、漏的情况；四是设备，查看有无跑偏、异响、漏油、漏电等情况；五是人，查看有无违规违纪操作；六是原料，查看有无污染等。

4）成本

要控制的成本主要有两方面，一是物耗，包括各种原料、包材等损耗指标；二是能耗，指生产单位产品所消耗的能源指标，目前主要为水、电、气。

5）交货期

交货期是指完成生产任务规定的交货期限，包括各工序的生产效率（品项、人员、设备）、成品生产周期、最低库存量（产成品量）。

6）生产现场六大员

生产现场六大员主要包括生产技术员（工艺员）、质量检验员（现场品管）、核算统计员（生产统计）、设备安全员（机修）、生活卫生员（保洁）、材料管理员（半成品库管）。

3. 班后总结

1）班后会

班后会主要总结本班任务达成情况；质量方面出现的问题和纠正措施；设备在运行当中的问题；人员的违规违纪和处理意见；隐患点的收集。

2）生产记录

生产记录包括生产报表以及交接班记录。

3）工作日志

工作日志主要记录当天处理应急事务、员工纠纷、任务安排合理程度的思考，以进一步优化自身的管理行为和方式，便于次日工作的开展，对提升个人管理水平起循序渐进的促进作用。

学习工作页

“任务三　零部件成套（SPS）配送现场常见问题处理”学习工作页

班级：__________　学号：__________　姓名：__________

一、任务描述

王大牛经过层层面试，成为桂豪物流有限公司的SPS配送班组的一名拣选员，上一周在工位师傅的指导下，顺利完成了本工位上的三十几种物料的拣选工作，今天是他上班的第二周，周一大清早他早早来到工位，先做好了工位的清洁卫生，也检查了使用的工具和设备，等着上工的铃声响起……

四十分钟后，他满头大汗、急匆匆地跑来找王师傅：“师傅，我在拣选物料的时候没注意，拣着拣着发现料架上的物料跟前几次拣的物料长得样子不太一样呢，现在已经按了紧急停线按钮，接下来不知道该怎么办了！”

王师傅一听，赶紧带着他来到现场，一步一步教他该怎么处理……

二、任务地点及使用的设施设备

任务地点：汽车零部件集配作业实训中心。
使用的设施设备：SPS 分拣指示系统、AGV 小车、SPS 拣选货架及物料。

三、任务过程

（1）现场错料问题解决的补救（即应急处理方法）。
工作现场发现可疑物料的临时应对办法如下：
① 确认可疑物料信息，悬挂“可疑物料标签”。
② 及时将可疑物料隔离，送至可疑物料区。
③ 将可疑物料信息反馈至当班班长，补充正确物料。
④ 做好可疑物料信息登记。

（2）班后本班成员运用头脑风暴法和鱼骨图分析法，查明现场问题产生的原因，将可能导致问题发生的影响因素填入鱼骨图中（见图 4.6）。

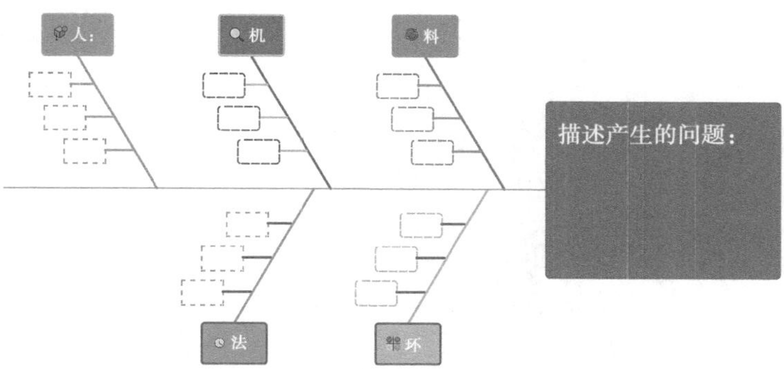

图 4.6　鱼骨图（致使问题产生的影响因素）

（3）针对以上原因，讨论制定长期防范的措施，填入鱼骨图（见图 4.7）。

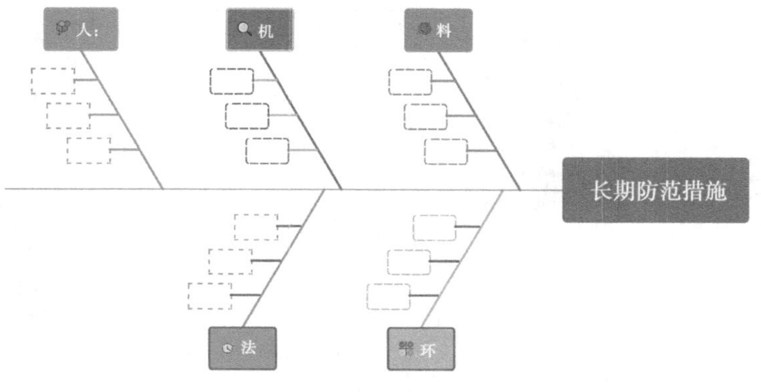

图 4.7　鱼骨图（长期防范措施）

(4) 拓展讨论:查阅相关资料,请列出其他可以用来分析问题产生原因的管理工具和方法,并做简单描述。

工具或方法 1:________________

工具或方法 2:________________

工具或方法 3:________________

四、教师评价与反馈

任务四 职业素养训练：全员设备管理训练

任务导入

2021 年 9 月的一天，桂豪物流有限公司 SPS 配送班组班长王小强接到如下设备故障记录(见表 4.9)。

表 4.9 SPS 配送班设备故障记录表

车间/区域名：SPS 配送班组				故障基本信息						
序号	生产线区域	设备种类	工位及设备名称	发生日期	发生时间	结束时间	故障时间	停机/停线	故障现象	现场临时处置情况
1	R103S 机舱	地面夹具	MB020	2021.09.11	9:42	9:48	6	停机	MB020 左侧围滑台放件夹紧后不前进，无动作	紧固左侧围翻转夹具到位感应器座子后正常
2	R103B 左侧围	AGV 小车	MB080 ROB1	2021.09.11	10:17	10:41	24	停线	MB080ROB1 机器人在车门线 042 号工位停止前进，屏幕显示无故障	逐一检查驱动器、磁导航和感应器，发现驱动器损坏，更换驱动器
3	R103S 顶盖	分拣指示灯	MB020	2021.09.11	10:35	10:44	9	停线	分拣指示灯在上线扫描点扫描之后无法正产点亮	更换指示控制器
4	R103B 机舱	AGV 小车	UB040	2021.09.11	14:33	14:38	5	停机	MB080ROB4 机器人在车门线 017 号工位挂钩无法自动升降，无法牵引随行小车移动	重启机器人，切换到手动控制模式，手动升起连接挂钩

（续表）

车间/区域名：SPS 配送班组				故障基本信息						
序号	生产线区域	设备种类	工位及设备名称	发生日期	发生时间	结束时间	故障时间	停机/停线	故障现象	现场临时处置情况
5	R103S 车架	显示看板	UB080	2021.09.11	15:02	15:05	3	停机	UB080 工位报警，感应器 CY03 夹紧信号不来	临时短接 CY03 夹紧信号，恢复生产

看着这份设备故障记录，王小强陷入了沉思：这样下去这个月的生产任务能完成吗？我们应该做些什么？

知识准备

一、设备与设备管理

1. 设备的定义

设备是有形固定资产的总称，指建筑、机器、装置等在企业内长久使用和提供利益的物件。其按目的分类可分为生产设备、能源设备、研究开发设备、输送设备、销售设备、管理设备等；按形状分类可分为土地、建筑、机器及装置、车辆、船舶、工具、器具等。而工业设备是在生产中使用的各种机械、电器和装置的总称，包括生产设备、动力设备、传导设备、运输设备、科研设备、管理办公设备等。设备是构成生产力的主要因素，也是企业从事生产活动的重要技术手段。

完好设备是设备的一种状况，是指在一定时期内生产设备所达到的技术标准程度。它有如下几种标准：

(1) 设备性能达到标准。

(2) 零部件和附件齐全。

(3) 磨损腐烂程度不超过技术标准允许的极限。

(4) 原料、动力消耗正常。

(5) 设备技术文件完整。

2. 设备管理的概念

1) 设备管理

设备管理是指企业灵活使用设备实现提高收益目的的活动。也可以说是通过设备的寿命周期对设备有效使用，提高企业生产性的全盘技术活动。

2) 设备管理的应用领域

广义上来讲，从设备的调查、研究、设计、制作、安装开始，通过运转、保全，最后到废弃的设备的一生，都是设备管理，它是指提高企业生产性的活动。狭义的设备管理是指设备安装完毕后的管理。

3) 设备管理的目的

设备管理的目标在于提高生产性，尤其是以低求得高产出，关键在于提高设备的生产性，特别是消除设备故障至关重要，为此需要进行设备维护活动。

设备管理有四项要求，即整齐、清洁、润滑、安全。整齐：工具、工件、附件放置整齐，安全防护装置齐全，线路管道完整。清洁：设备内外清洁，各滑动面、丝杠、齿条、齿轮等处无油垢，无碰伤，各部位不漏水，不漏油，切屑垃圾清扫干净。润滑：按时加油、换油，油质符合要求，油壶、油枪、油杯齐全，油毡、油线油标清洁、油路畅通。安全：实行定人定机和交接班制度，遵守操作规程，合理使用，精心保养，不出事故。

二、认识 TPM

1. TPM 的含义

TPM 是“Total Productive Maintenance”的英文缩写，意为“全员生产性保全活动”，它的含义是：以提高设备综合效率为目标，以全系统的预防维修为过程，以全体人员参与为基础的设备保养和维修管理体系。

TPM 的目的是达到设备的最高效益，它以小组活动为基础，涉及设备全系统。

2. TPM 的内涵

TPM 的具体内容包括下面 4 个方面(见图 4.8)。

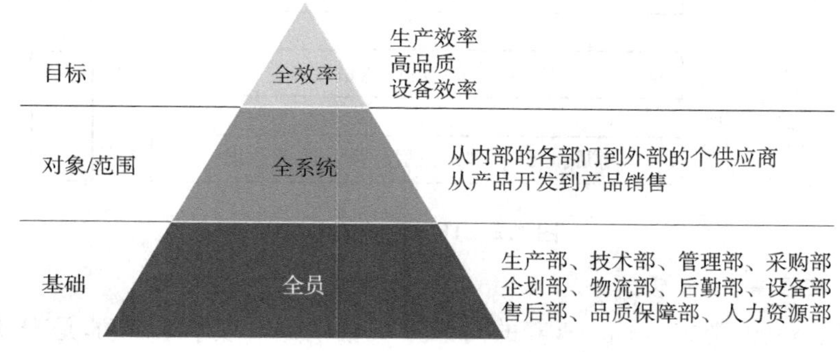

图 4.8 TPM 的内涵

(1) 以追求生产系统效率(综合效率)的极限为目标，实现设备的综合管理效率(即 OEE)的持续改进；

(2) 从意识改变到使用各种有效的手段，构筑能防止所有灾害、不良、浪费的体系，最终构成“零”灾害、“零”不良、“零”浪费的体系；

(3) 从生产部门开始实施，逐渐发展到开发、管理所有部门；

(4) 从最高领导到一线作业者，全员参与。

3. TPM 活动的目的

TPM 的首要目的就是要事先预防并消除设备故障所造成的六大损失：准备调整、器具调整、加速老化、检查停机、速度下降和生产不良品。做到零故障、零不良、零浪费和零灾害，在保证生产效益最大化的同时，实现费用消耗的合理化。

TPM 的目标可以概括为四个“零”，即停机为零、废品为零、事故为零、速度损失为零。企业推行 TPM 目的具体表现如下：

(1) 设备规范化管理；

(2) 发挥设备的最大效能(长周期、最高综合效率 OEE)；

(3) 从决策者到普通员工都认为设备的状况与己有关;

(4) 提高全员的素质,形成良性循环;

(5) 主动维护为主,逐渐实现事故为零、缺陷为零、故障为零;

(6) 降低设备维护检修费用;

(7) 提高检修质量;

(8) 以最佳的备件储备最大限度的满足装置的需求。

4. TPM 活动的内容

TPM 活动的内容包括以下几个部分(见图 4.9)。

图 4.9 TPM 活动的内容

1) TPM 基石——5S 活动

5S 是整理、整顿、清扫、清洁、素养的简称。5S 活动是一项基本活动,是现场一切活动的基础,是推行 TPM 阶段活动前的必需的准备工作和前提,是 TPM 其他各支柱活动的基石。

2) 培训支柱——“始于教育、终于教育”的教育训练

教育活动放在 TPM 活动各支柱的首位,主要想突出教育在 TPM 活动中的地位,什么都知道的人不会被企业留下来。对于企业来讲,推进 TPM 或任何新生事物都没有经验,必须通过教育和摸索获得,而且 TPM 没有教育和训练作为基础,TPM 肯定推进不下去。可以这么认为,教育训练和 5S 活动是并列的基础支柱。

3) 生产支柱——制造部门的自主管理活动

TPM 活动的最大成功之处在于能发动全员参与,如果占据企业总人数约 80%的制造部门员工能在现场进行彻底的自主管理和改善的话,必然可以提高自主积极性、创造性,减少管理层级和管理人员,特别是普通员工通过这样的活动可以参与企业管理,能够提高自身的实力。所以自主管理活动是 TPM 的重要内容。

4) 效率支柱——全部门主题改善活动和专案活动

全员参与的自主管理活动主要是要消灭影响企业的微缺陷,以及不合理现象,起到防微杜渐的作用,但对于个别突出的问题,就不得不采用传统的手段,开展课题活动。在 TPM 小组活动按主题活动的方式进行,需要通过跨部门的形式组成专案小组进行活动。

5）设备支柱——设备部门的专业保全活动

所有的产品几乎都是从设备上生产出来的，现代企业生产更加离不开设备。做好设备的管理是提高生产效率的根本途径，提高人员的技能和素质也是为了更好地操作和控制设备，因此设备管理是非常重要的，是企业必须面对的核心课题之一。将设备管理的职能进行细分是必要的，设备的传统日常管理内容移交给生产部门推进设备的自主管理，而专门的设备维修部门则要投入精力进行预防保全和计划保全，并通过诊断技术来提高对设备状态的预知力，这就是专业保全活动。

6）事务支柱——管理间接部门的事务革新活动

TPM 是全员参与的持久的集体活动，没有管理间接部门的支援，活动是不能持续下去的。其他部门的强力支援是提高制造部门 TPM 活动成果的可靠保障，而且事务部门通过革新活动，不但提高业务的效率，提升服务意识，而且可以培养管理和领导的艺术，培养经营头脑和全局思想的经营管理人才。

7）技术支柱——开发技术部门的情报管理活动

设计没有缺点的产品和设备是研究开发、技术部门的天职，能实现它的唯一可能就是掌握产品设计和设备设计必要的情报，要获取必要的情报就离不开生产现场、保全以及品质部门的支援，因此这种活动就是 MP 情报管理活动，设备安装到交付正常运行前的初期流动管理活动也属于此活动的范畴。

8）安全支柱——安全部门的安全管理活动

安全是万事之本，任何活动的前提都是要确保安全。安全活动定在第 7 大支柱，并不意味安全是第七重要，事实上安全活动从 5S 活动开始就始终贯穿其中，任何活动如果安全出现问题，一切等于零。

9）品质支柱——品质部门的品质保全活动

传统品质活动的重点总是放在结果上，不能保证优良的品质，更生产不出没有缺陷的产品。这种事后管理活动与抓住源头的事前管理的品质活动是不同的。品质保全活动放在最后一个支柱来叙述，是因为提高品质是生产的根本目的，相对来说也是最难的一项工程。

以上这 9 大活动相互联系、相互补充，以便谋取整体的综合效果。仅凭任何局部的活动都很难取得巨大成果。比如制造部门非常努力地开展自主管理活动，但得不到设备部门的强力支援，就不可能取得大效果；即使设备部门专心于专业保全和重点课题改善活动，但得不到管理部门的支援和协助，活动也难有结果。如果有些部门袖手旁观，努力的部门也会松懈下来，活动必然夭折。

拓展阅读

百炼成钢：1958 年 5 月 12 日　新中国第一辆轿车诞生

这里是位于吉林省长春市的中国一汽集团，在全自动的汽车生产线上，每 2.5 分钟就可以下线 1 辆最新一代的红旗轿车。63 年前，1958 年的今天，新中国第一辆国产小轿车，就是在这里正式出厂。

新中国成立之初，我国的汽车工业积贫积弱，马路上跑的都是“万国牌”汽车，没有一辆是中国自己生产的。为了早日建立起民族汽车工业，党中央决定在长春建设新中国第一个汽车工业基地。1953年7月15日，在长春市郊一片荒地上，第一汽车制造厂举行了奠基典礼，来自26个省市的数万名建设者汇聚到了这里，毛泽东亲自为"一汽"奠基题词。此后，来自全国各地的专家工人、原料设备，源源不断地涌向"一汽"。

经过3年的艰苦奋斗，1956年7月13日，新中国第一辆汽车——解放牌汽车试制成功。这辆65岁的"古董车"，就是首批下线的汽车之一。它们彻底结束了中国马路上只有"万国牌"汽车的历史，揭开了中国汽车工业发展史的第一页。

1958年2月13日，毛泽东来到长春参观"一汽"，感慨地问："什么时候能坐上我们自己的小轿车呢？"这句话激励着"一汽"人不断加快小轿车的研制速度，组建了制造轿车的突击队。全厂专家、工人齐心协力攻关，三个月后，1958年5月12日，中国第一辆轿车——东风牌轿车驶出车间。这辆东风轿车车头有"东风"两个汉字，镶有一条金龙，象征中国，车头两侧镶有毛泽东题写的"中国第一汽车制造厂"。

9天后的5月21日，毛泽东和林伯渠在中南海怀仁堂后花园乘坐这辆轿车缓缓行驶两周。毛泽东高兴地说："好啊！坐上我们自己的小轿车了！"

为了向国庆十周年庆典献礼，1959年初，"一汽"开始突击生产"红旗"轿车，8月31日，第一批"红旗"轿车投入批量生产，使我国汽车工业技术水平站上了新的台阶。在今天的红旗文化展馆，一代又一代红旗轿车，见证着中国汽车工业从无到有的发展历程。

如今，中国一汽集团自主研发的最新一代L4级别的全自动无人驾驶电动小巴正在进行技术测试，"一汽"正向智能化未来全面进军。

放眼全国，北京、天津、长沙、上海等大城市，正陆续开放自动驾驶测试区，通过5G、人工智能等新技术的赋能，智能化在汽车产业链条的各个场景被广泛应用，智能化、网联化正成为汽车工业转型升级的新牵引力。经过近70年的发展，中国汽车工业从蹒跚学步到羽翼丰满，支撑我国成为全球汽车产销第一大国。

资料来源：《百炼成钢·党史上的今天：1958年5月12日新中国第一辆轿车诞生》，https//mp.weixin.qq.com/s/Iq4N0HvJzscvm4Fx056-sw。

思考：

(1) 从第一辆国产汽车下线到我国成为全球汽车产销第一大国，短短几十年实现这一变化的原因有哪些？

(2) 在工业物流智能化背景下，如何做好个人的职业发展规划，以更好地适应我国现代物流业的发展？

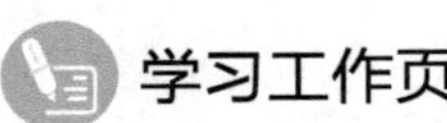

学习工作页

"任务四 职业素养训练：全员设备管理训练"学习工作页

班级：__________ 学号：__________ 姓名：__________

一、任务描述

工业与信息化时代，我们所要求的严谨、专注、敬业精神是不变的，在此基础上我们更加重视创新、精度、品质。科技越是发达，工匠精神越发重要，我们对工匠精神的本质追求没有变。工匠精神的践行，需要落实到每一个员工身上。本任务主要是通过全员设备管理实训，让学生深刻理解“大国工匠精神”，它体现在研发、设计、生产、质量等每一个经营管理的细节之中，要把精神向往转化为具体行动，在对企业生产设备日常点检中落实脚踏实地的工作态度。那么在物流操作中，全员设备管理应如何推行？下面以燃油叉车为例，进行全员设备管理推行的训练。

二、任务地点及使用的设施设备

任务地点：汽车零部件集配作业实训中心。

使用的设施设备：燃油叉车。

三、任务过程

1. 学生阅读附录《叉车日常点检作业指导书》，补充完整下列内容

(1) 叉车由如下 14 个主要部分组成：货叉、货叉架、挡货架、倾斜油缸、方向盘、________、外门架、护顶架、座椅、________、机罩、车架、后轮、前轮。

(2) 叉车检查包括：

① 车体外观整体检查，包含________、________、________、________、________等部位。

② 方向盘、操作杆及仪表盘检查。

③ ______________检查(启车前)。

④ ______________检查(启车前)。

⑤ 刹车油油位检查。

⑥ 液压油液位检查。

⑦ 蓄电池检查。

(3) 制动检查的方法是：____。

在进行蓄电池检查时需要检查蓄电池视窗状态，________色表示正常。

2. 教师讲解燃油叉车设备点检注意事项

见附录。

3. 学生 3 人一组，进行叉车点检，并填写《叉车日常点检表》(见表 4.10)

点检方法为望、闻、问、切、听。

望(眼看)：意为要看油压、气压、动作程序、间隙、电气线路外表面等。

闻(鼻闻)：意为要闻有无焦味、异味等。

问：意为要询问运行状况。

切(手摸)：意为要用手摸振动、松动、发热情况等。

听(耳听)：意为要听有无异响、杂声。

表 4.10 叉车日常点检表

叉车日常点检表				设备型号		记录符号 正常√ 异常× 对异常处理完毕▲																												
				资产编号		点检时间为每班开始的10～20分钟。签名可以用拼音缩写。																												
NO	点检项目	点检方法	点检基准	201 年 月份																														
				1	2	3	4	5	6	7	8	9	10	11	12	13	14	15	16	17	18	19	20	21	22	23	24	25	26	27	28	29	30	31
1	叉车外观损毁情况	查看	完好无损																															
2	叉车内外卫生情况	查看	干净、清洁																															
3	轮胎	眼看	轮胎无破损，气压充足																															
4	水箱水位	眼看	水量充足，水位正常																															
5	油箱油位	油尺	规定刻度线内																															
6	机油油位	油尺	规定刻度线内																															
7	叉车制动性能	试车	良好																															
8	方向盘灵敏度	试车	灵活灵敏																															
9	档位切换	试车	准确且无异响																															
10	照明灯、指示灯	试车	明亮、齐全																															
11	喇叭、倒车蜂鸣器	试车	洪亮、有效																															

（续表）

<table>
<tr><td colspan="4" rowspan="2">叉车日常点检表</td><td colspan="2">设备型号</td><td colspan="6"></td><td colspan="23">记录符号 正常√ 异常× 对异常处理完毕▲</td></tr>
<tr><td colspan="2">资产编号</td><td colspan="6"></td><td colspan="23">点检时间为每班开始的 10～20 分钟。签名可以用拼音缩写。</td></tr>
<tr><td rowspan="2">NO</td><td rowspan="2">点检项目</td><td rowspan="2">点检方法</td><td rowspan="2">点检基准</td><td colspan="31">201 年 月份</td></tr>
<tr><td>1</td><td>2</td><td>3</td><td>4</td><td>5</td><td>6</td><td>7</td><td>8</td><td>9</td><td>10</td><td>11</td><td>12</td><td>13</td><td>14</td><td>15</td><td>16</td><td>17</td><td>18</td><td>19</td><td>20</td><td>21</td><td>22</td><td>23</td><td>24</td><td>25</td><td>26</td><td>27</td><td>28</td><td>29</td><td>30</td><td>31</td></tr>
<tr><td>12</td><td>工作液压系统</td><td>试车</td><td>正常且无泄漏</td><td></td><td></td><td></td><td></td><td></td><td></td><td></td><td></td><td></td><td></td><td></td><td></td><td></td><td></td><td></td><td></td><td></td><td></td><td></td><td></td><td></td><td></td><td></td><td></td><td></td><td></td><td></td><td></td><td></td><td></td><td></td></tr>
<tr><td>13</td><td>指示仪表</td><td>查看</td><td>齐全、有效</td><td></td><td></td><td></td><td></td><td></td><td></td><td></td><td></td><td></td><td></td><td></td><td></td><td></td><td></td><td></td><td></td><td></td><td></td><td></td><td></td><td></td><td></td><td></td><td></td><td></td><td></td><td></td><td></td><td></td><td></td><td></td></tr>
<tr><td colspan="3" rowspan="2">叉车司机须持证上岗，整齐穿戴劳保防护用品，禁止酒后驾驶。</td><td>点检实施者</td><td></td><td></td><td></td><td></td><td></td><td></td><td></td><td></td><td></td><td></td><td></td><td></td><td></td><td></td><td></td><td></td><td></td><td></td><td></td><td></td><td></td><td></td><td></td><td></td><td></td><td></td><td></td><td></td><td></td><td></td><td></td></tr>
<tr><td>班组长确认</td><td></td><td></td><td></td><td></td><td></td><td></td><td></td><td></td><td></td><td></td><td></td><td></td><td></td><td></td><td></td><td></td><td></td><td></td><td></td><td></td><td></td><td></td><td></td><td></td><td></td><td></td><td></td><td></td><td></td><td></td><td></td></tr>
</table>

4. 教师根据学生提交的《叉车日常点检表》进行实地检查

四、教师评价与反馈

附录：

叉车日常点检作业指导书

1. 目的：为规范叉车司机的日常点检工作，特制定该指导书。

2. 适用范围：厂内所有驾车司机。

3. 内容

3.1 叉车认知(整体)

叉车整体上由货叉、货叉架、挡货架、倾斜油缸、方向盘、内门架、外门架、护顶架、座椅、平衡重、机罩、车架、后轮、前轮组成。

3.2 叉车认知(仪表盘)

叉车的仪表盘由充电指示灯、油压报警灯、预热指示灯、油水分离器指示灯、变距器油温报警灯、制动指示组成。

3.3 叉车认知(驾驶室——操作单元)

叉车的驾驶室由钥匙开关、组合开关、喇叭按钮、前后换挡开关、微动踏板、制动踏板、加速踏板、倾斜操纵杆、起升操作杆、方向盘、手刹车手柄、机罩锁扣开关、方向盘调整手柄组成。

注意

- 叉车检查——这是一个好的行为，可以确保每个人的安全，并能及时发现潜在的故障。
- 叉车司机必须每班对叉车进行检查。如果叉车司机需要使用另外一台叉车时，他必须确保在使用前对叉车进行安全及设备使用前的检查。

4. 点检

4.1 车体外观整体检查

包含驾驶室、门架、货叉及属具、驾驶室或护顶架、车身下部等部位，要检查有无磕碰、漏油、破损、变形、漆面损坏、杂物等。

4.2 方向盘、操作杆及仪表盘检查

4.3 发动机油位检查(启车前)

4.4 变速箱油位检查(启车前)

4.5 刹车油油位检查

4.6 液压油液位检查

具体的检查标准为 H 及 L 之间为正常。

4.7 蓄电池检查

4.8 门架及其动作检查

4.9 车轮、轮胎检查

4.10 冷却水箱和空调冷凝器检查及清洁

4.11　排气检查

不同的颜色代表不同的状态，其对应关系具体如下。

无色：代表完全燃烧，是正常的。

黑色：代表不完全燃烧，是不正常的

蓝色：代表烧机油，是不正常的。

白色：代表燃烧室进水，是不正常的。

4.12　制动检查

制动检查的合格标准：慢速行驶车辆，踩下制动踏板，制动踏板踩下后，刹车灯亮，且车辆可靠制动。

4.13　手刹检查

手刹检查的合格标准：车辆慢速行驶，拉上手刹车手柄，车辆制动停住并且不发生偏移。

4.14　空滤检查(视情进行吹扫)

4.15　LPG 罐检查；

4.16　全车油管检查；

如发生破损及龟裂，要立即报修。

课后练习

一、填空题

1. 员工全面发展要以________、________为前提，牢固树立爱岗敬业、热爱集体的思想。

2. 新中国的第一辆国产小轿车是________牌轿车，于______年的______月______日顺利下线。

3. SPS 的全称是________，中文意思是________。

4. 在 SPS 区，拣配人员负责将所需的零部件拣配至对应台车，拣配方式一般包括以下两种方式，即________和________。

5. 现场管理就是指用科学的管理制度、标准和方法对生产现场各生产要素，包括________、________、________、________、________，进行合理有效的计划、组织、协调和控制，使其处于良好的结合状态，达到优质、高效、低耗、均衡、安全、文明生产的目的。

6. 生产现场管理的 3 个阶段：班前________—班中________—班后________。

二、判断题

1. 从零部件模块化供应的角度来看，汽车零部件可分为“模块→总成→组件→零部件”几个层次。（　　）

2. 现场生产管理是指对品种、质量、数量、交货期、成本进行管理，保证工序按作业计划投入和产出产品。（　　）

3. 本班次的班前计划制定不应考虑上个班次的异常情况和处理措施。（　　）

4. TPM 的目的是达到设备的最高效益，它以小组活动为基础，涉及设备全系统。（　　）

5. 从发展趋势来看，金属零部件比重逐渐下降，塑料零部件逐渐增加。（　　）

6. TPM包括与设备有关的所有部门:规划、使用和维修部门。 ( )

三、不定项选择题

1. SPS配送的优点体现在( )。

A. 降低捡取物料错误率
B. 减少生产线操作人员拣选物料的时间
C. 节省线边库面积
D. 减少物流人员

2. 按其物流属性来分,汽车零部件可分为( )。

A. 大件物料
B. 中小件物料
C. 标准件
D. 通用件

3. 常见的SPS配送物料台车类型有( )。

A. 人工推动台车
B. 电瓶车牵引台车
C. AGV拉动台车
D. 地牛

4. 现场管理的目标应符合以下原则( )。

A. 明确的
B. 可衡量的
C. 可以达到的
D. 合理的
E. 有时间期限的

5. TPM活动展开的两大基石是( )。

A. 全员参与的改善活动
B. 环境改善
C. 品质改善
D. 彻底的6S管理

四、简答题

1. 简述为了早日建立起民族汽车工业,党中央做出了哪些重要举措?
2. TPM的内在含义是什么?如何实施TPM?
3. 班长在日常工作中应从哪些方面入手,做好现场的管理和控制?

项目五

排序配送作业

学习目标

1. 知识目标

(1) 认识并了解汽车零部件排序配送作业；

(2) 了解汽车零部件排序配送作业岗位的工作要求；

(3) 掌握排序配送排序单的编制方法；

(4) 能够实施排序配送计划。

2. 技能目标

(1) 能编制排序配送拣选单；

(2) 能够根据排序配送拣选单实施排序配送；

(3) 能够处理排序配送过程中的常见问题。

3. 素质目标

(1) 了解安全管理及其内涵；

(2) 培养居安思危、自强自立意识，勇于承担社会责任。

项目导学

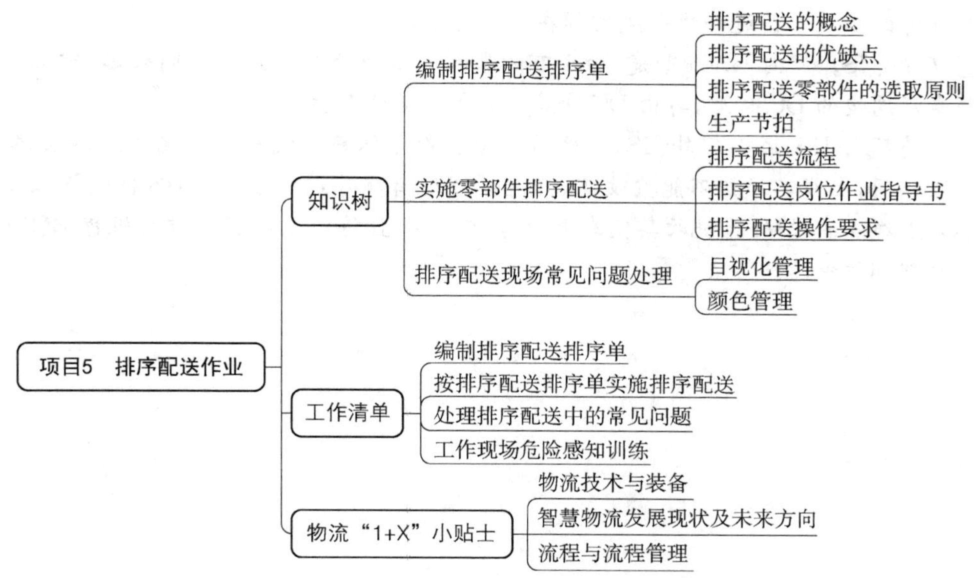

案例导入

桂豪物流有限公司的排序配送

排序配送(just in sequence,简称JIS)是一种比较先进的物料配送方式,它通过车辆上线序列以及整车BOM,将同类零件归类,按与整车生产一致的序列摆放向供应商进行零件拉动。

桂豪物流有限公司根据混线车辆投入顺序计划,按同步的顺序领取各种零部件,例如总装线上3种汽车的生产顺序计划为"A-B-C-A-B-C",则零部件供应商或区域配送中心(regional distribution center,简称RDC)根据总装MES发布的"A-B-C-A-B-C"的车序指示进行同步供应。排序配送流程示意图见图5.1。

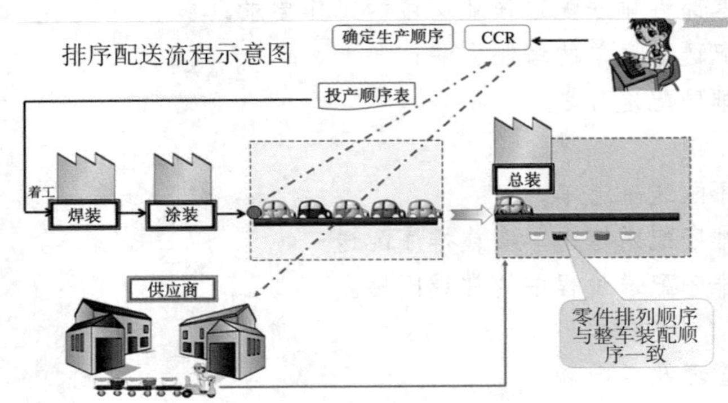

图5.1 排序配送流程示意图

JIS模式主要包括两种方式:

① 厂外JIS。厂外JIS即顺引,主要是指零部件是由整车厂周边供应商进行排序配送,运送零部件的牵引车往返一次一般控制在1小时以内。

② 厂内JIS。厂内JIS即顺建,由于有的零部件供应商距离总装车间较远,零部件是先送到整车厂周边的DC仓库,再由DC仓库进行排序后送到生产线边。

不论是厂内JIS,还是厂外JIS,车序的起始点都是总装上线点。也就是说,一旦空车身进入总装车间,上线车序就不能被改变,只能按照现有顺序进行生产。JIS件的需求信息是通过总装上线点的AVI系统收集空车身通过信息,并且将空车身通过信息根据BOM转换成对应的零部件信息。

任务一　编制零部件排序配送排序单

任务导入

桂豪物流有限公司接到凌云汽车有限公司零部件配送需求，要在2021年11月18日完成云鹏6550白色标准型5台、云龙730灰色标准型5台，云龙730棕色舒适型10台的生产任务，为此，要完成装配上述车的所有轮胎的拣选和配送。

通过分析整车厂对轮胎生产以及配送的要求可以发现，对轮胎配送的及时性、准确性、可靠性的要求较高，主要体现在以下方面：

(1) 需求变化大。整车厂采用柔性化的生产方式，总装车间混流生产2种以上的车型，且每种车型的轮胎配置通常会包括3～4种轮胎规格。因此轮胎的规格不同，配送需求变化大。

(2) 及时配送。整车厂总装生产线的生产节拍快，生产节拍一般为60JPH，如果轮胎配送发生延误，会严重影响整车厂的正常生产。

(3) 防错要求。轮胎排序配送属于一对一的配送模式，轮胎配送错误，会影响整车厂的正常生产。此外，轮胎排序配送系统存在轮胎补料、搬运等作业，如果还是采用人工方式完成，人工出错率较高，因此必须具备完善的系统防错和异常处理机制。

(4) 自动化要求高。乘用车轮胎总成规格(如SUV)为大尺寸轮胎，轮胎重量大，人工搬运作业较为困难。

那么这些轮胎是否适合于使用排序方式配送上线，又应该如何组织排序配送呢？

知识准备

整车厂因其车型多、批量少的市场特点，同时为了节约厂房空间，并保证生产平准化和均衡化，总装车间生产线大多采用混线生产模式，即一条生产线同时生产多种车型，或者生产同一款车型的不同配置。因此，总装生产线的专用零部件比例较高，这就给汽车零部件物流带来新的挑战。生产线每个工位旁的零部件规格需要与总装生产线上的车型保持一致，因此要求零部件物流试下精准供应，排序配送物流方式应运而生，即将零部件进行排序后配送到生产线边。

排序配送是一种比较先进的物料配送方式，它通过车辆上线序列以及整车BOM，将同类零件归类，按与整车生产一致的序列摆放向供应商进行零件拉动。

一、排序配送的优缺点

1. 排序配送的优点

汽车零部件排序拉动的方式可以帮助汽车制造企业提高零件周转率，并实现工厂生产柔性化，具体体现在以下方面。

1）降低零部件物流与库存面积

零部件在整车厂都有一定的在库量，这部分在库被称为安全在库。但是进行排序配送的零部件的供应商位于整车厂周边，基本不存在堵车等状况，因此零部件不需设定安全在库。零部件根据车型比例进行配送，如果生产的车型比例发生变化，进入整车厂的零部件也随之变化。

2）节省生产线边的面积

为了保证生产连续，在生产线边的每个工位旁都会放置一定数量的零部件，即线边安全库存。零部件放置采用多个货架或专用器具。而在排序配送的情况下，零部件是按照总装生产的车序进行交货，生产线边仅需 1 个货架用于零件放置，节省了放置货架的面积。

3）防止零件装配出错

总装的零部件存在大量颜色件、左右件和选配件，不易识别。在零部件选和车辆组装过程中，存在拿错零部件的风险，易产生质量问题。排序配送可以有效防止错误的发生。

4）节省人工和设备

排序配送直接将根据车辆顺序排列好的零部件供应到生产线边，避免了在物流区进行分类拣选环节。因此，排序配送减少了工厂内物流的环节，相应减少了物流作业人员和叉车、牵引车、供给台车等物流设备。

5）响应时效性强

零部件物流对生产状况的响应速度越快越好。如果生产线发生异常停线，零部件物流需要具有相应的调整控制能力，否则会造成零部件在物流区的大量积压，导致成本浪费。排序配送具有较强的实时性。如果生产线异常停止，订单就不会发给供应商，供应商也不会发货。在整车厂内最多会有一辆车的零部件积压。

2. 排序配送的缺点

排序配送的不足体现在两个方面。第一，供应商的地理位置受到限制。采用排序配送的供应商必须在整车厂的周边，物流车的在途时间一般是固定的。总装生产线的车序只有从涂装车间到达总装车间上线点后才会固定。排序配送的时间限制要求供应商必须在整车厂的周边。第二，排序配送组织较复杂。顺引物流属于定量定时的物流方式。对于物流的组织要求很高，相对于线边安全库存，组织较为复杂。

二、排序配送零部件的选取原则

通常，适合于使用排序配送的零件应该满足以下条件：体积大；重量大；种类或颜色类型多；供应商或其中转仓库、配送中心距离汽车制造企业近；供应商具备顺引应对能力；质量合格率达标；同一种零部件有多家可以供货。

三、生产节拍 T/T

汽车生产节拍也叫节拍时间(takt time)，是指生产一个产品所需的时间，即一天的工作时间除以一天所生产产品的数量，其值可用下述公式表示：

$$节拍时间=\frac{生产时间(分钟/天)}{计划产量(个/天)}$$

举例：以每天有且只有一个常日班来说，总计有 8 小时(480 分钟)。减去 30 分钟午餐、30 分钟休息(2×15 分钟)、10 分钟交接班和 10 分钟基本维护检查的时间，那么可用工作时间为 400 分钟(480－30－30－10－10)。当客户需求为每天 400 件时，每个零件的生产时间应控制在一分钟以内。

生产节拍对生产的作用体现在对生产的调节控制，通过节拍和生产周期的比较分析，在市场稳定的情况下，可以明确需要改进的环节，从而采取针对性的措施进行调整。如当生产节拍大于生产周期时，生产能力相应过剩；如果按照实际生产能力安排生产就会造成生产过剩，导致大量中间产品积压，引起库存成本上升、场地使用紧张等问题。如果按照生产节拍安排生产，就会导致设备闲置、劳动力等工等现象，造成生产能力浪费。当生产节拍小于生产周期的情况下，生产能力不能满足生产需要，这时就会出现加班、提前安排生产、分段储存加大等问题。

物流“1+X”小贴士

物流技术与装备

物流技术是物流活动中所采用的自然科学与社会科学方面的理论、方法，以及设施、设备、装置与工艺的总称。物流装备是指在整个物流领域内用于物流各个环节的设备和器材，是物流技术水平高低的主要标志。物流技术与装备，是物流运作是否有效的必不可少的物质基础要素。

从主要用途或结构特征来看，装卸搬运技术装备类型图谱如下图所示(见图 5.2)。

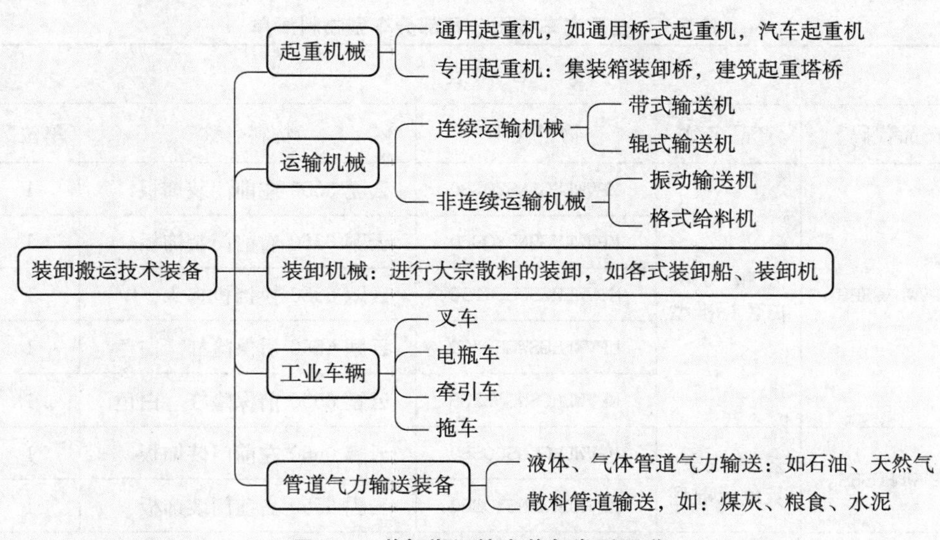

图 5.2　装卸搬运技术装备类型图谱

想一想：排序配送用到的装卸搬运设备有哪些？

学习工作页

“任务一　编制零部件排序配送拣选单”学习工作页

班级：__________　学号：__________　姓名：__________

一、任务描述

凌云汽车有限公司总装车间发布了生产计划部门的 2021 年 11 月 18 日主生产计划(见表 5.1)。

表 5.1　凌云汽车有限公司主生产计划

主生产计划		
产品代码	名　称	计划数量
MPVWLHGSBS	云鹏 6550 白色标准型	5
MPVWLHGSHS	云鹏 6550 灰色标准型	0
MPVWLHGSZL	云鹏 6550 棕色舒适型	0
MPVBJ730HS	云龙 730 灰色标准型	5
MPVBJ730ZL	云龙 730 棕色舒适型	5

请查阅此车型的物料清单(见表 5.2)。

表 5.2　凌云汽车有限公司部分车型物料清单

BOM 表				
产品代码	产品名称	物料代码	物料名称	单位数
MPVWLHGSBS	云鹏 6550 白色标准型	MPVWLHGSNSZQSB0	云鹏 6550 左前门装饰板	1
		MPVWLHGSNSYQSB0	云鹏 6550 右前门装饰板	1
		MPVWLHGSDLHD150	云鹏 6550 换挡机构 1.5 L	1
		MPVWLHGSWGHBXGB	云鹏 6550 后保险杠　白色	1
		MPVWLHGSWGQBXGB	云鹏 6550 前保险杠　白色	1
MPVWLHGSHS	云鹏 6550 灰色标准型	MPVWLHGSNSZQSB0	云鹏 6550 左前门装饰板	1
		MPVWLHGSNSYQSB0	云鹏 6550 右前门装饰板	1

（续表）

BOM 表				
产品代码	产品名称	物料代码	物料名称	单位数
		MPVWLHGSDLHD150	云鹏 6550 换挡机构 1.5 L	1
		MPVWLHGSWGHBXGH	云鹏 6550 后保险杠　灰色	1
		MPVWLHGSWGQBXGH	云鹏 6550 前保险杠　灰色	1
MPVWLHGSZL	云鹏 6550 棕色舒适型	MPVWLHGSNSZQSB0	云鹏 6550 左前门装饰板	1
		MPVWLHGSNSYQSB0	云鹏 6550 右前门装饰板	1
		MPVWLHGSDLHD150	云鹏 6550 换挡机构 1.8 L	1
		MPVWLHGSWGHBXGZ	云鹏 6550 后保险杠　棕色	1
		MPVWLHGSWGQBXGZ	云鹏 6550 前保险杠　棕色	1
MPVBJ730HS	云龙 730 灰色标准型	MPVBJ730NSZQSB0	云龙 730 左前门装饰板	1
		MPVBJ730NSYQSB0	云龙 730 右前门装饰板	1
		MPVBJ730DLHD150	云龙 730 换挡机构 1.5 L	1
		MPVBJ730WGHBXGH	云龙 730 后保险杠　灰色	1
		MPVBJ730WGQBXGH	云龙 730 前保险杠　灰色	1
MPVBJ730ZL	云龙 730 棕色舒适型	MPVBJ730NSZQSB0	云龙 730 左前门装饰板	1
		MPVBJ730NSYQSB0	云龙 730 右前门装饰板	1
		MPVBJ730DLHD180	云龙 730 换挡机构 1.8 L	1
		MPVBJ730WGHBXGZ	云龙 730 后保险杠　棕色	1
		MPVBJ730WGQBXGZ	云龙 730 前保险杠　棕色	1

请为主生产计划上的待装配车型编制排序配送捡选单(此总装车间的生产节拍为 2 分钟。)

二、任务地点及使用的设施设备

任务地点:汽车零部件集配作业实训中心。

使用的设施设备:JIS 配送扫码上线系统。

三、任务过程

1. 知识回顾

(1) 什么是排序配送？请简述排序配送的流程。

(2) 排序配送适用的零部件类型有哪些？

2. 教师解释主生产计划中待装配的车型 BOM 表

3. 教师指定上线车型的装配顺序(见表 5.3)

表 5.3 车型上线序列

上线序列		
序号	产品代码	产品名称
1	MPVWLHGSBS	云鹏 6550 白色标准型
2	MPVWLHGSBS	云鹏 6550 白色标准型
3	MPVBJ730HS	云龙 730 灰色标准型
4	MPVBJ730HS	云龙 730 灰色标准型
5	MPVBJ730ZL	云龙 730 棕色舒适型
6	MPVBJ730ZL	云龙 730 棕色舒适型
7	MPVWLHGSBS	云鹏 6550 白色标准型
8	MPVWLHGSBS	云鹏 6550 白色标准型
9	MPVWLHGSBS	云鹏 6550 白色标准型
10	MPVBJ730HS	云龙 730 灰色标准型
11	MPVBJ730HS	云龙 730 灰色标准型
12	MPVBJ730HS	云龙 730 灰色标准型
13	MPVBJ730ZL	云龙 730 棕色舒适型
14	MPVBJ730ZL	云龙 730 棕色舒适型
15	MPVBJ730ZL	云龙 730 棕色舒适型

4. 学生按排序单格式填写前保险杠排序单(见表 5.4 至表 5.6)

表 5.4 保险杠排序单 1

<table>
<tr><td colspan="3">第____单</td><td colspan="4">21300987786</td></tr>
<tr><td colspan="3">生产线:总装线</td><td colspan="3">排序零件种类:前保险杠</td><td>每单台数:5</td></tr>
<tr><td colspan="3">工位地址:GAA-06R</td><td colspan="4">发布时间:2021.11.28</td></tr>
<tr><td colspan="3">打印时间:2021.11.28</td><td colspan="4">送达时间:2021.11.28 10:00</td></tr>
<tr><td>序号</td><td>车型</td><td>颜色</td><td>配置</td><td>物料代码</td><td>零件号</td><td>上线时间</td></tr>
<tr><td>1</td><td></td><td></td><td></td><td></td><td></td><td></td></tr>
<tr><td>2</td><td></td><td></td><td></td><td></td><td></td><td></td></tr>
<tr><td>3</td><td></td><td></td><td></td><td></td><td></td><td></td></tr>
<tr><td>4</td><td></td><td></td><td></td><td></td><td></td><td></td></tr>
<tr><td>5</td><td></td><td></td><td></td><td></td><td></td><td></td></tr>
</table>

表 5.5 保险杠排序单 2

<table>
<tr><td colspan="3">第____单</td><td colspan="4">21300987786</td></tr>
<tr><td colspan="3">生产线:总装线</td><td colspan="3">排序零件种类:前保险杠</td><td>每单台数:5</td></tr>
<tr><td colspan="3">工位地址:GAA-06R</td><td colspan="4">发布时间:2021.11.28</td></tr>
<tr><td colspan="3">打印时间:2021.11.28</td><td colspan="4">送达时间:</td></tr>
<tr><td>序号</td><td>车型</td><td>颜色</td><td>配置</td><td>物料代码</td><td>零件号</td><td>上线时间</td></tr>
<tr><td>1</td><td></td><td></td><td></td><td></td><td></td><td></td></tr>
<tr><td>2</td><td></td><td></td><td></td><td></td><td></td><td></td></tr>
<tr><td>3</td><td></td><td></td><td></td><td></td><td></td><td></td></tr>
<tr><td>4</td><td></td><td></td><td></td><td></td><td></td><td></td></tr>
<tr><td>5</td><td></td><td></td><td></td><td></td><td></td><td></td></tr>
</table>

表 5.6 保险杠排序单 3

第____单			21300987786			
生产线:总装线			排序零件种类:前保险杠		每单台数:5	
工位地址:GAA-06R			发布时间:2021.11.28			
打印时间:2021.11.28			送达时间:			
序号	车型	颜色	配置	物料代码	零件号	上线时间
1						
2						
3						
4						
5						

5. 按排序单格式填写换挡机构排序单(见表 5.7 至表 5.12)

表 5.7 换挡机构排序单 1

第____单			21300987786			
生产线:总装线			排序零件种类:换挡机构		每单台数:5	
工位地址:GAA-07R			发布时间:2021.11.28			
打印时间:2021.11.28			送达时间:2021.11.28 10:00			
序号	车型	颜色	配置	物料代码	零件号	上线时间
1						
2						
3						
4						
5						

表 5.8　换挡机构排序单 2

第___单			21300987786			
生产线:总装线			排序零件种类:换挡机构		每单台数:5	
工位地址:GAA－07R			发布时间:2021. 11. 28			
打印时间:2021. 11. 28			送达时间:			
序号	车型	颜色	配置	物料代码	零件号	上线时间
1						
2						
3						
4						
5						

表 5.9　换挡机构排序单 3

第___单			21300987786			
生产线:总装线			排序零件种类:换挡机构		每单台数:5	
工位地址:GAA－07R			发布时间:2021. 11. 28			
打印时间:2021. 11. 28			送达时间:			
序号	车型	颜色	配置	物料代码	零件号	上线时间
1						
2						
3						
4						
5						

6. 按排序单格式填写左前门装饰板排序单

表 5.10 左前门装饰板排序单 1

第____单			21300987786			
生产线:总装线			排序零件种类:左前门装饰板		每单台数:5	
工位地址:GAA-08R			发布时间:2021.11.28			
打印时间:2021.11.28			送达时间:2021.11.28 10:00			
序号	车型	颜色	配置	物料代码	零件号	上线时间
1						
2						
3						
4						
5						

表 5.11 左前门装饰板排序单 2

第____单			21300987786			
生产线:总装线			排序零件种类:左前门装饰板		每单台数:5	
工位地址:GAA-08R			发布时间:2021.11.28			
打印时间:2021.11.28			送达时间:			
序号	车型	颜色	配置	物料代码	零件号	上线时间
1						
2						
3						
4						
5						

表 5.12　左前门装饰板排序单 3

<table>
<tr><td colspan="3">第____单</td><td colspan="4">21300987786</td></tr>
<tr><td colspan="3">生产线：总装线</td><td colspan="3">排序零件种类：左前门装饰板</td><td>每单台数：5</td></tr>
<tr><td colspan="3">工位地址：GAA - 08R</td><td colspan="4">发布时间：2021.11.28</td></tr>
<tr><td colspan="3">打印时间：2021.11.28</td><td colspan="4">送达时间：</td></tr>
<tr><td>序号</td><td>车型</td><td>颜色</td><td>配置</td><td>物料代码</td><td>零件号</td><td>上线时间</td></tr>
<tr><td>1</td><td></td><td></td><td></td><td></td><td></td><td></td></tr>
<tr><td>2</td><td></td><td></td><td></td><td></td><td></td><td></td></tr>
<tr><td>3</td><td></td><td></td><td></td><td></td><td></td><td></td></tr>
<tr><td>4</td><td></td><td></td><td></td><td></td><td></td><td></td></tr>
<tr><td>5</td><td></td><td></td><td></td><td></td><td></td><td></td></tr>
</table>

四、教师评价与反馈

任务二 实施零部件排序配送

任务导入

物料计划与管理人员，在整车装配前，已经根据 2021 年 11 月 18 日的主生产计划制定了当日排序配送的排序单，本任务的主要内容是作为桂豪物流有限公司的排序班组，按照排序单内容模拟整车厂总装生产线的装配过程，完成指定零件排序配送的实施。

知识准备

一、排序配送流程

排序配送的拉动需要根据整车 BOM 和总装上线序列，将同一种零部件进行归类合计后，发出拉动需求。总装车辆生产进线顺序和顺引信息由整车厂 MES 控制和发布。顺引零件需求信息会在搬运前置时间前发布给零部件供应商或第三方物流，这样保证顺引供应商能够在制定的交互提前期进行备料和排序送货，根据 JIS 拉动的主要特点，其具体的实施流程如下(见图 5.3)。

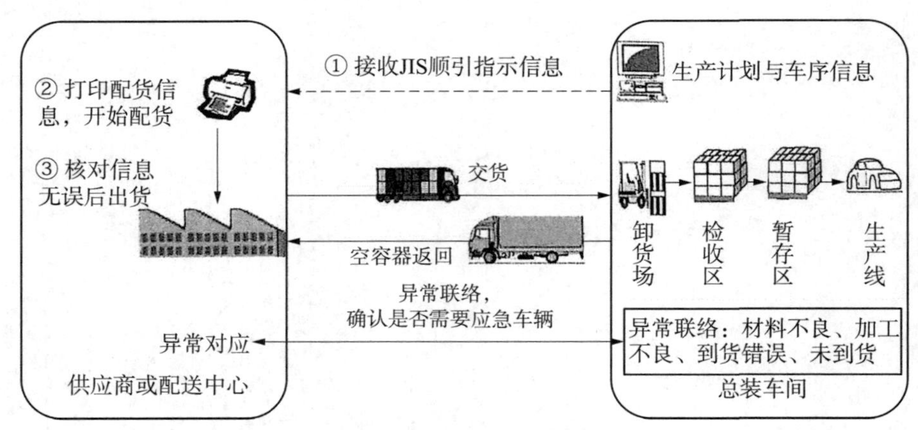

图 5.3 排序配送信息流程图

(1) 在前仪装上线(T/I)点收集上线空车身信息。

(2) 系统将排序信息实时发布给供应商的信息平台。供应商可以根据排序信息进行同步备料。

(3) 当满足发布条件后，系统将排序要货单发布给供应商和供应商的信息平台。

(4) 供应商在发运前需要进行发运反馈（发运或拒绝）。如果拒绝，系统需要向有关操作人员报警。可发运的则将排序单贴在排序料架上。

(5) 供应商将排序好的零部件送到仓库道口。

(6) 收货人员扫描相应的单证，零部件入库，将收货信息（零件收货信息、料箱料架收货信息等）录入系统。

二、排序配送岗位作业指导书（见表 5.13、表 5.14）

表 5.13　排序上线员标准化作业指导书

<table>
<tr><td colspan="6">排序上线员标准化作业指导书</td><td colspan="2">工位号</td><td>排序上线员</td><td>工位名称</td><td>排序上线员</td><td rowspan="2">产品型号</td><td rowspan="2"></td><td rowspan="2">版本号</td><td rowspan="2"></td></tr>
<tr><td>安全</td><td>关键特性</td><td>推拉</td><td>工具</td><td>看</td><td>摸</td><td colspan="2">要素序号</td><td></td><td>要素名称</td><td></td></tr>
<tr><td></td><td></td><td></td><td></td><td></td><td></td><td>重要度</td><td>序号</td><td colspan="3">主要步骤</td><td colspan="2">要点（成功、安全、简便）</td><td colspan="2">原因</td></tr>
<tr><td colspan="6" rowspan="5"></td><td></td><td>1</td><td colspan="3">登录系统</td><td colspan="2">注册号：LZZY. WLSX；账号：60020180001；密码：123456</td><td colspan="2"></td></tr>
<tr><td></td><td>2</td><td colspan="3">拿起扫描枪</td><td colspan="2"></td><td colspan="2"></td></tr>
<tr><td></td><td>3</td><td colspan="3">扫描任意一个产品码</td><td colspan="2">听到“滴”声，扫码成功</td><td colspan="2"></td></tr>
<tr><td></td><td>4</td><td colspan="3">检查系统中的产品上线情况</td><td colspan="2"></td><td colspan="2"></td></tr>
<tr><td></td><td>5</td><td colspan="3">按照节拍循环以上步骤</td><td colspan="2">节拍：120 S/台</td><td colspan="2"></td></tr>
<tr><td rowspan="6">物料</td><td>物料名称</td><td>数量</td><td></td><td>工具名称（型号）</td><td>数量</td><td rowspan="6"></td><td colspan="4">要素时间（秒）</td><td>增值时间（秒）</td><td>非增值时间（秒）</td><td colspan="2">步行时间（秒）</td></tr>
<tr><td></td><td></td><td rowspan="5">工具/辅料</td><td></td><td></td><td colspan="4"></td><td></td><td></td><td colspan="2"></td></tr>
<tr><td></td><td></td><td></td><td></td><td colspan="2">标记</td><td>处数</td><td colspan="3">修订理由/内容</td><td>签字</td><td>日期</td></tr>
<tr><td></td><td></td><td></td><td></td><td colspan="2"></td><td></td><td colspan="3"></td><td></td><td></td></tr>
<tr><td></td><td></td><td></td><td></td><td colspan="2"></td><td></td><td colspan="3"></td><td></td><td></td></tr>
<tr><td></td><td></td><td></td><td></td><td colspan="2"></td><td></td><td colspan="3"></td><td></td><td></td></tr>
<tr><td colspan="15">要点：①成功。它是指找到决定该工作是否能顺利完成的操作要点并重点关注。②安全。它是指去除工作中可能导致组员受伤的操作。③简便。它是指在能完成工作的基础上，寻求使工作实施更加简易的操作。</td></tr>
<tr><td colspan="15">编制：　　　　审核：　　　　批准：</td></tr>
</table>

表 5.14 排序员标准化作业指导书

<table>
<tr><td colspan="6">排序员标准化作业指导书</td><td colspan="2">工位号</td><td>排序员</td><td>工位名称</td><td>排序员</td><td rowspan="2">产品型号</td><td></td><td rowspan="2">版本号</td></tr>
<tr><td>安全</td><td>关键特性</td><td>推拉</td><td>工具</td><td>看</td><td>摸</td><td colspan="2">要素序号</td><td></td><td>要素名称</td><td></td><td></td></tr>
<tr><td></td><td></td><td></td><td></td><td></td><td></td><td>重要度</td><td>序号</td><td colspan="3">主要步骤</td><td colspan="2">要点(成功、安全、简便)</td><td>原因</td></tr>
<tr><td colspan="6" rowspan="2"></td><td></td><td>1</td><td colspan="3">打印排序单</td><td colspan="2">核对物料名称,检查单号、日期、时间、吊架号,保证打印的排序单吊架号与上一单的吊架号连接,确保排序物料正确、连续,防止打错、漏打排序单</td><td></td></tr>
<tr><td></td><td>2</td><td colspan="3">更新“时间汇总表”</td><td colspan="2">(1) 打印排序单后,及时在“时间汇总表”填写排序单的打单时间、单号、每单的开始吊架号和结束吊架号
(2) 在“时间汇总表”的底部填写日期并签名
(3) 防止重复排序和跳单排序,便于检查监督</td><td></td></tr>
<tr><td colspan="6"></td><td></td><td>3</td><td colspan="3">分解排序单</td><td colspan="2">(1) 检查并确保排序单上的单号和吊架号相连,核对排序单上的车型配置,确保所需排序的车型信息完整,发现有重复吊架号、有不显示零件号等异常信息,要及时反馈班长,防止出现多排、少排,或不排的现象
(2) 对排序单上的物料信息进行序列编号,用阿拉伯数字(如:1,2,3…)进行编号,不同零件号错开书写序列编号,编写序号要求美观、整洁、一目了然,如有加减车信息必须在排序单上注明,填写序列号便于对号入座,防止排序错误
(3) 对分解好的单号进行自检,以防排错序列号</td><td></td></tr>
</table>

（续表）

<table>
<tr><td colspan="6" rowspan="1">排序员标准化作业指导书</td><td colspan="2">工位号</td><td>排序员</td><td>工位名称</td><td>排序员</td><td rowspan="2">产品型号</td><td rowspan="2"></td><td rowspan="2">版本号</td></tr>
<tr><td>安全</td><td>关键特性</td><td>推拉</td><td>工具</td><td>看</td><td>摸</td><td colspan="2">要素序号</td><td></td><td>要素名称</td><td></td></tr>
<tr><td></td><td></td><td></td><td></td><td></td><td></td><td>重要度</td><td>序号</td><td colspan="3">主要步骤</td><td colspan="2">要点（成功、安全、简便）</td><td>原因</td></tr>
<tr><td colspan="6" rowspan="2">  </td><td></td><td>4</td><td colspan="3">物料排序</td><td colspan="2">(1) 找到相对应的排序料架，将排序单夹到料架上，找到相应的排序库位，对物料进行首件确认，确保物料上的零件号与标签一致
(2) 按排序单上分解的序列号，先排同一层料架上错开的序列号数量少的，按从下往上的顺序将物料整齐地排列在料架上
(3) 在排序操作中，必须双手拿取一件物料，且要轻拿轻放，避免鲁莽操作
(4) 无空料架致排序等待时间过长或排序单出单缓慢导致排序响应受到影响时，须及时通知班组长，出现加减车信息并跟进好所排序的物料，有疑问要及时反馈班组长，及时反馈问题，避免紧急响应发生</td><td></td></tr>
<tr><td></td><td>5</td><td colspan="3">检查物料</td><td colspan="2">(1) 再次检查并确认排序好的物料与排序单上的物料信息一致
(2) 关注相似物料防错的识别，确认排序好的物料，避免排错
(3) 零件与排序单上的信息一致的在排序单相对应处划上“√”以注明，在排序单上填写检查时间和姓名</td><td></td></tr>
</table>

（续表）

排序员标准化作业指导书						工位号	排序员	工位名称	排序员	产品型号		版本号
安全	关键特性	推拉	工具	看	摸	要素序号		要素名称				
						重要度	序号	主要步骤		要点（成功、安全、简便）		原因
							6	填写“时间汇总表”		填写排序结束时间，防止跳单、重排，便于下次打单核对		
物料	物料名称	数量	工具名称（型号）	数量		要素时间（秒）				增值时间（秒）	非增值时间（秒）	步行时间（秒）
			工具/辅料									
						标记		处数	修订理由/内容		签字	日期
要点：①成功。它是指找到决定该工作是否能顺利完成的操作要点并重点关注。②安全。它是指去除工作中可能导致组员受伤的操作。③简便。它是指在能完成工作的基础上，寻求使工作实施更加简易的操作。												
编制：		审核：				批准：						

三、排序配送操作要求

（1）上线员按照节拍器的提示（每 120 秒一次）扫二维码，完成车辆上线任务；

（2）JIS 配送系统自动推送排序信息到各排序工位；

（3）排序员 1（前保险杠工位）根据看板提示信息排序，完成 1 个标准料架排序后，将料架送至操作工位 1，并将空料架带回；

（4）操作工 1（前保险杠工位）接收物料，将空料架放置空料架缓存区，并完成装配；

（5）排序员 2（换挡机构工位）根据看板提示信息排序，完成 1 个标准料架排序后，将料架送至操作工位 2，并将空料架带回；

（6）操作工 2（换挡机构工位）接收物料，将空料架放置空料架缓存区，并完成装配；

（7）排序员 3（左前门装饰板工位）根据看板提示信息排序，完成 1 个标准料架排序后，将料架送至操作工位 3，并将空料架带回；

（8）操作工 3（左前门装饰板工位）接收物料，将空料架放置空料架缓存区，并完成装配。

物流"1+X"小贴士

智慧物流发展现状及未来方向

工业4.0就是建立在CPS基础上的系统，也叫工业CPS。而物流的CPS就是智慧物流，其本质是建立信息空间与物理空间之间的基于数据自动流动的状态感知、实时分析、科学决策、精准执行的闭环赋能体系，其发展的核心要素是"一硬"(发展自动化)、"一软"(发展大数据、云计算)、"一网"(发展网络系统)、"一平台"(发展智能服务平台)。智慧物流未来发展的路径一定是根据CPS的技术体系，从单元级到系统级，再到平台级逐层递进。

未来，必须将智慧物流的三个系统有机地融为一体。在这三个系统高度发展的基础上才会产生更好的智慧物流，一是因为自动化水平越来越高，二是传输系统和自动化的对接越来越融合，三是计算能力和数据的处理能力以及思维能力越来越强。

智慧物流真正的本质是智慧，运用大数据优化、云计算分析等程序，对物流作业系统进行智能控制，对物流作业对象进行智慧调拨与运筹。

畅想一下：未来汽车制造业的智慧物流技术应用会是怎样的场景？

学习工作页

"任务二　实施零部件排序配送"学习工作页

班级：__________　　学号：__________　　姓名：__________

一、任务描述

桂豪物流有限公司排序班组根据排序配送排序单实施排序配送。

二、任务地点及使用的设施设备

任务地点：汽车零部件集配作业实训中心。

使用的设备设施：排序配送上线系统、物料料架。

三、任务过程

1. 岗位分工

实训按班组展开，每次实训以一个班组为单位进行，共8人，共同完成"排序配送"实训。每组实训节拍为120秒，工作时长为5分钟。"排序配送"实训过程采用实操训练的方式进行。岗位分配见表5.15。

表 5.15　岗位安排表

岗　位	人数	姓名	岗位职责
班长	1		班组工作的安排、组织和协调
上线员	1		根据节拍器完成上线确认工作
排序工 1	1		按排序单要求将物料排序
排序工 2	1		按排序单要求将物料排序
排序工 3	1		按排序单要求将物料排序
操作工 1	1		拿取零件并组装
操作工 2	1		拿取零件并组装
操作工 3	1		拿取零件并组装

排序配送系统运转需要 3 个工位模块同时运行才行，为了保证每位学员都能学习、体验排序配送各岗位的工作，建议进行八次演练、七次轮岗。

2. 熟悉岗位作业指导书

具体见表 5.13 和表 5.14。

3. 按照生产节拍实施排序配送(见表 5.16)

表 5.16　排序配送实施安排表

步骤	内　容	时间(秒)	道具	负责人
1	岗前培训	20	/	教师
1.1	指导学生穿戴劳保用品	3	劳保用品	教师
1.2	组织学员进行岗位轮换，安排各岗位人员就位	5		教师
1.3	组织学员进行岗前培训 培训要求参照第一次岗前培训步骤即可	15	标准化操作单 班组业务目标考核表	教师
2	生产前准备	5		教师
	参照第一次演练步骤即可			教师
3	开始第二次演练	15		教师
	参照第一次演练步骤即可			教师
4	演练结束	2	/	教师

4. 拓展讨论

如果生产节拍提升至 60 秒一次，排序配送会有什么样的变化？

四、教师评价与反馈

任务三 零部件排序配送现场常见问题处理

任务导入

刘小花是某高校物流管理专业的一名学生，这天上午，老师组织大家去本地一家知名的汽车物流企业——桂豪物流有限公司参观，得知消息的刘小花万分激动，本想打扮得漂漂亮亮地去参观，结果却被老师告知不能穿凉鞋，甚至还专门发了《着装说明及示范》。虽然很不理解，但刘小花还是按要求穿戴，跟着老师一起来到了工厂车间……

到了车间，刘小花更加赞叹不已，车间整齐明亮，井然有序，而且从通道到办公区区域，再到生产设备，到处都被各种颜色的线条、指示标志和图案标记得清清楚楚，即使自己第一次来，也知道自己该走什么路线、这里是什么、那里是什么、这里要注意什么、那里要注意什么，这比自己想象的工厂环境好太多了，简直太神奇了！

看着刘小花和大家惊叹的样子，老师微微笑道："同学们想不想知道这样安全、令人愉快的工作环境，是怎样被创造出来的呢？"

知识准备

一、目视化管理

1. 目视化管理的定义

提起目视管理，就不能不提到日本丰田公司的准时生产制(JIT)。1995年，丰田董事长在美国参观大型超级市场时，他看到顾客一边推着购物车，一边将自己需要的东西取出需要的数量，并放进购物车。因此，他将这一现象移植到当时的生产线上，即超级市场相当于工程，顾客相当于后工程，后工程在必要时，到前工程购进必要数量的产品，而前工程立刻对后工程需要的数量加以补充。促使丰田JIT取得成功的核心即是看板管理，看板管理就是充分运用目视管理的结果。

目视化管理是利用形象直观而又色彩适宜的各种视觉感知信息组织现场生产活动，达到提高劳动生产率的一种管理手段，也是一种利用视觉进行管理的科学方法。

2. 目视化管理的特点

目视化管理的特点主要有以下几方面，一是以视觉信号显示为根本手段，让大家都看得见；二是以公开、透明化为根本原则，尽可能地使管理者的要求和意图被大家看见，借以推动自主管理及自主控制；三是现场工作人员可以通过目视方式，将自己的建议、成果、感想展示出来，与领导、同事进行相互交流。

3. 目视化管理的作用

1）问题点显露化

制造企业中各个工序一直在运转，等到两三天后在后工序发现不良产品时，工程很可能已经在异常状态下生产了很久。到了这时即使有很好的统计软件、分析软件、精密计测器，也不可能追究到其原因，也不可能将问题点显露化了。最能感觉到工程与以往不同的是现场的作业员。感知方法是通过不良数的增加，五感感知到品质的异常变化。如果全体员工都掌握了此标准作业方式，具备发现异常的能力的话，就可以尽早发现问题点，以防不良品流出市场。

所以，管理人员要尽量把知道的信息告诉作业员，并提高作业员的检出能力。

2）困难、浪费、不稳定的显露化

用眼睛观察，将现状与理想状态做比较，以做到每个人都可以最早发现困难、浪费、不稳定的情况，并全员参与其中。

3）管理效率化

随着员工受教育水平的差异降低、社会的高度信息化，员工之间接收的信息逐步实现同等化。所以一定要实行自主管理。最理想的状态是在不管理时也能生产良品。这样就可以减少管理人员，做到效率化。这就需要全体员工接受教育，掌握高层次的知识，具备良好的道德品质。

4. 目视化管理的内容

1）设备的目视化管理

设备的管理除了建立系统的点检保养制度外，还应对存放区域进行规划、标识及目视化管理。设备的目视化管理以能够正确地、高效率地实施清扫、点检、加油、紧固等日常保养工作为目的。

设备的目视化管理的作用主要表现在以下几个方面：一是清楚明了地显示出维护保养的部位。方法是对管道、阀门等分别用不同的颜色区别管理。二是能迅速发现温度是否异常。方法是在马达、泵上贴温度感应标或刷涂温度感应油漆。三是快速判断供给是否正常、运转是否清楚明了。方法是在设备旁边设置连通玻璃管、小飘带、小风车等物。四是在设备盖板的极小化、透明化上下功夫，特别是驱动部分，便于人们“看见”。五是标识出计量仪器的正常和异常范围/管理界限，如绿色表示正常范围，红色表示异常范围等。六是快速判断设备是否按要求的性能、速度在运转？方法是在设备上标注出应有的周期和速度。

2）模具、工装夹具的目视化管理

① 为了减少工具遗失的机会，可透过“工具模具离库广告牌”来掌握工具模具的动态；刷上或贴上颜色，以辨别工具模具身份；

② 替工具模具建立一个“家”；

③ 用履历表来掌握工具模具的使用情况。

3）物料的目视化管理

在日常工作中，需要对消耗品、物料、在制品、产成品等进行目视化管理。对这些物品的放置，通常有以下四个地方：伸手可及之处；较近的架子、抽屉内；储物室、货架中；某个特定区域。物料管理的目标是快速地弄清“什么物料”“在哪里”“有多少”，在必要的时候，必要的物料都能快速地被取出、放入。

物料目视化管理要点有以下几个方面：一是明确物料的名称及用途。方法是分类标识及用颜色区分。二是对物料放置之处的快速判断。方法是采用有颜色的区域及用不同的标识加以区分。三是物料的放置能够保证物料顺利地先进先出。四是确定合理的库存数量，只存放必要的数量，但要防止断货。方法是标识出最大在库线、安全在库线和下单线，明确一次下单数量。五是目视大容器内的容量，用连通器的玻璃管刻度标示。六是要明确目视物品是否要采购，是否该补料。七是要明确目视材料在哪里。方法是明确摆放位置，用颜色或标牌标识。

4）品质的目视化管理

品质的目视化管理主要有以下几个方面：一是防止因人的失误出现质量问题。方法是合格品与不合格品要分开放置，用颜色加以区分。二是如何区分物品的检查状态？对此，要从区域上分别设立待检区和已检区，将检查过的物品分区摆放。对于装箱物品，可以挂上合格证或书写检验员的工号。三是重要管理项目要一目了然。可以悬挂比较图或采用"一口标准"的形式，形象说明其区别和要点。四是能快速准确地进行判断。方法是采用上下限的样板判定方法，可以不用计算，快速测定，防止人为失误。五是张贴质量管理的宣传标语和质量谚语。

5）作业的目视化管理

企业里的各项工作是通过各种各样的工序及人组合而成的。各工序的作业是否按计划进行？在作业管理中，是否有异常发生？如果有异常发生，应如何应对？这都是作业目视化管理的要点，具体的内容主要有以下几个方面：一是核查实际进度与计划要求是否一致。方法是用生产动态板和外包工动态板、各类看板来标明。二是清楚地判定作业是否按要求实施。方法是用"一口标准"作业指导书、误用普报灯来表示。三是设备负荷是否正常，状态如何。方法是用设备保养记录、设备负荷显示板标示。四是在异常早期发现上下功夫。方法是利用控制图、缺料预警、设备异常报警灯来反映。

6）安全的目视化管理

安全的目视化管理主要有以下几个方面：一是让员工知道何处是安全禁区；二是让员工知道何处是工厂的"猛兽"区（易燃易爆物品的区城、有毒有害区域、高压电区域等）；三是正确摆放和使用消防器材；四是制订应急响应和预案，在出现危机时知道如何正确应对；五是对员工进行正确辨认安全标识的教育。

5. 目视化管理的根本要求

1）统一

统一是指目视管理要实行标准化，各种标准、色彩、符号都应统一制作、统一管理。

2）简约

简约是指各种视觉显示信号应简明易懂，一目了然，即使刚入职的人员也能一看便明白。

3）鲜明

鲜明是指各种视觉显示信号要清晰、位置放置要适宜，现场人员以最正确的作业姿势作业时都能看得清。

4）实用

实用是指要具备实际使用价值，讲究实效。

5）严格

严格是指现场所有人员都必须严格遵守和执行有关规定，有错必纠，有功必赏，赏罚清楚。

6. 目视化管理常用的工具

1）看板

它常用在5S的看板作战中，是反映使用物品的放置场所等基本状况的表示板，让人一看就能明白。它可以反映具体位置在哪里、做什么、数量多少、谁负责、甚至说谁来管理等重要的项目。它强调透明化、公开化。目视管理有一个先决的条件，就是消除黑箱作业。

2）红牌

红牌，适宜于5S中的整理，是改善的基础起点，用来区分日常生产活动中的非必需品，挂红牌的活动又被称为红牌作战。

3）信号灯

在生产现场，第一线的管理人员必须随时知道：作业员或机器是否在正常地开动、是否在正常作业。信号灯是工序内发生异常时，用于通知管理人员的工具。

4）提醒板

提醒板常用于防止遗漏。健忘是人的本性，不可能杜绝，只有通过一些自主管理的方法来最大限度地减少遗漏或遗忘状况的发生。

5）操作流程图

操作流程图本身是描述工序重点和作业顺序的简明指示书，也称为步骤图，用于指导生产作业。在一般的车间内，特别是工序比较复杂的车间，在看板管理上一定要有个操作流程图。原材料进来后，第一个流程可能是签收，第二个工序可能是点料，第三个工序可能是转换，或者转制，这就叫操作流程图。

6）警示线

警示线就是在仓库或其他物品放置处用来表示最大或最小库存量的涂在地面上的彩色漆线，常用于看板作战中。

7）错误演示板

错误演示板一般是结合不良实物的图片来表示，就是让现场的作业人员明白，也知道不良的现象及后果。一般它常被放在人多的显著位置，让人一看就明白什么是违规操作。

8）管理板

管理板是揭示生产线的生产状况、进度的表示板，一般用来记录生产实绩、设备开动率、异常原因（停线、故障）等，被用于看板管理。

二、颜色管理

1. 颜色管理的概念

颜色管理法是运用人们对颜色心理的反响与习性、分辨能力、联想能力，将企业内的管理活动和管理实物披上一层有色的外衣，使任何管理方法都利用红、黄、绿、白等几种颜色来管制，让员工从直觉上将其和交通标示灯相结合，以使每一个人对问题都有相同的认识和解释。

2. 颜色管理的特点

1）利用人天生对颜色的敏感

人对色彩的敏感度是很强的，不同的色彩带给人们不同的情感和心理感受。例如，黑色能给人肃穆凝重之感，红色能给人热情奔放之感，白色能给人纯洁无瑕之感，黄色能给人鲜活明快之感，绿色能给人充满生机之感等，每一种色彩带给人的体验是不同的。色彩的影响力虽然是有限的，但是有时候却能够左右人们的决策和判断。

2）是用眼睛看得到的管理

它是指以视觉信号显示为基本手段，用直观的方法揭示管理状况和作业方法，让全体员工能够用眼睛看出工作的进展状况是否正常，并迅速地判断和做出对策的一种管理方法。

3）分类层别管理

运用色彩的多样性与区别性，作为分类和区辨的基准，将同一类事物用同一颜色标识，以示类别相同；不同事物以不同颜色标识，以示区别。

4）防止措施

对于企业现场的全部要素，利用不同的颜色来加以识别、区分，易于辨识、防止误用。

5）调和工作场所的气氛，消除单调感

企业现场的颜色设计应使操作者心情愉快、增进安全，不易产生疲劳，这样才能达到操作准确、工作效率提高的目的。

3. 颜色管理的应用

红色：表示停止、防火、危险、紧急。因为红色很醒目，易使人们在心理上产生兴奋、刺激感，注目性非常高，较容易辨认，因此用其表示危险、禁止和紧急停止的信号。

黄色：表示警告、注意。因为它对人眼能产生比红色更高的明亮度，黄色与黑色组成的条纹是可识别性最高的色彩，特别能引起人们的注意。

蓝色：表示指令及必须遵守的规定。虽然它的醒目程度和可识别性不太好，但与白色相配合，使用效果不错。

绿色：绿色表示提示、安全状态。虽然它的可识别性和醒目性不高，但却是新鲜、年轻、青春的象征，具有和平、永远、生长、安全等效应，所以用绿色表示安全信息。

白色：作为辅助色，用于文字箭头记号。

常用的颜色管理方法有颜色优劣法、颜色层别法和颜色心理法。

1）颜色优劣法

生产管制：依生产进度状况，用不同的颜色来表示，如绿色表示准时交货；蓝色表示延迟但已挽回；黄色表示延迟一天以上但未满两天；红色表示延迟两天以上。

品质管制：品质水准的上下用颜色区分显示，如绿色表示合格率在95%以上；蓝色表示合格率在90%～94%；黄色表示合格率在85%～89%；红色表示合格率在85%以下。

开发管理：把新产品的开发进度与目标进度做比较，个别以不同颜色来表示，以提醒研发人员注意工作进度。

外协厂评估：绿色表示“优”；蓝色表示“良”；黄色表示“一般”；红色表示“差”。

生产平安：用颜色表示每日平安状况，如绿色表示无伤害；蓝色表示极微伤；黄色表示轻伤；红色表示重伤。

员工绩效管理：依员工的综合效率，以颜色区分显示，促使员工提升士气，如绿色表示效率在85%以上；蓝色表示效率在70%～84%之间；黄色表示效率在60%～69%之间；红色表示效率在60%以下。

费用管理：把费用开支和预算标准做比较，用不同的颜色显示其差异程度。

开会管理：准时与会者为“绿灯”；迟到5分钟以内者为“蓝灯”；迟到5分钟以上者为“黄灯”；无故未到者为“红灯”。

宿舍管理：每日将宿舍内务整理、卫生状况等情况以不同颜色表示，以确定奖惩。

2）颜色层别法

一般而言，只要掌握色彩的惯用性、颜色鲜明性以及对应意义明确，在不重复的情况下即能发挥颜色管理的效果。具体应用有：重要零件的管理；根据不同颜色控制先进先出，并可调整平安存量及提醒处理呆滞品；每月进货用不同的颜色标示，如1月、5月、9月进货者用绿色表示，2月、6月、10月者用蓝色表示；3月、7月、11月者用黄色表示；4月、8月、12月者用红色表示。

油料管理：各种润滑油用不同颜色来区分，以免误用。

人员管理：不同工种和职位分戴不同颜色的头巾、帽子、肩章，易于识别。如：绿色肩章者为作业员；蓝色肩章为仓管员；黄色肩章为技术员；红色肩章为品管员。

进度管理：对生产进度状况予以颜色区分，如绿色表示进度正常；蓝色表示进度落后；黄色表示待料；红色表示机械故障。

卷宗管理：根据不同分类使用不同颜色的卷宗，如准备红、黄、蓝、绿四种不同颜色的文件资料夹：红色代表紧急、重要的文书资料，即要优先、特别谨慎处理的；黄色代表紧急但不那么重要的，即可次优先处理；蓝色代表重要但不紧急的，可稍后处理；绿色代表不紧急、不重要的，可留到最后处理。

3）颜色心理法

依据人类对颜色的注视性、调和性、联想性和偏好性等四种特点所营造出来的心理怜悯和独特感觉来管理。

具体应用有：人事，如利用员工对颜色的偏好以了解其个性。营销，如利用颜色用于包装及产品以促进销售。生产，如厂房的地面、墙壁、设备等漆上不同的颜色，以提高工作效率，减少伤害等。

物流“1+X”小贴士

物流作业环境的职业危害与预防

物流作业过程中常见的职业病危害因素有粉尘、化学毒物、噪声与振动、辐射、高温、低温及其他有害因素。根据不同危害方式进行针对性预防，可以最大限度地减少对从业人员健康造成的损害(见表5.17)。

表5.17 危害类型及防治措施

危害类型	防治措施
粉尘	针对防尘、降尘提出了“革、水、密、风、护、管、教、查”八字方针

（续表）

危害类型	防治措施
化学毒物	(1) 用密闭法防止逸散 (2) 安装通风排毒设施维持负压操作
噪声	(1) 声源控制 (2) 传播途径控制 (3) 噪声个体防护 (4) 噪声作业职业健康监护
振动	(1) 振源控制 (2) 弹性隔振 (3) 阻尼减振
辐射	(1) 屏蔽辐射源 (2) 远离辐射源 (3) 个人防护
高温	(1) 远离热源 (2) 隔热、通风、降温措施 (3) 个人防护
低温	(1) 避免或减少低温作业 (2) 增加防寒保暖设备 (3) 个人防寒服装

想一想：汽车零部件集配作业环境下的职业危害有哪些？应如何控制？

学习工作页

“任务三　零部件排序配送现场常见问题处理”学习工作页

班级：__________　　学号：__________　　姓名：__________

一、任务描述

排序员在排序作业时会遇到排序物料低于最低库存量、无空料架、排序单出单缓慢临时替换上线车型等异常情况，本任务通过模拟遇到排序物料低于安全库存的情况，使学生掌握现场紧急应对措施，并按照目视化的管理要求，让学生提出长期应对措施的改善提案，提高现场管理水平。

二、任务地点及使用的设施设备

任务地点：汽车零部件集配作业实训中心。

使用的设施设备：排序配送指示系统、排序拣选货架及物料。

三、任务过程

1. 排序物料低于最低库存量的应急处理

工作现场发现物料低于最低库存量的临时应对办法如下：

① 物料低于或者等于安全库存时，向班组长预警；

② 预警信息须包括零件号、供应商、车型、吊架号、库存数量；

③ 由班组长将预警信息发给预警员，等待预警员反馈；

④ 当预警物料使用一半时，物料未到，须升级预警，避免物料缺料或欠料。

2. 查明现场问题产生的主要原因

主要原因有：现场未设定安全库存量标识；排序员未能及时发现库存量低于安全库存。

3. 针对以上原因，根据目视化管理原则，讨论并制订长期防范措施

(1) ____

(2) ____

(3) ____

4. 拓展讨论

查阅相关资料，请列出除颜色管理外其他现场管理的管理工具和方法，并做简单介绍。

现场管理工具1：________________________________

现场管理工具2：________________________________

现场管理工具3：________________________________

四、教师评价与反馈

任务四 职业素养训练:现场安全管理训练

任务导入

2020年4月,排序班组在工作时,员工张山将货物放回库位,因为货物较重,在没有叉车操作证的情况下擅自开动叉车,叉运料架,操作叉车转弯时,货叉刮到料架脚,将料架脚撞歪,险些酿成重大事故。请大家分析事故形成的原因并思考采取什么措施能够预防这类事故发生?

知识准备

一、安全管理

(一) 安全管理的定义

安全管理(safety management)是指国家或企事业单位的安全部门的基本职能。它运用行政、法律、经济、教育和科学技术手段等,协调社会经济发展与安全生产的关系,处理国民经济各部门、各社会集团和个人有关安全问题的相互关系,使社会经济发展在满足人们的物质和文化生活需要的同时,满足社会和个人的安全方面的要求,保证社会经济活动和生产、科研活动顺利进行、有效发展。

企业的安全管理是指以国家的法律、规定和技术标准为依据,采取各种手段,对企业生产的安全状况,实施有效制约的一切活动。它的对象是生产的人员、生产的设备和环境、生产的动力和能量,以及管理的信息和资料。

(二) 事故及致因理论

1. 事故的定义

《辞海》中将事故定义为“意外的变故或灾祸”。

海因里希(Heinrich)在其著作《工业事故预防》中指出:“事故是非计划的、失去控制的事件。”

在这里我们认为,事故是指在生产活动过程中发生的一个或一系列非计划的(即意外的),可导致人员伤亡、设备损坏、财产损失以及环境危害的事件。

2. 事故因果连锁理论

事故致因理论常被用来阐明事故的成因、始末过程和事故后果,以便对事故现象的发生、发展进行明确的分析。海因里希(美国著名安全工程师)“直观化”的事故因果连锁理论关注了事故形成中的人与物，开创了事故系统观的先河，促进了事故致因理论的发展，成为事故研究科学化的先导，具有重要的历史地位。

海因里希因果连锁理论认为，伤亡事故的发生不是一个孤立的事件，而是一系列原因事件相继发生的结果，即人员伤亡的发生是事故的结果，事故的发生是由于以下几个方面：

人的不安全行为；物的不安全状态。人的不安全行为或物的不安全状态是由于人的缺点造成的；而人的缺点是由不良环境诱发的，或者是由先天的遗传因素造成的。

海因里希因果连锁过程包括如下五个因素"M""P""H""D""A"。

遗传及社会环境(M)。遗传及社会环境是造成人的缺点的原因。遗传因素可能使人具有鲁莽、固执、粗心等不良性格；社会环境可能妨碍教育，助长不良性格的发展。这是事故因果链上最基本的因素。

人的缺点(P)。人的缺点是由遗传和社会环境因素所造成的，是使人产生不安全行为或使物产生不安全状态的主要原因。这些缺点既包括各类不良性格，也包括缺乏安全生产知识和技能等后天的不足。

人的不安全行为和物的不安全状态(H)。所谓人的不安全行为或物的不安全状态是指那些曾经引起过事故，或可能引起事故的人的行为，或机械、物质的状态，它们是造成事故的直接原因。例如，在起重机的吊荷下停留、不发信号就启动机器、工作时间打闹或拆除安全防护装置等都属于人的不安全行为；没有防护的传动齿轮、裸露的带电体、或照明不良等属于物的不安全状态。

事故(D)。即由物体、物质或放射线等对人体发生作用，使之受到伤害的、出乎意料的、失去控制的事件。例如，坠落、物体打击等使人员受到伤害的事件是典型的事故。

伤害(A)。它是指直接由于事故而产生的人身伤害。

人们用多米诺骨牌来形象地描述这种事故因果连锁关系(见图 5.4)。在多米诺骨牌系列中，一颗骨牌被碰倒了，则将发生连锁反应，其余的几颗骨牌相继被碰倒。如果移去因果连锁中的任何一块骨牌，则整个连锁环节将被破坏，事故发生的过程即被中止，从而达到控制事故的目的。海因里希认为，企业安全工作的中心就是防止人的不安全行为，消除机械的或物质的不安全状态，中断事故连锁的进程而避免事故的发生。

3. 事故预防的 3E 原则

事故的可预防性是指现代工业生产系统是人造系统，这种客观实际给预防事故提供了基本的前提。所以说，任何事故从理论和客观上讲，都是可预防的。事故预防的 3E 原则包括以下几个方面。

安全技术(engineering)：即采用安全可靠性高的生产工艺，采用安全技术、安全设施、安全检测等安全工程技术方法；

安全教育(education)：即采用各种有效的安全教育措施，提高员工的安全素质。

安全管理(enforcement)：即采用各种管理对策，协调人、机、环境的关系，提高生产系统的整体安全性。

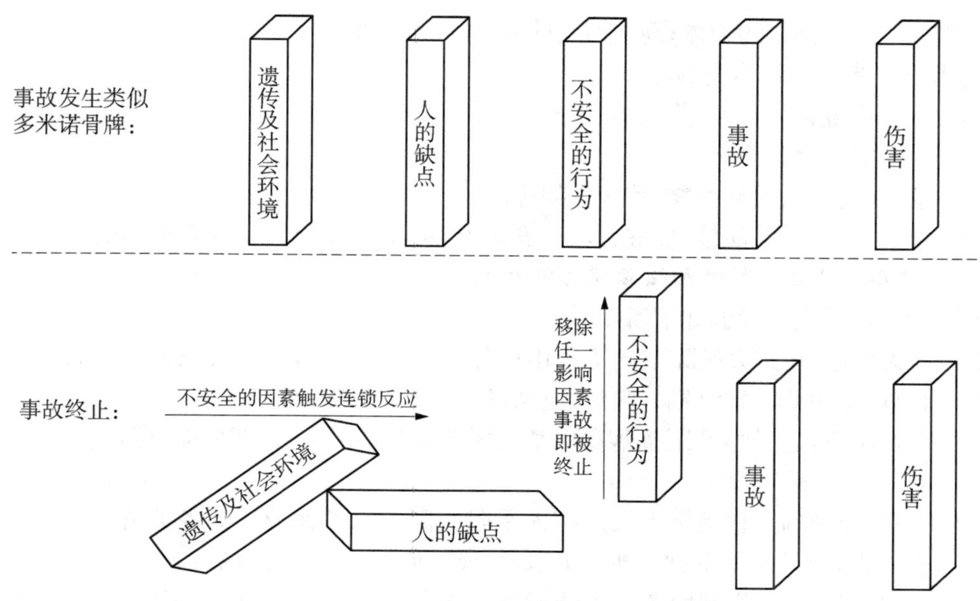

图 5.4 海因里希事故因果连锁示意图

二、危险源与危险源辨识

（一）危险源(hazard)

危险源是指可能导致伤害和健康损害的来源。它包括可能导致伤害或危险状态的来源，或可能因暴露而导致伤害和健康损害的环境。人的不安全行为、物的不安全状态，包括能量、环境的不安全因素或它们的组合都是危险源。

（二）危险源辨识

1. 危险源辨识

危险源辨识是识别危险源的存在并确定其特性的过程。

它有两项要求：找到系统中的危险源；确定危险源的特性（全部特性）——就是危险源在导致疾病、伤害、损害方面所特有的性质。

例如：酒精。它是易燃烧的，与空气混合到一定浓度后遇火会产生爆炸；它会麻痹神经，过量饮用会导致酒精中毒。

2. 如何辨识危险源

辨识危险源必须首先找到系统中（或作业活动）的能量物质（能量及其载体），以及可能导致这些能量意外释放的因素。

能量与事故的关系：没有能量就不会有能量释放，也就没有危险源，也就不会发生事故；能量低不足以对人员造成伤害，也不会引发事故；在正常的系统中，能量都应有较可靠的屏障，但屏障可能会失效；导致能量屏障失效的因素有人的不安全行为、物的不安全状态，包括环境的不安全因素。

常见能量及其载体的形式如下所示：

机械能——设备的旋转部件、运动的物体或人、尖锐物品或重物。

势能——高处摆放的物体；高处站立的人；超高堆垛物。

电能——带电导线、带电体。

热能——高温物体、高压蒸汽等。

核能——放射性物质。

生物能——狼狗、致病植物、致病生物等。

化学能——汽油、硝酸铵、硫酸、苯、一氧化碳、汞、粉尘等腐蚀性或有毒物质。

3. 生产型企业常见的需加强管理的重大危险源

八类常见的重大危险源如下所示。

(1) 动火作业：在禁火区除生产工艺用火外，其他可产生火焰、火花和赤热表面的作业均属动火作业，如电焊、气焊(割)、喷灯、电钻、砂轮等非常规作业。

(2) 高处作业：它是指凡距坠落高度基准面 2 m 及其以上，在有可能坠落的高处进行的作业。

(3) 受限空间作业：它是指进入或探入受限空间进行的作业。如各类塔、槽、罐、炉膛、锅炉、管道、容器，以及地下室、坑(池)、下水道，或其他封闭、半封闭场所。

(4) 起重作业：它是指利用各种吊装机具将设备、工件、器具、材料等吊起，使其发生位置变化的作业过程。

(5) 动土作业：它是指挖土、打桩、地锚入土深度在 0.5 m 以上，使用推土机、压路机等施工机械进行填土或平整场地的作业。

(6) 断路作业：它是指在交通主干道、交通次干道、交通支道上进行工程施工、吊装吊运等各种影响正常交通的作业。

(7) 交叉作业：它是指凡在不同作业面中，处于空间贯通状态下同时进行的作业或在同一作业面处于起重机回转或运行范围之内同时进行的作业。

(8) 安全管理要求：它是指加强安全管理，预先进行危险源识别和风险评估，必要时采取作业许可证的控制措施。

三、危险感知训练

(一) 危险预知训练(KYT)

KYT 起源于日本住友金属工业公司的工厂，它是后经三菱重工业公司和长崎赞造船厂发起的“全员参加的安全运动”，经推广形成的技术方法。在日产汽车(NISSAN)等众多企业得到广泛的应用，被誉为“0”灾害的支柱。

KYT 是取日文罗马拼写的“危险”(Kiken)、“预测”(Yochi)和“训练”(Training)三个词的字头组成，是针对生产的特点和作业工艺的全过程，以其危险性为对象，以作业班组为基本组织形式而开展的一项安全教育和训练活动。

(二) KYT 实践的目的

KYT 是为了防止工伤事故而进行的，也是一种通过手指口述重要危险点和行动目标，来确保安全确认方法有效实施的训练。此外，通过实施 KYT，还可以提高工作场所的安全意识和增强团队合作等。

1. 防止工伤事故

发生工伤的原因分为不安全行为和不安全状态。其中，造成工伤事故的大部分原因是不安全的行为，可以分为无意的不安全行为和有意的不安全行为。

无意的不安全行为：这是由粗心大意造成的无意行为引起的，如听错、看错、误解或粗心大意。

有意的不安全行为：它是指有意选择危险的行为。由于习惯后的疏忽大意而偏离规定的工作程序，或者为了减少工作劳动而疏于安全确认工作等行为都属于此类。

KYT 通过掌握无意的不安全行为和有意的不安全行为的心理状态来防止工伤事故。

2. 作为安全确认方法的训练

为了提高在工作场所和工作中发现危险的能力，重要的是提高员工对危险的敏感性，并掌握确认安全的方法。因此，为了日常实践安全确认而进行训练的 KYT，有以下两个意义：记忆危险信息；通过手指口述揭示重要危险点和行动目标。

之所以进行危险信息的记忆，是因为人类根据潜意识的习惯，会无意识地判断出大部分的行为。于是，通过在潜意识中记忆危险信息，自然意识到危险的新习惯就会生根发芽。

此外，通过实施 KYT，我们可以通过确定重要危险点和行动目标，在工作过程中的每个关键时刻，通过无意识地用手指口述揭示重要危险点和应对措施，从而进行安全确认。

（三）KYT 的实施方法

在 KYT 的推进方法中，有一种典型的方法叫 KYT4 步法。在 KYT4 步法中，从第一步到第四步分步进行。

为了让每个人都能更容易地提出意见，一般是以 5～6 人组成的团队进行，并且要事先决定好主持人和主管。在 KYT 开始之前，主管应提高成员对危险的重视，说明行动的目的，并要求成员积极发言。

第一步：把握现状（找出潜在危险）。第一步是掌握现状潜藏着什么危险的阶段。根据 KYT 训练用的图片或以实际工作场所和工作等为基础，讨论潜在的重要危险点。然后，根据重要危险点设想会发生什么样的危险现象。在第一步中，将成员们提出的意见全部列举出来，写在纸上。重要的不是实际会不会发生事故，而是将所有危险的事情都列举出来。

第二步：追求本质（确定重要危险点）。第二步是探索本质（确定重要危险点）的阶段。从第一步列举的重要危险点中，通过协商，在认为重要的项目上用红笔圈出来。然后，在画圈的因素中再选出被认为最危险的用“◎”画出，并加下划线。在决定画“◎”的项目时，如果成员的意见出现分歧，不建议多数服从少数。最好可以通过成员之间的交流讨论，选出全体成员都能接受的项目。然后，全体成员把标记为“◎”的项目，以“因为……会变成……”的形式用手指唱和出来。

第三步：制定对策。第三步是针对重要危险点制定对策的阶段，须全体成员讨论交流。主管要问“如果是你的话，你会怎么做”，向每个人征求意见。

第四步：制定行动计划。第四步是针对重要危险点设定的行动计划的目标设定阶段。以第三步提出的对策为基础，成员们进行讨论，得到全体成员的一致意见后决定重点实施项目，用红笔加上“※”。其次，制定落实重点实施项目的团队行动目标。然后，全体成员用手指唱和来确认团队行动目标：“……的时候（做……的时候）……做……做吧！”

拓展阅读

智领未来:中国第一款拥有自主核心知识产权的量产车型

作为“新四化”时代变革的重要参与者,奇瑞新能源凭借对汽车行业和市场的敏锐洞察以及对用户需求的超前感知,不断拓展车载智能、自动驾驶等领域的核心技术优势,同时,加强与国际一流企业之间的战略合作,为奇瑞新能源智能化发展提供了坚实保障。

2020 年 8 月 7 日,奇瑞新能源汽车股份有限公司和英博超算(南京)科技有限公司双方联合发布了中国第一款拥有自主核心知识产权的 L2.99 智能驾驶系统的量产车型——小蚂蚁智驾版。这不仅是中国汽车产业发展史上的一个里程碑事件,同时,也标志着国内汽车产业在“核心技术国产化”发展道路上迈入了一个新的阶段。

作为中国第一款拥有自主核心知识产权的 L2.99 智能驾驶系统的量产车型,小蚂蚁智驾版能够实现包括自适应巡航(ACC)、车道居中保持(LCK)、自动紧急制动(AEB)、自动泊车(APA)、360°全景(AVM)等覆盖 16 项全场景智能辅助驾驶功能。在开启车道居中保持功能前提下,无论是变换车道还是在弯道路况下,车辆都能快速实现保持居中行驶,带来平稳安心的驾驶体验。

在核心技术赋能下,小蚂蚁智驾版具备了足以比拟豪华纯电车型的实力,这也是奇瑞新能源 20 余年来不断积累的品牌自信和技术自信。作为中国最早预测新能源发展趋势、开发新能源汽车的企业之一,奇瑞新能源早在 1999 年就开始研发节能和新能源汽车,依托“技术奇瑞”核心优势,建立了包括整车集成、核心技术、核心零部件开发能力在内的完善的新能源技术研发体系,在新能源领域已累计申报专利 1000 多项,获得授权专利 600 多项,位居行业领先水平。

面对国际形势的诡谲变化以及新能源汽车行业的激烈竞争,在“把关键核心技术掌握在自己手里,把民族汽车品牌搞上去”大战略方针下,奇瑞新能源谋势而动,顺势而为,始终坚持自主研发,掌握关键核心技术,为未来基于 5G 时代的智慧出行打下坚实基础。我们相信,已经完全掌握了新能源造车行业的核心技术的自主研发及生产的奇瑞新能源,定能不断为中国广大用户带来全生态智能化服务和极致化体验。而奇瑞新能源将会坚持与英博超算紧密合作,不断在 5G、V2X 以及未来更高等级的 L3/L4/L5 智能驾驶方面不断推出更智能、联网能力更强大的产品,持续不断地把智能网联汽车领域的高科技最新成果拉入中国广大普通汽车消费者的智慧出行生活中去。

感谢先驱者们为我们创造了一个和平、稳定的社会环境,他们作为开拓者前赴后继,为了心中那个美丽梦想奉献自己的青春、精力,乃至生命。今天我们比历史上任何时期都更接近实现中华民族伟大复兴的梦想,但在实现“两个一百年”的奋斗目标的道路上,还面临着很多问题、许多挑战,青年一代应该时刻牢记我国正处于并将长期处于社会主义初级阶段的基本国情,应当有居安思危、敢于变革、勇于担当的理念,面对国内外形势的不断变化,不断出现的新情况、新问题,我们必须加强学习,不断接收并内化新知识,要坚持解放思想,突破自我,超越自我,从而弘扬以改革创新为核心的时代精神,进而为实现社会主义现代化贡献力量。

资料来源:《零的突破!奇瑞新能源小蚂蚁打造中国首款自主核心知识产权 L2+智能驾驶》,http://www.cheryev.cn/home/ppxw/xwzx/xw/detail-553.shtml。

思考：

(1) 中国第一款拥有自主核心知识产权的量产车型“小蚂蚁智驾版”凝聚了哪些民族精神？

(2) 面对国内外形势不断变化，新问题、新情况不断出现的当下，如何把“居安思危、敢于变革、勇于担当”的理念贯彻到个人学习与实践中去？

学习工作页

“任务四　职业素养训练：现场安全管理训练”学习工作页

班级：__________　　学号：__________　　姓名：__________

一、任务描述

在制造业现场，工作环境和工作中的行为隐藏着各种各样的危险因素，一不小心就有可能招致重大事故。

2020 年 7 月 6 日，浙江省台州市三星纸业有限公司的第二条箱版纸生产线复卷机发生卷纸移位，辅工陆泽燕发现纸辊轴定位套固定螺丝松动，在复卷机正常运转的情况下，违章用梅花扳手紧固纸辊轴定位套固定螺丝，纸辊轴定位套转动中将梅花扳手甩出击中其头部，被紧急送往医院抢救。

我们在实际工作过程中，如何防止工伤事故和构建安全的工作场所？如何提升自身对危险的敏感性，提高作业注意力？本次实训任务，就是通过危险预知训练，帮助大家养成防范危险、自我管理的习惯。

二、任务地点及使用的设施设备

任务地点：汽车零部件集配作业实训中心。

使用的设施设备：燃油叉车。

三、任务过程

1. 任务准备

5～6 个人组成学习小组，分配角色（组长、安全员、记录员等），并准备好笔、纸、报告纸等。

2. 选定工作情景，教师介绍相关内容

工作情景描述：驾驶叉车的 A 员工，由于出库过迟，急于要将材料搬出。而在路线一边的 B 员工正在作业，未注意来车（见图 5.5）。

3. 小组人员用“4R”法开展 KYT 活动

(1) 1R——掌握现状：到底哪些是潜在的危险因素？

① 参与人员要把自己当作作业者，置身其中，从作业者的立场来进行这种体验，找出潜在的危险；

图 5.5 叉车出入库作业安全隐患图

② 用事故类型找出危险的现象，避免出现“也许会……”“有……危险”“有……可能”等这类模糊的回答；

③ 危险不仅是物的方面，也要注意发现人以及行为方面存在的危险；

(2) 2R——寻找根源：这才是危险的主要因素。

① 每人指出 1～2 条你认为最危险的项目，在认为有问题的项目上画一个“○”。

② 问题集中、重点化，最后形成大家公认的最危险的项目(合并为 1～2 个项目)；画“◎”的项目为主要的危险因素。

③ 列出集中讨论后的 1～2 项。

(3) 3R——找出对策：如果是你，应该怎样做?

① 由组长向小组成员提问为了预防或防止这个危险，“如果是你，应该怎样做?”

② 小组成员踊跃地发言，提出具体可行的对策：“如果是这种情况，就该这样做!”“这样做是必要的!”要在规定的时间内，确定出 3 个左右的项目，画上“※”符号；

③ 不要做出这类否定或禁止的对策，如“……不许做”“……不行”，而是要考虑“作为小组应该这样……”这种切实可行、有指导意义和有具体行动内容的对策。

(4) 4R——设定目标：我们是这样做的!

① 在对策中，要明确“我们大家必须做……”这种必须立即实施的项目，确定小组的重点实施项目。

② 针对画有“※”符号的项目设定详细而具体的(看得见摸得到、非常明确的)小组行动目标。

③ 小组的行动目标，不要采取“不做……”或“不要……这样做”这类否定和禁止的表现形式，而应该采取“把……吧”这样有具体行动内容的形式。

④ 用手指唱和的方式喊出“小组行动目标……这样做吧，OK”。

4. 学生填写“危险预知训练(KYT)记录”

以钢丝绳吊装的“危险预知训练(KYT)记录”(见表 5.18)范例为参考，填写叉车出入库作业“危险预知训练(KYT)记录”(见表 5.19)。

四、教师评价与反馈

表 5.18　危险预知训练(KYT)记录(样表)

月/日	2021 年 6 月 7 日	班组名称	卸货组	训练内容： 小 C，把钢丝绳挂上，把货物吊起离开了地面，但是由于挂钢丝绳的位置不对，又把货物放在地面上，再重新调整钢丝绳的位置。 
主持人	张亮亮	记录人	胡美美	
活动参与人：				
〈危险类型〉1＝被夹；2＝被刺、切；3＝被卷入；4＝滑倒；5＝绊倒；6＝跌落；7＝烫伤；8＝触电；9＝异物入眼；10＝异(吊)物掉落；11＝其他危险				

1R：找出潜在的危险因素				2R：判别主要危险因素	
序号	提出人	想象存在的危险因素 （由于……，导致……）	危险类型	○项	◎项
1	陈×	由于是用左手握钢丝绳，钢丝绳张紧时就会夹手，把手夹伤	1	○	◎
2	李×	由于一边看货物，一边操作，按错开关，吊装货物摆动碰伤脚	10	○	
3	张×	由于吊装的货物和吊钩偏心，吊起来时，货物会摆动，碰着脚	10	○	◎
4	黄×	如果急速吊起，由于冲击使钢丝绳断裂，货物掉下会砸伤人	10		
5	何×	由于吊钩没有脱落机构，卸货时钢丝绳松弛滑落，会砸伤人	10	○	
6	徐×	由于没有缓冲物，钢丝绳被货物磨断脱落时，会砸伤人	10		
7	王×	由于吊运角度太大，钢丝绳过于吃重而断裂，会砸伤作业者	10	○	

3R：对划“◎”的因素制定对策			4R：确定行动目标
◎项序号	具体对策	※印	行动对策
1	用手掌按住钢丝绳	※	起吊时，用手掌按住钢丝绳，货物离开地面时，停一下，检查是否偏心
	从货物上按住钢丝绳		
2	起吊离地时，暂时停一下，检查是否偏心	※	
	从横向和吊运两个方向检查是否偏心		
	用手指呼喊对正中心，进行确认		

安技员评价：
备注：(1) 在每月 1～7 日，班组自行安排时间组织一次安全预知训练活动。 (2) 班组留存安全预知训练活动记录，并形成活动报告，在班组管理板安全教育栏进行目视化。

表 5.19 危险预知训练(KYT)记录表

月/日		班组		训练内容： 驾驶叉车的 A 员工，由于出库过迟，急于要将材料搬出；而在路线一边的 B 员工正作业，未注意来车。
主持人		记录人		
活动参与人： 〈危险类型〉1＝被夹；2＝被刺、切；3＝被卷入；4＝滑倒；5＝绊倒；6＝跌落；7＝烫伤；8＝触电；9＝异物入眼；10＝异(吊)物掉落；11＝其他危险				

1R：找出潜在的危险因素				2R：判别主要危险因素	
序号	提出人	想象存在的危险因素 (由于……，导致……)	危险类型	○项	◎项
1					
2					
3					
4					
5					
6					

3R：对划“◎”的因素制定对策			4R：确定行动目标
◎项序号	具体对策	※印	行动对策
1			
2			

安技员评价：

备注：(1) 在每月 1～7 日，班组自行安排时间组织一次安全预知训练活动。
(2) 班组留存安全预知训练活动记录，并形成活动报告，在班组管理板安全教育栏进行目视化。

课后练习

一、填空题

1. 员工全面发展要以________、________为前提，牢固树立爱岗敬业、热爱集体的思想。

2. JIS 模式主要包括两种方式：________和________。

3. 海因里希因果连锁过程包括如下五个因素：遗传及社会环境（M）、________、________、________和伤害（A）。

4. ________、________、环境的不安全因素或它们的组合都是危险源。

5. KYT 实践的目的是：________和________。

6. 某汽车座椅制造企业，上班时间为 8:00～5:30，中午午饭时间 12:00～13:30，上午和下午各有 2 次工间休息，每次 10 分钟，一天的产量为 2640 个，该企业的生产节拍为：________。

7. KYT4 步法中，第一步为把握现状，第二步为________，第三步为________，第四步为制定行动计划。

8. KYT 实践的目的是________和________。

二、不定项选择题

1. 排序配送的优点体现在（　　）。

A. 降低零部件物流与库存面积　　B. 节省人工和设备

C. 节省生产线边的面积　　D. 防止零件装配出错

2. 以下（　　）的零部件适用于排序配送方式。

A. 体积大　　B. 重量大

C. 种类或颜色类型多　　D. 同一种零部件多家供货

3. 企业安全管理的对象是（　　）。

A. 生产的人员　　B. 生产的设备和环境

C. 生产的动力和能量　　D. 管理的信息和资料

4. 事故预防的 3E 原则包括（　　）。

A. 安全技术　　B. 安全方法

C. 安全教育　　D. 安全管理

5. 排序配送的不足体现在（　　）。

A. 期初投入过大　　B. 供应商地理位置限制

C. 排序配送组织较复杂　　D. 排序配送出错率较高

三、简答题

1. 结合个人实际，谈谈如何提高安全意识？

2. 排序配送作业中如何避免重复排序和跳单排序？

3. 开展 KYT 活动过程中的注意事项有哪些？

项目六

电子拉动配送作业

学习目标

1. 知识目标

(1) 了解电子拉动式生产的原理；

(2) 了解电子拉动系统的构成；

(3) 了解电子拉动的优势与运作效果；

(4) 了解电子拉动配送的意义；

(5) 掌握电子拉动配送流程；

(6) 掌握智能电子拉动配送的构成；

(7) 理解智能电子拉动配送看板的特点与作用。

2. 技能目标

(1) 能收集资料并编制电子拉动配送单；

(2) 能根据电子拉动配送单实施电子拉动配送。

3. 素质目标

(1) 养成精益求精的职业精神；

(2) 养成实事求是的工作态度、积极应变的工作习惯；

(3) 培养突破创新的意识。

项目导学

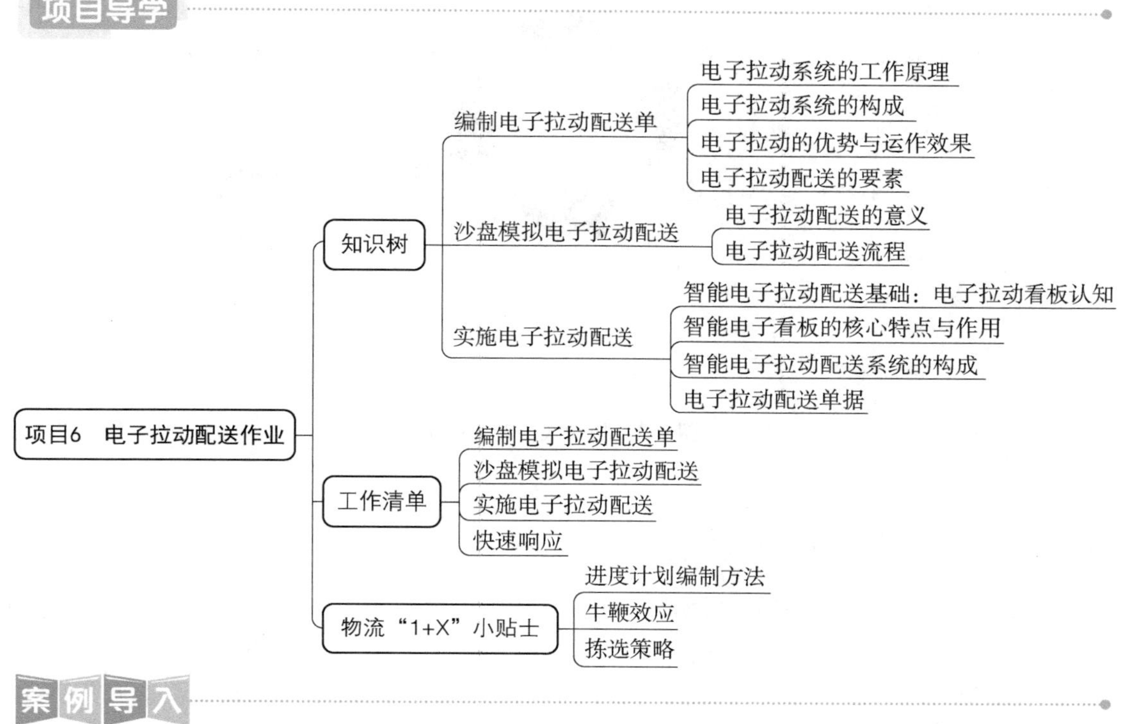

案例导入

汽车制造企业电子拉动配送应用

20世纪中期日本的汽车市场非常小且不稳定，但对产品种类的需求却较多。汽车公司的生产状况是产品质量不稳定，交货期长，总装车型品种多、批量小，生产过程中的库存量极大。这样的生产状况造成生产过程中存在大量的浪费。

基于汽车企业的状况，当时丰田公司对商业物流运作较为成功的美国超市货物补货系统进行研究后发现：超市货架上每种物品的数量通常是有标准的；顾客买走所需的物品，商场定时进行补充；供应商根据物品消耗情况给商场运来新的货物；没有多余的空间储存过多的物品。而这一切的原因是超级市场中的物品大多容易过期变质，只能够按需进行及时补充。

丰田公司经过研究后发明了拉动式生产方式（或称准时化生产方式、看板生产方式，见图6.1）。它旨在在需要的时间内，按需要的品种，按需要的数量，生产所需要的产品。

凌云汽车有限公司作为一家汽车整车制造企业，在整车流水线装车时，需要桂豪物流有限公司按需按量地将汽车零部件配送到生产工位，在进行零部件工位配送时广泛采用电子拉动配送方式进行。那么，作为为其提供物流服务的桂豪物流有限公司应如何计划并实施电子拉动配送呢？

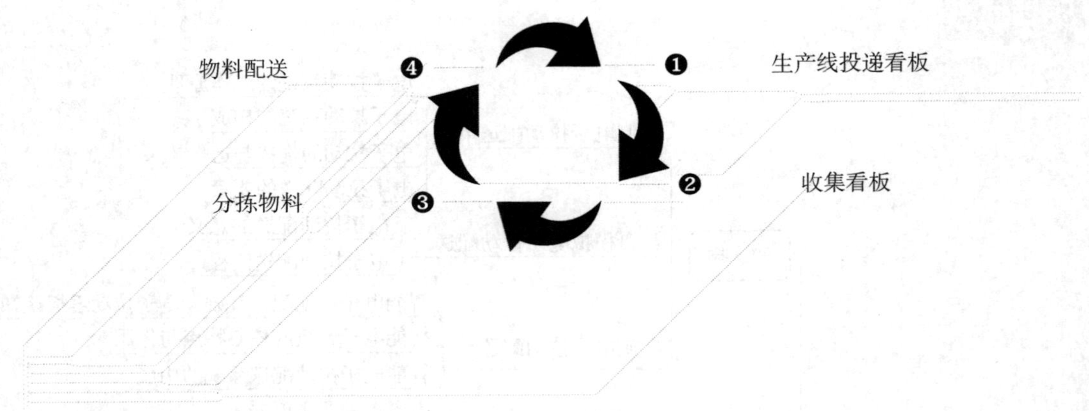

图 6.1 拉动式生产示意图

任务一　编制电子拉动配送单

知识准备

一、电子拉动系统的工作原理

物料电子拉动系统的关键部装是工控机，用以读取和处理生产线各 PLC 数据，并将其准确发布出来，表现为线旁需求信号直接反映到暗灯显示屏和配送员车载终端上。其工作原理见图 6.2。

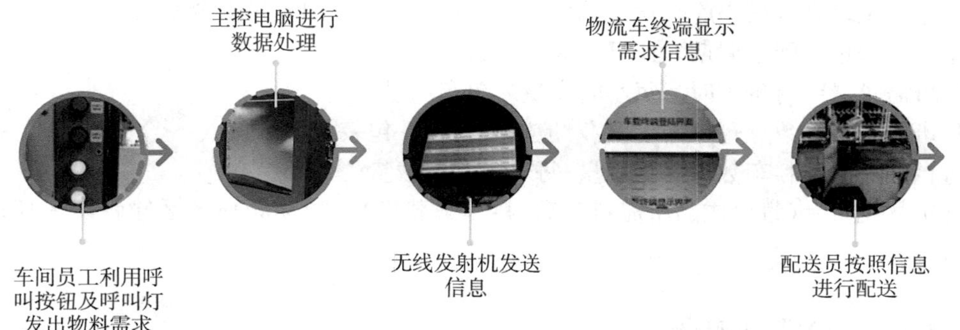

图 6.2　物料电子拉动运行原理图

二、电子拉动系统的构成

电子拉动系统的物料需求信号从发出到处理、传输到接收，主要由以下四个部分构成：生产线旁呼叫按钮及呼叫灯、主控制电脑和大屏显示器、无线路由发射器、物流车载终端（安装有电子拉动应用程序的 PAD）。

三、电子拉动的优势与运作效果

电子拉动相较传统的物料拉动方式，优势在于将物料需求信息可视化，并将其实时传输到可视终端：电子拉动系统连接生产线本地 PLC 网络，可根据当前车型及配置，计算对应工位所需零件名称和零件号，准确实现生产车型切换时的零件信号输出。此外，电子拉动系统运用无线的路由发射器，在物流拉动运作区域实现 WIFI 的全覆盖，使配送拖车和配送员携带接收终端（包括平板电脑，甚至手机）活动在区域内任何位置，都能即时的接收物料需求信息，轻松点击即可把已备料响应或已完成配送的信息传递到生产线旁和暗灯显示屏。

从长远看，电子拉动系统的扩展性较优。如果生产线改造，仍能用物料电子拉动系统的全套部装设备，只需重新接入生产线本地PLC网点，更新零件清单等基础数据，又是新产线上物料拉动的好工具。在生产制造业日益智能化、自动化的发展中，进一步投入视觉识别和扫描设备，电子拉动系统可以扩展为全自动的拉动信息处理工具，除去人工触发、人力输入的过程，操作更加简易，信息传递更加准确和快捷，物流配送效率和员工工作效率进一步提升，企业可以真正实现物流成本控制和精益生产。

某汽车制造企业运用电子拉动系统进行内部物流运作期间，效率提升十分明显：不仅有效消除了配送周期中占比超过50%的等待浪费，物流配送效率提升一倍；配送员无须巡线，且减少线旁等待浪费的时间之后，原本满负荷的工作量得以优化，工作饱和度降至85%的人力标准值。

四、电子拉动配送的要素

节拍：它是指流水线上连续出产两个相同产品之间的时间间隔。它决定了流水线的生产能力、生产速度和效率。

JPH(每小时产量)：它是指流水线每小时的装车数量。

拉动配送周期：它是指间隔多长时间组织一次配送的时间长度。

配送工位缓存区最小库存量＝响应时间×JPH×单车用量×安全系数。

拉动配送量＝配送周期×JPH×单车用量。

每班需求量＝每班工时×每小时产量×单车用量。

每班所需料箱数＝每班需求量/对应物流箱零件包装数。

每台成品所需料车数＝单车用量/每个料车满载量(零件数)。

每班物流量＝(每台成品所需料车数/料车满载率)×拉动频率×运输距离×JPH×每班工时。

 物流“1+X”小贴士

进度计划编制方法

常用的进度计划编制方法有以下几种。

(1) 制定关键日期表。这是一种较为简单的进度计划方法，一般只列关键活动和进行的日期。

(2) 制作甘特图。甘特图(gantt chart)又称为横道图、条状图(bar chart)。其通过条状图来显示项目、进度和其他时间相关的系统进展的内在关系随着时间进展的情况。它以提出者亨利·劳伦斯·甘特(Henry Laurence Gantt)先生的名字命名。

(3) 运用网络计划技术。它是指许多相互联系、相互制约的活动所需资源与时间及其顺序安排的一种网络状计划方法。其基本原理是利用网络图标表示计划任务的进度安排和各项活动之间的关系；在此基础上进行网络分析，计算网络时间值、确定关键路线；利用时差不断改进网络计划，优化工期、资源和成本。

想一想：电子拉动系统是如何消除等待时间、优化配送工作进度的？

学习工作页

“任务一　编制电子拉动配送单”学习工作页

班级：__________　　学号：__________　　姓名：__________

一、任务描述

汽车制造企业进行流水化生产，需要汽车物流企业准时化的汽车零部件工位配送，实施电子拉动是汽车零部件工位配送的主要方式之一。实施电子拉动配送，首先需要根据汽车制造流水线的相关数据进行电子拉动配送单的制作，然后根据电子拉动配送单实施配送。本次任务的主要内容是作为桂豪物流公司的物流管理人员编制电子拉动配送单。

二、任务地点及使用的设施设备

任务地点：汽车零部件集配作业实训中心。

使用的设施设备：拉动存储料架、拉动周转料架、配送车、拉动配送电子看板、汽车零部件(标准件，5 类，每类 100 个)。

三、任务过程

1. 认识电子拉动配送

教师带领学生到汽车零部件集配作业实训中心，现场讲解电子拉动的工作原理、系统构成、优势与运作效果，详细解析电子配送当中的要素，并介绍任务背景：凌云汽车有限公司总装厂装配线准备装配云鹏 6550 车型，需要以下物料，采用电子拉动配送方式进行工位配送。

表 6.1　云鹏 6550 车型 BOM 表(部分零件)

序号	零件编号	零件名称	单位	BOM
1	1007022	气门油封	个	2
2	1007014	进气门	个	1
3	1007012	排气门	个	2
4	1007100	摇臂轴	个	2
5	GB/T70.1—2000	摇臂轴螺钉 6×16	个	4
6	GB/T900—1988	进排气侧双头 M8×25	个	2
7	GB/T16674—1996	进气歧管带盘螺母 M8	个	2
8	GB/T900—1988	进气歧管螺栓	个	2

（续表）

序号	零件编号	零件名称	单位	BOM
9	GB/T900—1988	进气歧管连接螺栓	个	2
10	1002027	一道环	个	1
11	1002026	二道环	个	1
12	1002023	上下刮油环	个	1

已知该生产线每班 7.5 小时，每天 2 班，节拍是 2 分钟。

2. 填写电子拉动配送要素表

教师讲解电子拉动配送要素，学生听讲并进行理解，填写下表（见表 6.2）。

表 6.2 电子拉动配送要素表

要 素	公 式	备 注
节拍		
JPH		
拉动配送周期		
配送工位缓存区最小库存量		
拉动配送量		
每班需求量		
每班所需料箱数		
每台成品所需料车数		
每班物流量		

3. 阅读 PFEP 表（见表 6.3），并填写表中的空白

(1) 假设每种零件仓储最小库存量＝每班需求量＋每班需求量 10%，完成每种零件的仓储最小库存数据的计算。

(2) 假设每种零件仓储最大库存量＝2 天需求量，完成每种零件的仓储最大库存数据的计算。

(3) 假设每种零件线旁最小库存量＝2 个小时需求量，完成每种零件的线旁最小库存数据的计算。

(4) 假设每种零件线旁最大库存量＝1 天需求量，完成每种零件的线旁最大库存数据的计算。

(5) 物料 1～4 号是万友物流公司进行配送，5～9 号是德宏物流公司进行配送，10～12 号需要万友物流与场内的仓储共同配送。请根据所给的物流代号填写供应物流。

供应商：1＝万友物流　2＝德宏物流　3＝仓库内部

表 6.3 PFEP 表

基本信息				数量信息						存储			包装								运输信息				
序号	零件号	零件名称	单位	JPH	BOM	仓库最小存量	仓库最大库存	线旁最小库存	线旁最大库存	生产使用地址	缓冲区地址	仓库地址	单个零件重量kg	包装类型	线旁包装类型	零件包装数	长(mm)	宽(mm)	高(mm)	是否有内衬	内部运输路线	内部运输设备	物料紧急响应流程	供应物流	再包装地址
1	1007022	气门油封	台	30	2					IB009	HC01	YCA211	0.001	A箱	A箱	50	300	200	148	无	2	手推料车	无		fb01
2	1007014	进气门	台	30	1					IB009	HC01	YCA212	0.036	A箱	A箱	25	300	200	148	无	2	手推料车	无		fb01
3	1007012	排气门	台	30	2					IB009	HC01	YCA213	0.036	A箱	A箱	50	300	200	148	无	2	手推料车	无		fb01
4	1007100	摇臂轴	台	30	2					IB013	HC21	YCA221	0.504	H箱	H箱	50	600	400	148	无	2	手推料车	无		fb01
5	GB/T70.1—2000	摇臂轴螺钉 6×16	台	30	4					IB014	HC21	YCA222	0.504	H箱	H箱	100	600	400	148	无	2	手推料车	无		fb01
6	GB/T900—1988	进排气侧双头 M8×25	台	30	2					IB015	HC21	YCA223	0.504	H箱	H箱	50	600	400	148	无	2	手推料车	无		fb01
7	GB/T16674—1996	进气歧管带盘螺母 M8	台	30	2					IW057	HC21	YCA311	0.504	H箱	H箱	50	600	400	148	无	3	手推料车	无		fb01

（续表）

基本信息				数量信息						存储			包装								运输信息				
序号	零件号	零件名称	单位	JPH	BOM	仓库最小存量	仓库最大库存	线旁最小库存	线旁最大库存	生产使用地址	缓冲区地址	仓库地址	单个零件重量kg	包装类型	线旁包装类型	零件包装数	长(mm)	宽(mm)	高(mm)	是否有内衬	内部运输路线	内部运输设备	物料紧急响应流程	供应物流	再包装地址
8	GB/T900—1988	进气歧管螺栓	台	30	2					IW057	HC21	YCA312	0.504	H箱	H箱	50	600	400	148	无	3	手推料车	无		fb01
9	GB/T900—1988	进气歧管连接螺栓	台	30	2					IW057	HC21	YCA313	0.401	H箱	H箱	50	600	400	148	无	3	手推料车	无		fb01
10	1002027	一道环	台	30	1					IN022	HC31	YCA321	0.422	D箱	D箱	25	600	400	280	无	2	手推料车	无		fb01
11	1002026	二道环	台	30	1					IN022	HC31	YCA322	0.061	D箱	D箱	25	600	400	280	无	2	手推料车	无		fb01
12	1002023	上下刮油环	台	30	1					IN022	HC31	YCA323	0.521	D箱	D箱	25	600	400	280	无	2	手推料车	无		fb01

4. 尝试填写电子拉动配送单(见表 6.4)

表 6.4　电子拉动配送单

序号	零件号	零件名称	单位	每班需求量	每个料车可装料箱数(容器数)	每班所需料箱数量	每个料车满载量(零件数)	每班所需料车数(保留三位小数)	料车满载率	拉动频率(每班)	内部运输路线	运输距离	每班物流量
1	1007022	气门油封	台		8				0.900	2	2	125	
2	1007014	进气门	台		8				0.900	2	2	125	
3	1007012	排气门	台		8				0.900	2	2	125	
4	1007100	摇臂轴	台		6				0.900	2	2	125	
5	GB/T70.1—2000	摇臂轴螺钉 6×16	台		6				0.900	2	2	125	
6	GB/T900—1988	进排气侧双头 M8×25	台		6				0.900	2	2	125	
7	GB/T16674—1996	进气歧管带盘螺母 M8	台		6				0.900	2	3	150	
8	GB/T900—1988	进气歧管螺栓	台		6				0.900	2	3	150	
9	GB/T900—1988	进气歧管连接螺栓	台		6				0.900	3	3	150	
10	1002027	一道环	台		6				0.900	3	2	125	
11	1002026	二道环	台		6				0.900	3	2	125	
12	1002023	上下刮油环	台		6				0.900	2	2	125	

(1) 每种物料每班需求量＝30JPH×(BOM 的数量)×7.5。

(2) 每种物料每班所需包装数量(料箱数量)＝每班每种物料总数(450)/单个料箱可装零件数量(50)。

(3) 假设已知每个料车可装箱数如表 6.4 所示，求每班所需料车数、每个料车满载的零件数。

(4) 每班所需料车数＝每班需求量(零件数)/每个料车满载量(零件数)

＝总料箱数/每个料车可装料箱数(容器数)。

每个料车满载的零件数＝每个料车可装料箱数(容器数)×单个料箱可装零件数。

(5) 假设每种物料所需料车数量＝每个料车可装料箱数/每班所需料箱数量,(或每班物料需求量/每料车满载物量),求出每种物料每班所需的料车数。

(6) 假设物流路线 2 为 125 m,物流路线 3 为 150 m,填写每种物料对应的运输距离。

(7) 假设每种物料每班物流量＝(物料对应的每台成品所需料车数/料车满载率)×物流运输距离×拉动频率×每小时成品产出量×每班工作时间,填写每种物料物流量。

5. 总结提升

根据本次现场调查的认知和了解,阐述你对电子拉动配送的认识。

四、教师评价与反馈

任务二　沙盘模拟电子拉动配送

知识准备

一、电子拉动配送的意义

随着经济全球化，制造行业由以前的局部竞争演变到如今全球范围内的激烈竞争，这迫使国内的一些制造企业苦练内功，摒弃传统粗广式的生产，转向适应多样化市场需求的个性化生产。而精益生产以满足客户个性化需求为目标，不断消除浪费，挖掘收益，赢得了企业管理者的青睐。装配是机械生产过程中必不可少的一部分，且其涉及众多的物料、半成品，再加上生产线线边库存面积有限，这给物料管理和物料配送增加了难度。因此高效的物料配送系统是保证装配线柔性和提高生产效率的关键支柱。然而在实际生产活动中，配送人员往往根据自己的经验判断是否该进行物料的配送及配送次数，所以经常出现停线待料、生产线线边物料堆积严重、配送设备闲置等现象，这已经成为促进进一步实施精益生产的重要障碍，而电子拉动配送能够较好地解决这一问题。

物流“1+X”小贴士

牛鞭效应

“牛鞭效应”是经济学上的一个术语，是指供应链上的一种需求变异放大现象，是指信息流从最终客户端向原始供应商端传递时，无法有效地实现信息共享，使得信息扭曲而逐级放大，导致了需求信息出现越来越大的波动，此信息扭曲的放大作用在图形上很像一个甩起的牛鞭，因此被形象地称为“牛鞭效应”。

“牛鞭效应”是市场营销中普遍存在的高风险现象，是销售商与供应商在需求预测修正、订货批量决策、价格波动、短触博弈、库存责任失和应付环境变异等方面博弈的结果，增大了供应商的生产、供应、库存管理和市场营销的不稳定性。企业可以从六个方面规避或化解需求放大变异的影响，即：订货分级管理；加强人库管理，合理分担库存责任；缩短提前期，实行外包服务；规避短缺情境下的博弈行为；参考历史资料，适当减量修正，分批发送；调整回款期限，提前回款。

想一想：电子拉动系统是如何解决需求变异放大的？

二、电子拉动配送流程

电子拉动系统是使用电子信号对物料进行补充的一种拉动方式。生产线通过电子看板将领料需求信号传递给仓库;仓库管理人员每隔一段时间处理并打印各生产线的领料请求,即生成拣货单;拣货员根据拣货单信息分别去物料超市和仓库拣货,拣货完毕后装入小车;当到配送时间时,配送人员出发,按照已经安排好的路线到达生产线,若该生产线有已定物料则卸载该小车,若无,则看是否有空小车,若有,则装载;配送人员继续行驶至生产线,最后回到仓库,将空车交付于管理员,物料配送结束。其具体运作流程如下所示(见图 6.3)。

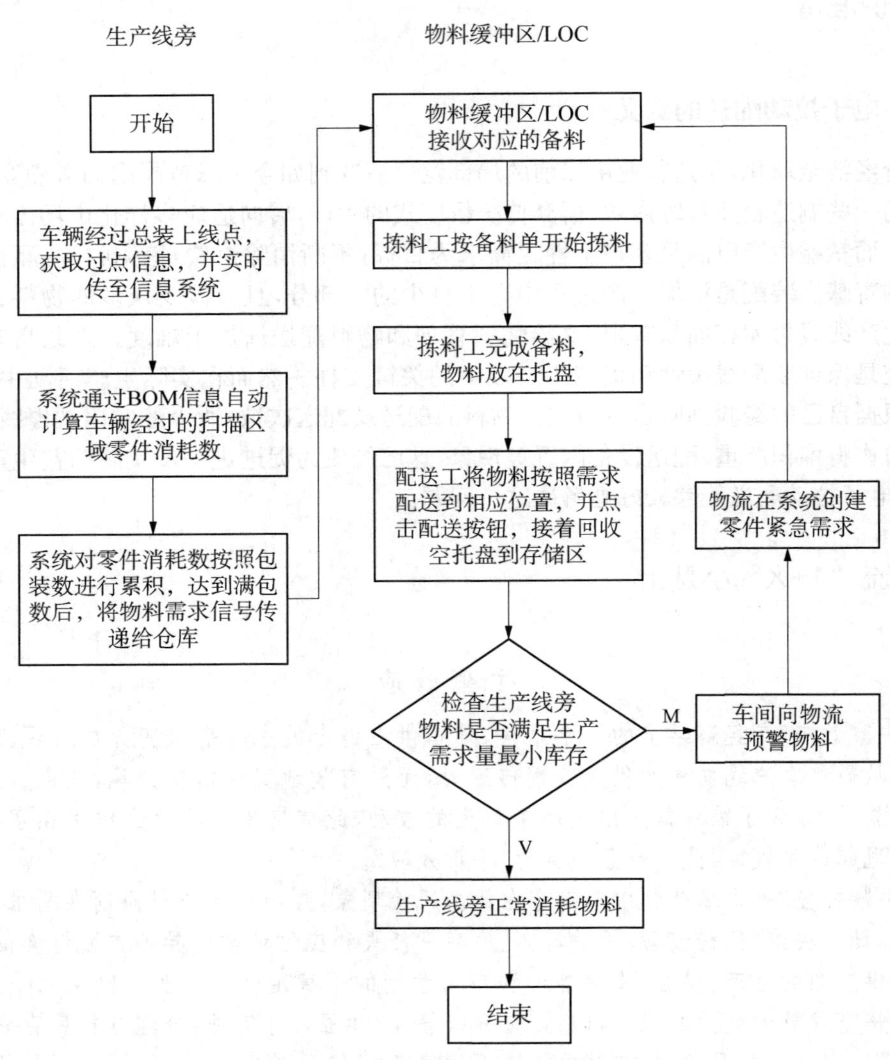

图 6.3 电子拉动配送流程示意图

学习工作页

"任务二　沙盘模拟电子拉动配送"学习工作页

班级：__________　　学号：__________　　姓名：__________

一、任务描述

电子拉动配送是组织严密、技术要求高的一项工作。为了能够顺利进行电子拉动配送的实施，在完成电子拉动配送单的制作之后，采用沙盘演练的方式按照电子拉动配送单进行模拟。本次任务的主要内容是学会电子拉动沙盘模拟整车装配流水线各岗位的操作与协同。以电子拉动沙盘模拟整车装配流水线，以电子拉动的配送方式满足流水线装配的零部件需求，学生分别模拟桂豪物流有限公司拉动配送员、拣选员等相关岗位，按要求完成整车流水线装配所需零部件的电子拉动配送。

二、任务地点及使用的设施设备

任务地点：汽车零部件集配作业实训中心班组园地。

使用的设施设备：拉动配送电子沙盘。

三、任务过程

实训采用沙盘演练的方式进行，实训模拟流水线节拍为 30 秒，每次沙盘模拟演练的时间为 5 分钟。装配流水线工人用完一个包装物料时，利用系统发出物料消耗信息；拉动配送的拣选员根据系统显示的排序队列拣选物料，放置到对应的配送工位；配送员根据系统配送列表将物料装到配送小车，并按照指定的配送路线将物料送到流水线对应工位。

（一）沙盘模拟实训岗位安排

一个班组为 10 人，实训岗位安排见表 6.5 至表 6.8。

表 6.5　A 班组岗位安排表

岗位	人数	姓名	岗位职责	账号、密码
班长	1		班组工作安排、组织和协调	
拣选员	1		按工位消耗拣选零件	60020180009;123456
配送员 A	1		按配送批量送货至指定工位	60020180007;123456
配送员 B	1		按配送批量送货至指定工位	60020180008;123456
操作工 1	1		组装零件螺母、螺栓	60020180001;123456
操作工 2	1		组装零件密封圈	60020180002;123456
操作工 3	1		组装零件垫片	60020180003;123456

（续表）

岗位	人数	姓名	岗位职责	账号、密码
操作工 4	1		组装零件螺母、螺栓	60020180004;123456
操作工 5	1		组装零件密封圈	60020180005;123456
操作工 6	1		组装零件垫片	60020180006;123456

表 6.6　B 班组岗位安排表

岗位	人数	姓名	岗位职责	账号、密码
班长	1		班组工作安排、组织和协调	
拣选员	1		按工位消耗拣选零件	60020180019;123456
配送员 A	1		按配送批量送货至指定工位	60020180017;123456
配送员 B	1		按配送批量送货至指定工位	60020180018;123456
操作工 1	1		组装零件螺母、螺栓	60020180011;123456
操作工 2	1		组装零件密封圈	60020180012;123456
操作工 3	1		组装零件垫片	60020180013;123456
操作工 4	1		组装零件螺母、螺栓	60020180014;123456
操作工 5	1		组装零件密封圈	60020180015;123456
操作工 6	1		组装零件垫片	60020180016;123456

表 6.7　C 班组岗位安排表

岗位	人数	姓名	岗位职责	账号、密码
班长	1		班组工作安排、组织和协调	
拣选员	1		按工位消耗拣选零件	60020180029;123456
配送员 A	1		按配送批量送货至指定工位	60020180027;123456
配送员 B	1		按配送批量送货至指定工位	60020180028;123456
操作工 1	1		组装零件螺母、螺栓	60020180021;123456
操作工 2	1		组装零件密封圈	60020180022;123456
操作工 3	1		组装零件垫片	60020180023;123456
操作工 4	1		组装零件螺母、螺栓	60020180024;123456
操作工 5	1		组装零件密封圈	60020180025;123456
操作工 6	1		组装零件垫片	60020180026;123456

表 6.8　D 班组岗位安排表

岗位	人数	姓名	岗位职责	账号、密码
班长	1		班组工作安排、组织和协调	
拣选员	1		按工位消耗拣选零件	60020180039;123456
配送员 A	1		按配送批量送货至指定工位	60020180037;123456
配送员 B	1		按配送批量送货至指定工位	60020180038;123456
操作工 1	1		组装零件螺母、螺栓	60020180031;123456
操作工 2	1		组装零件密封圈	60020180032;123456
操作工 3	1		组装零件垫片	60020180033;123456
操作工 4	1		组装零件螺母、螺栓	60020180034;123456
操作工 5	1		组装零件密封圈	60020180035;123456
操作工 6	1		组装零件垫片	60020180036;123456

（二）电子模拟沙盘实训过程

（1）学生按分配岗位在沙盘旁就位。

（2）教师开设实训课程，初始化数据。

（3）学生通过微信查找小程序“路创工厂云”，按“电子拉动沙盘使用教学视频”中的操作步骤登录。

在登录页面，依次输入注册码、工位号和密码，点击登录进入系统。

① 注册码：LZZY. QLSP。

② 工位号：对应工位号。

③ 密码：123456（默认密码）。

登录后，点击“拉动系统”课程后的“加入”按钮。

（4）各岗位按下表检查物料初始状态，不够的需补齐，多余的放到拣选员岗位上（见表 6.9）。

表 6.9　物料初始状态表

工位名称	物料名称	数　量
班组长	螺母空料箱	1
	螺栓空料箱	1
	密封圈空料箱	1
	垫片空箱	1
	堵头空箱	1

（续表）

工位名称	物料名称	数　量
拣选岗位	螺母	20
	螺栓	20
	密封圈	20
	垫片	20
	堵头	20
配送岗位 A	配送物料车	2
配送岗位 B	配送物料车	2
操作岗位 1	螺母	4
	螺栓	4
操作岗位 2	垫片	4
操作岗位 3	密封圈	4
	堵头	4
操作岗位 4	螺母	4
	螺栓	4
操作岗位 5	垫片	4
操作岗位 6	密封圈	4
	堵头	4

(5) 各岗位进行模拟演练。

教师：负责计时，每 30 秒下达一次装配指令，满 5 分钟后结束演练。

各操作岗位员工操作指引：按教师的装配指令，每 30 秒将自己工位上的零件各捡一个放到流水线上，用手机“路创工厂云”扫描各零件箱下的二维码一次，若零件数量低于最小库存量，向班长汇报，做紧急拉动，循环以上操作；零部件用完后停止装配并向班长报告停线。

拣选员岗位操作指引：查看手机“路创工厂云”界面，如有拣选需求，拿取一个对应物料放入对应线的料车，L 线物料放入 L 配送料车，R 线物料放入 R 配送料车。拣选一个物料完毕后，点击物料后的蓝色“拣选”按钮，表示物料拣选完成；物料配送人员收到物料配送信息；循环以上操作。

配送员岗位操作指引：满一车(6 箱)向生产线进行配送，将对应工位的物料放置于工位线旁料车上，并点击蓝色按钮“配送”，完成配送；将流水线上的零部件全部回收并交给分拣人员，结束 1 轮操作；循环以上操作。

班长岗位操作指引：巡视各岗位，检查是否有违规行为；紧急拉动时通知配送工紧急送料；缺料停线时记录缺料工位及停线时间。

(6) 小组活动：学习各岗位的工作流程。

每个小组按下面步骤，编写拣选员、配送员、流水线操作工三种岗位的岗位工作流程各一份(见表 6.10、表 6.11、表 6.12)，选择一个小组进行汇报。

步骤一，对照电子拉动配送流程，操作过程分解为若干环节，填写“主要步骤”一栏。

步骤二，明确各步骤操作要点及原因，填写“要点”一栏，将要点原因填入“原因”一栏。

表 6.10　电子拉动沙盘实训岗位工作流程(一)

<table>
<tr><td colspan="6">岗位名称：配送员</td></tr>
<tr><td>序号</td><td colspan="2">主要步骤</td><td colspan="2">要点</td><td>原因</td></tr>
<tr><td>1</td><td colspan="2"></td><td colspan="2"></td><td></td></tr>
<tr><td>2</td><td colspan="2"></td><td colspan="2"></td><td></td></tr>
<tr><td>3</td><td colspan="2"></td><td colspan="2"></td><td></td></tr>
<tr><td>4</td><td colspan="2"></td><td colspan="2"></td><td></td></tr>
<tr><td>操作工</td><td>班长</td><td>日期</td><td colspan="3" rowspan="2"> 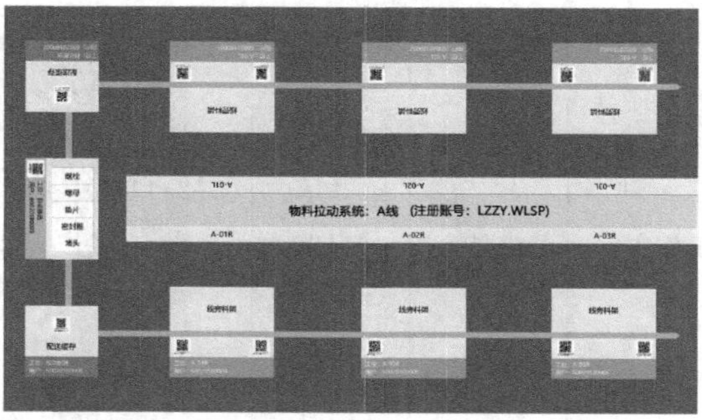</td></tr>
<tr><td></td><td></td><td></td></tr>
</table>

表 6.11 电子拉动沙盘实训岗位工作流程(二)

<table>
<tr><td colspan="4">岗位名称:拣选员</td></tr>
<tr><td>序号</td><td>主要步骤</td><td>要点</td><td>原因</td></tr>
<tr><td>1</td><td></td><td></td><td></td></tr>
<tr><td>2</td><td></td><td></td><td></td></tr>
<tr><td>3</td><td></td><td></td><td></td></tr>
<tr><td>4</td><td></td><td></td><td></td></tr>
<tr><td>操作工:</td><td>班长:</td><td>日期:</td><td></td></tr>
</table>

表 6.12 电子拉动沙盘实训岗位工作流程(三)

<table>
<tr><td colspan="4">岗位名称:流水线操作工</td></tr>
<tr><td>序号</td><td>主要步骤</td><td>要点</td><td>原因</td></tr>
<tr><td>1</td><td></td><td></td><td></td></tr>
<tr><td>2</td><td></td><td></td><td></td></tr>
<tr><td>3</td><td></td><td></td><td></td></tr>
<tr><td>4</td><td></td><td></td><td></td></tr>
<tr><td>操作工:</td><td>班长:</td><td>日期:</td><td></td></tr>
</table>

（三）拉动配送要素计算训练

（1）在本次实训中，每 30 秒钟，流水线各工位完成一次零件装配，流水线的节拍应为________秒。

（2）JPH(每小时产量)应为________台/小时。

（3）如配送响应时间为 1 分钟，安全系数为 1，工位缓存区最小库存量应如何计算？以 2 号工位为例：装配的零件为“垫片”，每台车使用 1 个，2 号工位的工位缓存区最小库存量应为________个。

（4）如目前拉动配送每隔 1 分钟进行一次配送，即拉动配送周期为 1 分钟，每次拉动的“垫片”这种零件的配送量应为________个。

（四）问题与思考

（1）如果流水线的节拍需提升至 20 秒完成一次零件装配，相应的配送要素应如何调整才能够满足节拍变快后的零件配送的需求？（提示：可通过配送周期或拉动配送量的调整来满足节拍变快的要求。）

（2）你觉得在实训中还可以做哪些方面的改进来提升配送的质量与效率？

（五）实训结束

教师总结，每个小组按照要求做好 6S 整理。

四、教师评价与反馈

任务三 实施电子拉动配送

知识准备

一、智能电子拉动配送基础——电子拉动看板认知

电子看板系统被广泛应用于各种行业的生产制造企业，可以自动将生产数据、质量数据、异常信息等车间生产信息自动实时显示在车间的LED显示屏、液晶显示器或相关人员的电脑上，实现车间生产管理的数字化、透明化和可视化。

针对当前生产车间存在的问题，现推出了专门针对生产车间管理的一整套可视化电子看板系统，利用电子看板系统可对生产车间的信息进行目视管理，方便相关人员能及时了解整个生产进度、问题出现的情况等与生产相关的信息，从而提高生产效率。以下是电子看板系统的主要功能。

(1) 生产数据电子看板，可实时展示生产计划及完成数量；

(2) 产线工序电子看板，可及时展示产线各工位或各工序的生产信息；

(3) 物料电子看板，可及时展示物料状态信息；

(4) 设备电子看板，可实时显示设备的状态信息；

(5) 质量电子看板，可实时显示生产的产品质量合格率、不良率数据；

(6) 公司级管理看板，可实时显示所有生产计划执行过程的相关信息；

(7) 部门级管理看板，可实时显示部门所负责的相关生产任务执行信息；

(8) 班组级管理看板，可实时显示班组生产计划的完成情况；

(9) 其与OEE系统集成，可实现车间生产设备状态联网与集中管控、设备状态和生产数据的自动LED显示。

(10) 其与OEE系统的SPC软件集成，可实现产品质量数据的自动采集、分析判断及统计报警；

(11)与产线异常呼叫暗灯(ANDON)系统集成，可实现车间各工位任何异常的呼叫、短信发送、处理跟踪、异常分析、考核分析及车间LED显示管理。

二、智能电子看板的核心特点与作用

智能电子看板的核心特点是智能化、即时化、可视化，它是对可视管理等精益生产手段的进一步深化。它对不同层次的人员的作用如下。

管理层：随时随地掌握生产线上的所有状况。

车间主管：掌握所有生产线上的作业情况。

作业人员：了解前后工序的生产状况，按节拍进行生产，提高生产效率。

设备维护主管：及时掌握设备的运行状况，以及设备运行的整体效率(OEE)。

设备维修人员：即时获悉需要维修的设备所处的位置，及时进行维修。

QA主管：随时随地掌握各生产线的产品品质状况、良品率、缺陷分布情况。

QA工程师：对不良品率异常的工序进行分析，并进行改善。

仓库管理人员：预知生产线上的用料状况，避免缺料等情况的发生。

生产计划主管：将生产工作单及时提供给生产线，并随时掌握订单的完成状况，保证准时交货。

三、智能电子拉动配送系统的构成

智能电子拉动配送系统的核心是通过实现工厂的全面可视化、自动化管理，最终达到提高效率、降低成本及提高产品质量的目标，整体系统包含三大子系统：管理软件(如：智能看板控制软件，MES、SPC、IE工业工程软件等)；智能电子看板；数据采集装置(见图6.4)。

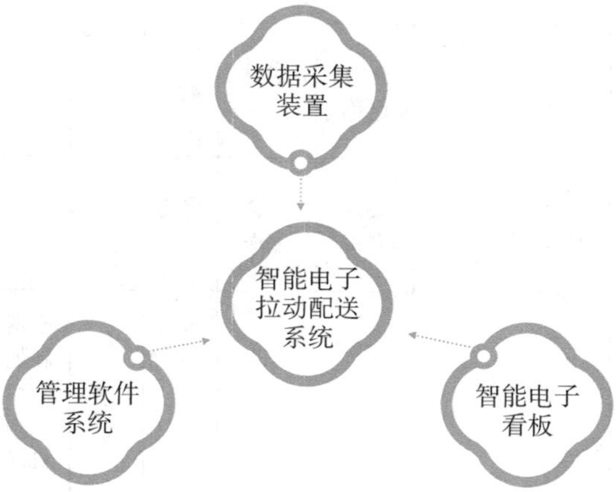

图6.4　智能电子拉动配送系统结构图

三个子系统在整个系统的角色分别是：管理软件是负责系统的数据分析工作，是系统的分析控制中心；智能电子看板负责将管理软件分析的结果广播出去；数据采集装置负责将信息采集到系统中，将所看到的信息输入到管理软件中进行分析。

应用管理软件是系统的核心部分，负责将收集到的数据进行分析，并得出结果，通过智能电子看板将结果广播出去。管理软件除了包含MES、SPC等软件系统外，也包括公司内部现有的软件系统。

智能电子看板系统是系统的广播系统，把管理软件系统中的分析结果、紧急信息向相关人员进行广播，第一时间使相关人员获悉相关信息，并紧急采取行动。

数据采集器是为解决工序中的自动数据采集，尤其是对于产量、不良品数量等计数值数据进行快速收集的数据采集设备。

物流“1+X”小贴士

拣选策略

拣选作业最简单的方式有按单分拣和批量分拣两种。总的来说，按单拣选作业方式弹性较大，临时性的产能调整较容易，话合订单大小差异较大、订单数量变化频繁、有季节性的配送中心(或仓库)；批量拣选作业方式通常用系统化、自动化设备，较难调整拣选能力，适合订单大、变化小、订单数量稳定的配送中心(或仓库)。

想一想：适合汽车零部件电子拉动配送的拣选策略有哪些？

四、实施电子拉动配送单据准备

实操演练小组需安排班长兼配送员、拣选员、流水线操作工、回收员 4 个角色，实训需要电子拉动配送标准化操作单、电子拉动配送作业观察记录表(见表 6.13 至表 6.20)。

表 6.13 配送员岗位标准化操作单

				安全	特性	推拉	工具	看	听	触摸	基本	选件	非破坏	车型	版本号
工位号	1	工位名称	物料配送	✚	◇ ⓥ	PP	TG	LT	FL F		●	□	★		1
要素序号	1	要素名称	物料配送	重要度	序号	主要步骤				要点				原因	
					1	根据物料配送信息，将物料配送到相应工位									
					2	送到相应工位后，操作手机确认成功配送到位									
					3	回收空箱到配送缓冲区，等待下一次配送任务									
					4	重复以上动作									

签名	操作工	班组长	工段长	技术审核/日期	批准/日期		要素时间	增值时间	非增值时间	步行时间	
1 班							13	0	10	3	
2 班							标记	处数	更改编号	签名	日期

表 6.14　拣选员岗位标准化操作单

				安全	特性	推拉	工具	看	听	触摸	基本	选件	非破坏	车型	版本号
工位号	2	工位名称	拉动拣选	✚	▽◇	PP	TG	LT	FL	F	●	□	★		1
要素序号	1	要素名称	拉动拣选	重要度	序号	主要步骤		要点							原因
					1	扫描工位二维码，做好岗前准备		注意物料需求。根据工位需求，拣选相应的物料送到配送缓冲区							
					2	根据生产线操作工的物流需求，进行物料拣选									
					3	将选好的物料送到相应的物料配送缓冲区									
					4	系统确认拣选完毕									
签名	操作工	班组长	工段长	技术审核/日期	批准/日期			要素时间				增值时间	非增值时间	步行时间	
1 班								13				0	10	3	
2 班								标记	处数				更改编号	签名	日期

表 6.15　流水线操作工标准化操作单

				安全	特性	推拉	工具	看	听	触摸	基本	选件	非破坏	车型	版本号
工位号	3	工位名称	生产线操作工	✚	▽◇	PP	TG	LT	LT	F	●	□	★		1
要素序号	1	要素名称	生产线操作工	重要度	序号	主要步骤	要点								原因
					1	扫描工位二维码，进入工作状态	物料低于最小存量时，应进行物料预警，向班长报告								
					2	按照工位任务进行螺母螺钉、垫片、密封圈的安装									
					3	物料快出现紧缺时，操作手机进行物料预警									
					4	接收配送员配送的物料，确认物料类别及数量									
签名	操作工	班组长	工段长	技术审核/日期	批准/日期					要素时间		增值时间	非增值时间	步行时间	
1 班										13		0	10	3	
2 班										标记	处数	更改编号	签名	日期	

表 6.16 回收员标准化操作单

<table>
<tr><td colspan="6"></td><td>安全</td><td>特性</td><td>推拉</td><td>工具</td><td>看</td><td>听</td><td>触摸</td><td>基本</td><td>选件</td><td>非破坏</td><td>车型</td><td>版本号</td></tr>
<tr><td>工位号</td><td>4</td><td colspan="2">工位名称</td><td colspan="2">回收员</td><td>■</td><td>▽◇</td><td>PP</td><td>TG</td><td>LT</td><td>LT</td><td>F</td><td>●</td><td>□</td><td>★</td><td></td><td>1</td></tr>
<tr><td>要素序号</td><td>1</td><td colspan="2">要素名称</td><td colspan="2">回收员</td><td>重要度</td><td>序号</td><td colspan="3">主要步骤</td><td colspan="6">要　点</td><td>原　因</td></tr>
<tr><td colspan="6" rowspan="2"></td><td rowspan="2"></td><td>1</td><td colspan="3">将完成的组件进行分类拆分</td><td colspan="6" rowspan="2"></td><td rowspan="2"></td></tr>
<tr><td>2</td><td colspan="3">将零件分类放入料箱；将料箱送回存储区</td></tr>
<tr><td>签名</td><td>操作工</td><td>班组长</td><td>工段长</td><td>技术审核/日期</td><td>批准/日期</td><td colspan="6" rowspan="3">位置 (L4) (L3) (L2) (L1) (CR) (C3) (C2) (CF) (R4) (R3) (R2) (R1)</td><td colspan="3">要素时间</td><td colspan="2">增值时间</td><td>非增值时间</td><td>步行时间</td></tr>
<tr><td>1 班</td><td></td><td></td><td></td><td></td><td></td><td colspan="3">13</td><td colspan="2">0</td><td>10</td><td>3</td></tr>
<tr><td>2 班</td><td></td><td></td><td></td><td></td><td></td><td colspan="3">标记</td><td>处数</td><td>更改编号</td><td>签名</td><td>日期</td></tr>
</table>

表 6.17 配送员作业观察记录表

日期：			作业者：		岗位	配送员	
序号	观察项目	观察要求	评分标准	第一次观察记录		第二次观察记录	
				评分	问题点	评分	问题点
第一部分	标准化作业	1. 操作步骤是否遵守标准操作书	满分 10 分，错、漏一个步骤扣 5 分				
		2. 操作要点是否遵守标准操作书(是否能根据生产线的需求配送物料，是否将物料送至正确的工位)	满分 10 分，错、漏一个要点扣 5 分				
		3. 操作时间是否≤8 分钟	满分 20 分，每超时 1 分钟扣 10 分				
第二部分	质量	4. 配送物料种类数量是否正确	数量正确 10 分 数量错误 0 分				
		5. 是否有送错物料	物料无误 10 分 拣错物料 0 分				
		6. 是否有漏送物料	拣选无误 10 分 漏拣物料 0 分				

（续表）

序号	观察项目	观察要求	评分标准	第一次观察记录		第二次观察记录	
				评分	问题点	评分	问题点
第三部分	职业素养（安全与6S）	7. 安全着装是否符合要求	满分 10 分，每一处不符点扣 10 分				
		8. 设备操作是否符合安全操作要求	满分 10 分，每一处不符点扣 10 分				
		9. 工具、设备和物料是否定置摆放，是否符合现场 6S 管理要求	满分 10 分，每一处不符点扣 5 分				
观察项目合计分							
作业观察综合评价 评价人签名：							
评价标准说明： （1）总分为 100 分，90 分以上为合格。 （2）两次观察以较低的一次作为评价结果。							

表 6.18 拣选员作业观察记录表

日期：			作业者：		岗位	拣选员	
序号	观察项目	观察要求	评分标准	第一次观察记录		第二次观察记录	
				评分	问题点	评分	问题点
第一部分	标准化作业	1. 操作步骤是否遵守标准操作书	满分 10 分，错、漏一个步骤扣 5 分				
		2. 操作要点是否遵守标准操作书（是否按需求拣选物料）	满分 10 分，错、漏一个要点扣 5 分				
		3. 操作时间≤5 分钟	满分 20 分，每超时 1 分钟扣 10 分				
第二部分	质量	4. 拣选零件数量是否正确	数量正确 10 分 数量错误 0 分				
		5. 是否拣错物料	物料无误 10 分 拣错物料 0 分				
		6. 物料装箱是否正确	拣选无误 10 分 装错 0 分				

（续表）

序号	观察项目	观察要求	评分标准	第一次观察记录		第二次观察记录	
				评分	问题点	评分	问题点
第三部分	职业素养（安全与6S）	7. 安全着装是否符合要求	满分10分，每一处不符点扣10分				
		8. 设备操作是否符合安全操作要求	满分10分，每一处不符点扣10分				
		9. 工具、设备和物料是否定置摆放，是否符合现场6S管理要求	满分10分，每一处不符点扣5分				
观察项目合计分							
作业观察综合评价 评价人签名：							
评价标准说明： (1) 总分为100分，90分以上为合格。 (2) 两次观察以较低的一次作为评价结果。							

表 6.19 流水线操作工作业观察记录表

日期：			作业者：		岗位	流水线操作工	
序号	观察项目	观察要求	评分标准	第一次观察记录		第二次观察记录	
				评分	问题点	评分	问题点
第一部分	标准化作业	1. 操作步骤是否遵守标准操作书	满分10分，错、漏一个步骤扣5分				
		2. 操作要点是否遵守标准操作书（物料低于最小库存时是否预警，是否按要求将物料放于流水线上，空箱是否按要求处理）	满分10分，错、漏一个要点扣5分				
		3. 操作时间是否≤5分钟	满分20分，每超时1分钟扣10分				
第二部分	质量	4. 使用物料数量是否正确	数量正确10分 数量错误0分				
		5. 是否有放错物料	物料无误10分 拣错物料0分				

（续表）

序号	观察项目	观察要求	评分标准	第一次观察记录		第二次观察记录	
				评分	问题点	评分	问题点
		6. 是否有漏放物料	拣选无误 10 分 漏拣物料 0 分				
第三部分	职业素养（安全与 6S）	7. 安全着装是否符合要求	满分 10 分，每一处不符点扣 10 分				
		8. 设备操作是否符合安全操作要求	满分 10 分，每一处不符点扣 10 分				
		9. 工具、设备和物料是否定置摆放，是否符合现场 6S 管理要求	满分 10 分，每一处不符点扣 5 分				
观察项目合计分							
作业观察综合评价 评价人签名：							
评价标准说明： (1) 总分为 100 分，90 分以上为合格。 (2) 两次观察以较低的一次作为评价结果。							

表 6.20　回收员作业观察记录表

日期：			作业者：		岗位	回收员	
序号	观察项目	观察要求	评分标准	第一次观察记录		第二次观察记录	
				评分	问题点	评分	问题点
第一部分	标准化作业	1. 操作步骤是否遵守标准操作书	满分 10 分，错、漏一个步骤扣 5 分				
		2. 操作要点是否遵守标准操作书（回收物料是否准确及时）	满分 10 分，错、漏一个要点扣 5 分				
		3. 操作时间是否≤5 分钟	满分 20 分，每超时 1 分钟扣 10 分				
第二部分	质量	4. 物料装箱数量是否正确	数量正确 10 分 数量错误 0 分				
		5. 是否有拣错物料	物料无误 10 分 拣错物料 0 分				

（续表）

<table>
<tr><th rowspan="2">序号</th><th rowspan="2">观察项目</th><th rowspan="2">观察要求</th><th rowspan="2">评分标准</th><th colspan="2">第一次观察记录</th><th colspan="2">第二次观察记录</th></tr>
<tr><th>评分</th><th>问题点</th><th>评分</th><th>问题点</th></tr>
<tr><td></td><td></td><td>6. 是否有漏拣物料</td><td>拣选无误 10 分
漏拣物料 0 分</td><td></td><td></td><td></td><td></td></tr>
<tr><td rowspan="3">第三部分</td><td rowspan="3">职业素养（安全与 6S）</td><td>7. 安全着装是否符合要求？</td><td>满分 10 分，每一处不符点扣 10 分</td><td></td><td></td><td></td><td></td></tr>
<tr><td>8. 设备操作是否符合安全操作要求？</td><td>满分 10 分，每一处不符点扣 10 分</td><td></td><td></td><td></td><td></td></tr>
<tr><td>9. 工具、设备和物料是否定置摆放，是否符合现场 6S 管理要求？</td><td>满分 10 分，每一处不符点扣 5 分</td><td></td><td></td><td></td><td></td></tr>
<tr><td colspan="4">观察项目合计分</td><td colspan="2"></td><td colspan="2"></td></tr>
<tr><td colspan="8">作业观察综合评价

评价人签名：</td></tr>
<tr><td colspan="8">评价标准说明：
(1) 总分为 100 分，90 分以上为合格。
(2) 两次观察以较低的一次作为评价结果。</td></tr>
</table>

学习工作页

“任务三　实施电子拉动配送”学习工作页

班级：__________　　学号：__________　　姓名：__________

一、任务描述

通过电子拉动配送单制作与沙盘模拟电子拉动配送的训练，学生对于电子拉动配送的流程与基本操作已经有了一定的认识，在此基础上本任务的主要学习内容是作为桂豪物流有限公司的物流班长，如何组织实施电子拉动配送，满足流水线装配的零部件需求，了解电子拉动现场常见问题及解决方法。

二、任务地点及使用的设施设备

任务地点：汽车零部件集配作业实训中心。

使用的设施设备：汽车零部件集配作业实训流水线、拉动存储料架 8 个、拉动周转料架 2 个、配送车 2 台、拉动配送电子看板。

三、任务过程

实训采用流水线现场模拟的方式，模拟流水线节拍为 30 秒，每次模拟演练的时间为 5 分钟。装配流水线工人用完一个包装物料时，利用系统发出物料消耗信息；拉动配送的拣选员根据系统显示的排序队列拣选物料，放置到对应的配送工位；配送员根据系统配送列表将物料装到配送小车，并按照指定的配送路线将物料送到流水线对应工位。学生按分组顺序轮流进行实操演练，每次 2 个组进行 1 次实操演练。

（一）岗位安排

实操训练每次 5 分钟，流水线节拍为 30 秒。实操演练小组需安排班长兼配送员、拣选员、流水线操作工、回收员 4 个角色；分组序号在后一位的小组作为作业观察组，负责观察评价实操演练小组操作。岗位安排表见表 6.21。

表 6.21　岗位安排表

小组	岗位	人数	岗位职责
实操演练小组	班长兼配送员	1	班组工作安排、组织和协调； 配送缓存区的同种零件满 2 箱后，将 2 箱零件放在配送小车上配送到指定流水线工位
	拣选员	1	按拉动配送看板的显示拣选零件，配送到配送缓存区
	操作工	1	将工位料架的零件放到传送带上，用完一箱零件扫描一次工位上的二维码
	回收员	1	将传送带上的零件放到料箱，送回存储区
作业观察组	观察员 1	1	对配送员进行作业观察、评分，并在作业观察表上记录
	观察员 2	1	对拣选员进行作业观察、评分，并在作业观察表上记录
	观察员 3	1	拍摄配送员操作视频
	观察员 4	1	拍摄拣选员操作视频

（二）实训过程

（1）按下表检查各岗位物料初始数量是否符合要求（见表 6.22）。

表 6.22　拉动配送——物料初始状态表

料架名称	料箱名称	数量	标准装箱数
螺母、螺栓料架	螺母 M8 料箱	6	2
	螺栓 M8 料箱	6	2

（续表）

料架名称	料箱名称	数量	标准装箱数
自攻螺钉、垫片料架	自攻螺钉料箱	6	2
	垫片料箱	6	2
密封圈、堵头料架	密封圈料箱	6	2
	堵头料箱	6	2
门板卡扣、中控面板卡扣料架	门板卡扣料箱	6	2
	中控面板卡扣料箱	6	2
物料拉动配送工位 A	螺母 M8 料箱	1	2
	螺栓 M8 料箱	1	2
	自攻螺钉料箱	1	2
	垫片料箱	1	2
	密封圈料箱	1	2
	堵头料箱	1	2
	门板卡扣料箱	1	2
	中控面板卡扣料箱	1	2
物料拉动配送工位 B	螺母 M8 料箱	1	2
	螺栓 M8 料箱	1	2
	自攻螺钉料箱	1	2
	垫片料箱	1	2
	密封圈料箱	1	2
	堵头料箱	1	2
	门板卡扣料箱	1	2
	中控面板卡扣料箱	1	2
螺母工位线旁料架	螺母 M8 料箱	2	2
螺栓工位线旁料架	螺栓 M8 料箱	2	2
自攻螺钉工位线旁料架	自攻螺钉料箱	2	2
垫片工位线旁料架	垫片料箱	2	2
密封圈工位线旁料架	密封圈料箱	2	2
堵头工位线旁料架	堵头料箱	2	2
门板卡扣工位线旁料架	门板卡扣料箱	2	2
中控面板卡扣料架	中控面板卡扣料箱	2	2

（2）按岗位安排表，模拟流水线装配的拉动配送。流水线节拍为 30 秒，5 分钟内完成 10 台车的拉动配送。超时和停线每一分钟扣 10 分。

（三）问题讨论

（1）如果流水线节拍提升到 15 秒，5 分钟内零件的配送和拣选的工作量将会有什么变化？线旁料架的最小库存量是否需要调整？为什么？

（2）谈一谈作为配送人员如何更好地服务于生产流程？

（四）实训总结

随机抽取 1 位同学代表小组汇报实训任务完成情况，小组其他成员补充，汇报完毕后将实训任务书、操作视频、作业观察表统一上交。

四、教师评价与反馈

任务四 职业素养训练：快速响应训练

知识准备

一、快速响应的概念

快速响应是一种全新的业务方式，它体现了技术支持的业务管理思想：即在供应链中，为了实现共同的目标，各环节间都应进行紧密合作。一般来说，供应链的共同目标包括两方面：一是提高顾客服务水平，即在正确的时间、正确的地点用正确的商品来响应消费者需求；二是降低供应链的总成本，增加零售商和制造商的销售和获利能力。

二、快速响应的意义

快速响应对于制造商和零售商都具有很重要的意义。对于制造商来说，快速响应改善了它的顾客服务，这种改善从根本上来说来自同零售商的良好合作关系。首先，长期的良好顾客服务会增加制造商的市场份额。其次，快速响应还能降低流通费用。由于将对顾客需求的预测和生产规划集成到了一起，就可以缩短库存周转时间，减少需要处理和盘点的存货，从而降低了流通费用。再次，管理费用可以从三个方面得到降低：因为不需要手工输入订单，所以提高了采购订单的准确率；减少了额外的发票；货物发出之前，仓库扫描运输标签并向零售商发出提前运输通知。最后，可以制订出更好的生产计划。由于可以对销售进行预测并能够得到准确的销售信息，制造商可以准确地安排生产计划。

对于零售商而言，快速响应的意义主要表现为顾客服务水平和获利能力的显著提高。快速响应利用条形码和 POS 扫描，使零售商能够跟踪各种商品的销售和库存情况，这样就能准确地跟踪存货情况，在库存真正降低时才订货。它们还可以降低订货周期，实施自动补货系统（也称厂商补货系统），运用存货模型来确定何时需要采购，最终提高销售额。商品采购成本是企业完成采购职能时发生的费用，其中包括订单准备、订单创建、订单发送及订单跟踪等。快速响应使这些业务流程大大简化，从而降低了采购成本。制造商使用运输标签后，零售商可以扫描这个标签，这样就减少了手工检查到货所发生的成本。总之，采用了快速响应的方法后，虽然单位商品的采购成本会增加很多，但通过频繁地小批量采购商品，顾客服务水平就会提高，零售商就更能适应市场的变化，同时其他成本也会降低，如库存成本和清仓削价成本等，最终提高了利润。

三、快速响应的实现——单件流生产

在精益生产中，将不能产生附加价值的诸如搬运、存储、检查等视为浪费，因此，缩短生产周期，提升快速响应能力的出发点就是要排除这些浪费。理想的方法就是从第一个工序一个一个地通过后面的工序，即所谓的单件流生产。

1. 单件流动

“单件流”生产的条件，首先是由单件流动开始的。单件流动就是做一个，传送一个，检查一个，将原材料经过一个个的加工工序做成成品。这种工作看起来很简单，其实并不简单，也没有一定的模式可循。

2. 按加工顺序排列设备

要注意的是，单件流生产并不要求将车间所有的设备都连起来，部分连接也是可取的，甚至对于特殊的工序，比如有多种产品需要使用的设备，或是比较昂贵的特殊设备，可能并不合适放在只生产某一个产品的生产线中，而是将其作为共用使用的设备。

3. 按节奏时间进行生产

产品并非生产越多越好，越快越好，应该根据市场的需求经常调整生产节奏。生产者需要关心的是“我们今天需要生产多少”，而不是“我们今天能生产多少”。

4. 培养多能工

很多公司虽然都运用U型生产线，但操作人员却是固定在某台设备上作业，这样的方式虽然能减少中间存货，但无法根据产量大小调整人数。

5. 使用小型、便宜的设备或辅助工具

这一点也是国内许多服装箱包企业感到困惑的地方。国内许多企业一直在追求大型的设备、通用(多功能)的设备，结果是治理起来困难，使用效率不高，或者造成半成品大量堆积。小型的设备移动起来方便，有利于根据市场的变化进行调整布局。我们曾经指导过的一家企业，使用价值30万元的一台全自动大型、高速的自动开袋设备，因为速度快，前工序组装只能按大批量提供，后工序也只能按大批量接收，导致中间半成品库存达1200件，并且生产周期要三天以上。我们建议使用开袋模板，并在实施一个流生产时布置到生产线中，使得中间半成品没有存货，生产周期只有5分钟，大幅度缩短了交货期。

6. “U”形布置

如果将生产设备一字摆开，工人从第一台设备到最后一台设备就需要走很远的距离，从而造成严重的人力浪费。因此，“单件流”生产要求将生产设备按照“U”字形来排列，从入口到出口形成一个完整的“U”字形，这样就可以大量的减少由于不同工序之间的传递而造成的走动，减少时间和搬运的浪费，提高生产效率。

7. 作业标准化

作业的标准化就是要求每一个岗位、每一道工序都有一份作业指导书，然后检查员工是否按照作业指导书的要求工作，这样就能强制员工严格按照既定的生产节拍进行生产。如果作业没有标准化，那么生产一个产品的时间就得不到控制，无法控制生产节拍，更无法保证形成“单件流”。

拓展阅读

中国汽车供应链的休克与再生

过去一段时间，多个中国汽车重镇接连遭遇疫情冲击，供应链几近休克，但从业者在努力复工的同时，也发现了涅槃再生的机会。

一、背景

“深圳、广州、长春、上海，中国的汽车产业重镇除了成渝和武汉，在春节后相继被疫情冲击，虽然看上去是上海的问题导致了汽车供应链当前的困境，但问题其实是逐渐累积的，上海只是压倒骆驼的最后一根稻草，当然，这根稻草有点重。”

这段话来自一位国内一级汽车供应商的管理者。的确，上海虽然是中国汽车重镇，占据着全国汽车10%以上的产量，是全国汽车供应链最为完善的城市，但是将当下中国汽车供应链的困境全部归因于上海疫情，无疑是不正确的。

摆脱困境，立竿见影的做法一定是打通物流，因为目前最困扰汽车供应链相关企业的问题是：就算能做到闭环生产，但原料运不进来，产品运不出去。这方面国家有关部门陆续出台了一些政策，比如上海的白名单制度，666 家首批上榜企业，与汽车相关的超过 250 家，占比四成左右，但从实际执行效果看，政策力度还不够，执行也有待完善。

二、中国汽车供应链存在的问题

中国汽车供应链的问题是逐渐累积的，这次的供应链困局看上去主要是多个汽车重镇轮番遭遇疫情冲击，导致整个供应链近乎休克，但中国汽车供应链的问题其实长期存在，只是过去近二十年行业高速增长，这些问题被掩盖了。

2018 年开始销量负增长，2020 年疫情暴发，将其中的部分问题暴露了出来，但是 2020 年下半年市场快速恢复，2021 年新能源车市场爆炸式增长，再次延缓了修正问题的步伐，这些才是导致当下汽车供应链困境的根本原因。

而在这一轮近乎休克的冲击下，中国汽车产业从业者在艰苦复工的同时，也在认真反思中国汽车供应链存在的问题，根据《财经十一人》与整车厂和供应商的沟通，发现问题集中在两个方面：

(1) 中国汽车供应链韧性不足，应对极限冲击能力差。

(2) 供应链企业技术含量低，成本优势是主要优势，甚至是唯一优势。

三、中国汽车供应链解决思路

供应链韧性此前曾被认为是中国汽车产业的优势，因为制造能力强，主机厂在采购时通常都能找到多个备份供应商，在应对冲击时有更大的腾挪空间。这一点在 2020 年开始的全球供应链危机中得到了较好的体现。但在面对这次的极限冲击时，其表现却恰恰相反，这引起了从业者的广泛反思。

整车厂在这一轮的危机中也认识到，此前的供应链管理方式需要调整，未来供应链健康度将长期偏低，对优质供应商给予更大力度的支持，对整个供应链的安全、成本控制有更加积极的作用。整车厂提升对供应商的支持力度，供应商也能将这种力度逐级传递，延伸到整条供应链。让供应链的上下级从过去争抢利润为主，转向共同协作为主，这是这一轮休克危机中，多数从业者对增强供应链韧性的共识。

另外一个提升供应链韧性的共识是继续加强供应链的本地化程度。两年来这种声音不曾间断，但一直是说得多做得少，但这次不同了。而且本地化进程加速还有一个积极作用，就是解决中国汽车供应链的另外一个重要问题，供应商企业技术含量普遍偏低，成本优势、价格优势几乎是唯一的竞争优势。这一问题并不是供应商企业单方面的问题，因为过去整车厂在选择供应商时，技术含量稍高的零部件，除非国内供应商价格优势超出 20%，否则基本不会予以考虑。这直接导致的结果就是国内供应商大多放弃了对高技术含量子系统的争夺，将主要精力全部放在成本优化、建立价格优势上。而现在的供应链危机则给了国内供应商新的机会。

近两年，中国供应商的上冲态势已经显现，根据美国《Automobile News》发布的全球汽车供应商企业百强名单，2021 年上榜的中国供应商企业已经达到 9 家，已经超越韩国，仅次于日、美、德。其中 1 家新上榜，8 家排名上升，最高排名的延锋排名为第 17 位。

资料来源：《中国汽车供应链的休克与再生》，https/mp.weixin.qq.com/s/qv8mb20XIeqCe_vA9Qn-2Q。

思考：

(1) 面对休克局面，中国汽车供应链应如何积极应对？

(2) 汽车供应商通过创新带来了哪些机遇？

学习工作页

“任务四　职业素养训练：快速响应训练”学习工作页

班级：__________　　学号：__________　　姓名：__________

一、任务描述

快速响应原来是大型零售商为获取市场份额进行全球竞争的工具，现在已成为所有商品制造商和中间商的标准战略行为。它意味着以更低的成本增加销售额、更好地对商品进行分类以及向客户提供优质的服务。本任务的主要内容是作为桂豪物流有限公司的物流班长，了解集配作业中快速响应的要求，学会如何解决整车厂生产线物流配送现场存在的问题，分析如何降低流水线的响应时间实现快速响应。

二、任务地点及使用的设施设备

任务地点：汽车零部件集配作业实训中心。

使用的设施设备：汽车零部件集配作业实训流水线、拉动存储料架 8 个、拉动周转料架 2 个、配送车 2 台、拉动配送电子看板。

三、任务过程

1. 实训操作

实训采用流水线现场模拟的方式，模拟流水线节拍为 30 秒，每次模拟演练的时间为 5 分钟。

寻找实训当中存在的浪费，填写表 6.23。

表 6.23 流水线七大浪费识别表

七大浪费类别	实训当中存在问题	解决办法
制造过多的浪费		
等待的浪费		
搬运的浪费		
加工的浪费		
库存的浪费		
动作的浪费		
制作不良的浪费		

2. 进行改进实训

3. 对比前后两次实训

请同学们对比前后两次实训，思考改进后响应速度提升了多少？

4. 问题讨论

请同学们思考并讨论如何降低流水线的响应时间，提升响应速度？

5. 实训总结

随机抽取 1 位同学代表小组汇报实训任务完成情况，小组其他成员补充，汇报完毕后学生将实训任务书、操作视频统一上交。

四、教师评价与反馈

课后习题

一、填空题

1. 电子拉动系统的物料需求信号从发出到处理、传输到接收，主要由以下四个部分构成：________、________、________、________。

2. 电子拉动相较传统的物料拉动方式，优势在于________，并可实时传输到可视终端。

3. ________是指流水线上连续出产两个相同产品之间的时间间隔。它决定了流水线的生产能力、生产速度和效率。

二、单选题

1. JPH 是(　　)。

A. 每小时产量　　B. 拉动配送周期

C. 拉动配送量　　D. 拉动周期

2. 管理软件是负责系统的数据分析工作，(　　)是系统的分析控制中心。

A. 智能电子看板　　B. 管理软件

C. 显示系统　　D. 数据分析系统

3. 拉动配送量＝(　　)×JPH×单车用量。

A. 每小时产量　　B. 拉动配送周期

C. 拉动周期　　D. 节拍

三、判断题

1. 智能电子拉动配送系统的核心是通过实现工厂的全面可视化、自动化管理，最终达到提高效率、降低成本及提高产品质量的目标，整体系统包含四大子系统。(　　)

2. 在精益生产中，将不能产生附加价值的诸如搬运、存储、检查等视为浪费，因此，缩短生产周期，提升快速响应能力的出发点就是要排除这些浪费。(　　)

3. “单件流”生产要求将生产设备按照“U”字形来排列，从入口到出口形成一个完整的“U”形，这样就可以大量地减少由于不同工序之间的传递而造成的走动，减少时间和搬运的浪费，提高生产效率。(　　)

四、简答题

1. 什么是电子拉动配送？简述电子拉动配送的流程。

2. 什么是快速响应？快速响应的意义是什么？

项 目 七

集配综合作业与改善

学习目标

1. 知识目标

(1) 掌握 PDCA 管理方法;

(2) 掌握价值流分析方法;

(3) 了解作业改善的常用方法;

(4) 掌握解决问题的方法。

2. 技能目标

(1) 能根据整车装配任务组织开展集配作业;

(2) 能运用 PDCA 方法管理集配作业;

(3) 能使用价值流分析法分析集配作业流程;

(4) 能编制集配作业改善提案。

3. 素质目标

(1) 在实训中养成认真细致、消除浪费的职业精神;

(2) 培养学生快速解决问题的能力、用户至上的服务精神。

项目导学

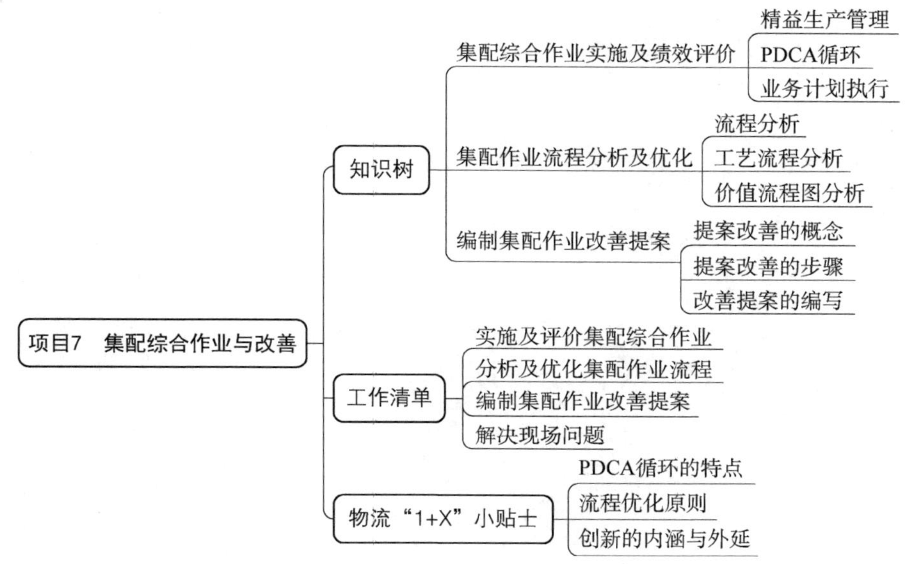

案例导入

汽车零部件集配作业综合运作与管理

整车装配线生产节拍短，往往要在1～3分钟内完成装配，与一般电商物流相比，汽车零部件集配作业对物料配送准时性和准确性要求更加苛刻，在汽车零部件集配作业的组织中，需要整车制造企业、集配物流服务企业、汽车零部件供应商等相关企业互通信息，协同运作，才能确保整车装配的顺利进行。

根据前面学习的内容，我们可以了解到桂豪物流有限公司作为零部件集配物流服务企业，需要根据整车制造企业凌云汽车有限公司的整车装配计划以及零部件供应的相关信息对零部件集配作业进行综合运作与管理，完成零部件的窗口接收，以及零部件在集配中心的存储规划，更换上线包装，根据不同零件的特点选择适合的配送方式配送上线等一系列工作，最终满足整车装配线的零部件配送需求。作为集配作业的整体组织者和协调者，桂豪物流有限公司必须在管理中解决以下问题：

在集配作业的现场运作中，应该采用怎样的管理模式？如何评价集配作业各环节的绩效？

针对集配作业的整体运作，管理人员可以采用什么方法分析运作流程中存在的问题？

针对集配作业的具体环节，如何进行改善与提高，降本增效？

作为桂豪物流有限公司的管理人员，在集配作业综合管理中常用的管理方法及工具有哪些？如何分析问题并提出改善措施？

任务一 集配综合作业实施及绩效评价

知识准备

一、精益生产管理

精益生产管理(lean production management)是衍生自丰田生产方式的一种管理哲学，是一种以客户需求为拉动，以消灭浪费和不断改善为核心，使企业以最少的投入获取成本和显著改善运作效益的一种全新的生产管理模式。麻省理工在一项名为“国际汽车计划”的研究项目中，通过大量调查对比发现，丰田公司的生产组织、管理方式是最适合现代制造业的生产方式，并将之称为精益生产。

精益生产管理是一种经营思想，它激励人们在所做的任何事情上消除浪费，在尽可能短的时间内对客户需求做出反应，从而使利润最大化。其核心是消除一切无效劳动和浪费，它把目标定在尽善尽美上。精益生产管理现已被推广到全世界，成为汽车制造业最常用的一种管理模式。

借鉴整车厂的精益生产管理体系，桂豪物流有限公司确立了本公司的精益生产管理体系(见图 7.1)：为了赢得客户的热忱(无论是内部还是外部的客户)，管理的具体目标应包括安全、质量、效率、成本、人员五个方面，目标的背后是管理的原则，要实现管理的具体目标，需要流畅制造、制造质量、全员参与、标准化、信息化、持续改进六项原则的支持。

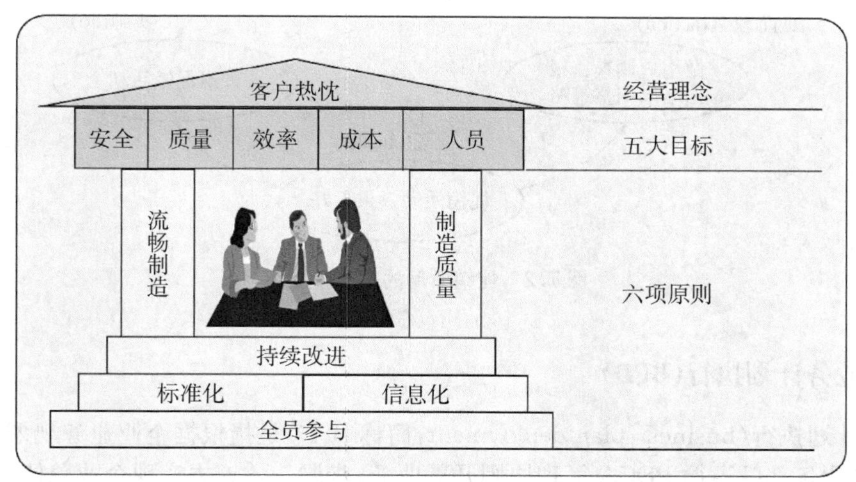

图 7.1 精益生产管理体系

二、PDCA 循环

PDCA 循环是沃尔特・A. 休哈特(Walter A. Shewhart)首先提出的,由戴明(Deming)采纳、宣传,获得普及,所以又称戴明环。PDCA 循环的含义是将质量管理分为四个阶段,即计划(plan)、执行(do)、检查(check)和处理(act)。其中:

计划:它是指计划目标及完成目标的策略;

实施:它是指按计划安排工作;

检查:它是指定期检查计划目标是否达成;

处置/改善:它是指根据检查的结果,达标的话则继续努力或提高要求;不达标则分析原因,改变计划或采取措施。

将 PDCA 循环应用于企业的管理活动中,即按照做出计划、计划实施、检查实施效果、处置/改善四个阶段开展管理活动。

案例:PDCA 循环应用于汽车促销活动的管理。

某汽车企业本季度汽车销售情况不好,销售部决定开展促销活动促进汽车销售,应用 PDCA 循环管理这次促销活动需要开展以下四个环节的工作。

计划:编制促销活动计划;

实施:实施计划,开展促销;

检查:检查促销效果,判断促销目标是否达成;

处置/改善:如结果显示促销效果不好,开展用户调查,根据调查的结果调整促销的策略与方法。

这个管理的过程就是一个典型的 PDCA 循环(见图 7.2)。

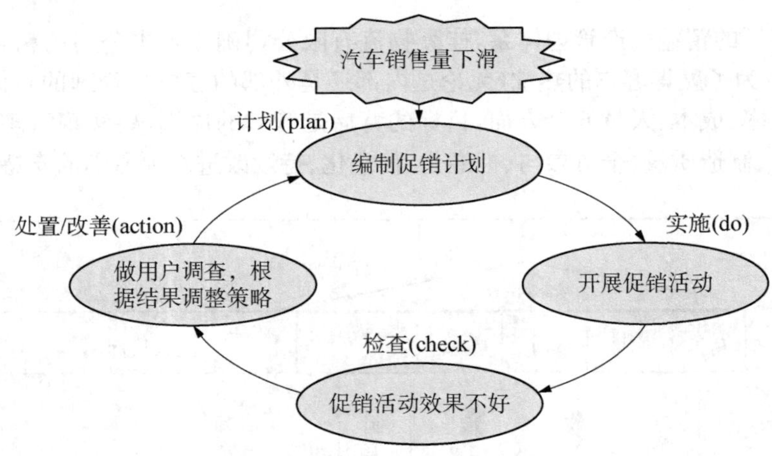

图 7.2 促销活动的 PDCA 循环

三、业务计划执行(BPD)

业务计划执行(business plan deployment,简称 BPD)是指根据企业业务规划,理清思路与方法,协调各部门遵循 PDCA 管理原则开展业务,步调一致地去实现企业总体目标的标准化业务管理流程。车间业务计划由公司宗旨、使命、目标分解而来，并层层分解下去，按业务计划分解逐层运行(见图 7.3)。

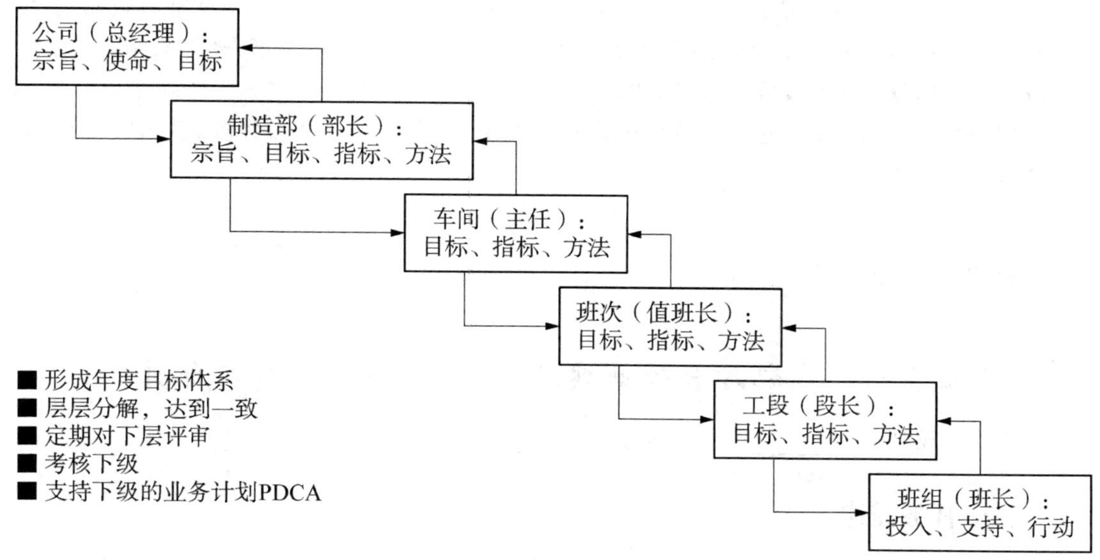

图 7.3　业务计划的分解

物流“1+X”小贴士

PDCA 循环的特点

1. 大环套小环，小环保大环，互相促进，推动大循环

整个企业构成一个大的质量管理循环，而各部门、各级管理层又有各自的 PDCA 小循环，依次又有更小的 PDCA 循环，直至落实到个人。管理循环的转动，不是个人的力量，而是组织的力量、集体的力量，是整个企业全员推动的结果。把企业各项工作通过循环有机结合起来，彼此协调，互相促进。

2. PDCA 循环是爬楼梯上升式的循环，每转动一周，质量就提高一步

PDCA 的四个阶段周而复始地不停转动，而每一次转动都有新的内容与目标。每循环一次，就意味着前进了一步。在质量管理上，经过一次循环，就意味着解决了一批质量问题，质量水平就有了新的提高。

3. PDCA 储环是综合性的循环

全面质量管理的四个阶段是相对的。它们之间不是截然分开，而是紧密衔接、交叉存在的。在实际管理工作中，各方面管理的计划、执行、检查、处理同时交错进行的情况是常有的。因此，全面质量管理过程实际上是一个纵横交错、综合循环发展的过程。

4. 推动 PDCA 循环的关键是“处理”阶段

“处理”是 PDCA 循环中的最后一个阶段，就是总结经验、肯定成绩、纠正错误，以利再战。这是 PDCA 循环之所以上升、前进的关键。如果只有前三个阶段，而没有将成功的经验和失败的教训纳入有关标准、制度和规定的考量中，就不能巩固成绩、吸取教训，也就不能防止同类问题的再度发生。因此，推动 PDCA 循环，一定要始终如一地抓好这个阶段。

想一想：完成项目 6 电子拉动配送的任务作业后，你吸取了什么经验、教训？之后你是怎么改进的？

学习工作页

“任务一　集配综合作业实施及绩效评价”学习工作页

班级：__________　　学号：__________　　姓名：__________

一、任务描述

经过前面的学习，我们已经对集配作业的各个环节有了一定的了解，本次任务我们需要根据整车装配线的日装配计划，确定零部件需求，完成装配所需零部件的接收，并按装配计划完成零部件的配送上线，完成整个集配综合作业的计划安排并实施配送；同时，以 SPS 配送班组为例，编写 PDCA 管理文件，对 SPS 配送进行绩效检查与评价，学习 PDCA 循环在集配作业管理中的应用。任务描述及资料如下：

桂豪物流有限公司集配中心，需按照整车装配线装车计划（见表 7.1）的要求，确定零部件的物料需求，完成零部件的接收及配送上线的任务，满足装配线装车的需求，保证装配线的顺利运转、不停线。

表 7.1　整车装配线的日装配计划

主生产计划（2021 年 8 月 24 日周二） (1) 整车装配所需的零部件需提前一天送到零部件集配中心； (2) 装配流水线节拍为 2 分钟；		
产品代码	名称	计划数量
MPVWLHGSBS	云鹏 6550 白色标准型	10
MPVWLHGSHS	云鹏 6550 灰色标准型	0
MPVWLHGSZL	云鹏 6550 棕色舒适型	10
MPVBJ730HS	云龙 730 灰色标准型	10
MPVBJ730ZL	云龙 730 棕色舒适型	0

各车型的 BOM 表见表 7.2。

表 7.2 各车型的 BOM 表

BOM 表				
产品代码	产品名称	物料代码	物料名称	单位数
MPVWLHGSBS	云鹏 6550 白色标准型	MPVWLHGSNSZQSB0	云鹏 6550 左前门装饰板	1
		MPVWLHGSDLHD150	云鹏 6550 换挡机构 1.5L	1
		MPVWLHGSWGHBXGB	云鹏 6550 后保险杠 白色	1
		MPVWLHGSFJZHSJB	云鹏 6550 左后视镜 白色	1
		MPVWLHGSFJZQBS0	云鹏 6550 左前门把手	1
		MPV00000FJQG150	前雨刮器 15 寸	2
		MPV00000FJJL150	机油滤清器 1.5L	1
		MPVWLHGSFJZQMF0	云鹏 6550 左前门密封条	1
		MPVWLHGSFJZHMF0	云鹏 6550 中门密封条	1
		MPV00000BZLSM80	螺栓 M8	2
		MPV00000BZLMM80	螺母 M8	2
		MPV00000BZDPM80	垫片 M8	2
		MPV00000BZMFQ00	密封圈	2
		MPV00000BZDT000	堵头	2
MPVWLHGSHS	云鹏 6550 灰色标准型	MPVWLHGSNSZQSB0	云鹏 6550 左前门装饰板	1
		MPVWLHGSDLHD150	云鹏 6550 换挡机构 1.5L	1
		MPVWLHGSWGHBXGH	云鹏 6550 后保险杠 灰色	1
		MPVWLHGSFJZHSJH	云鹏 6550 左后视镜 灰色	1
		MPVWLHGSFJZQBS0	云鹏 6550 左前门把手	1
		MPV00000FJQG150	前雨刮器 15 寸	2
		MPV00000FJJL150	机油滤清器 1.5L	1
		MPVWLHGSFJZQMF0	云鹏 6550 左前门密封条	1
		MPVWLHGSFJZHMF0	云鹏 6550 中门密封条	1

（续表）

产品代码	产品名称	物料代码	物料名称	单位数
		MPV00000BZLSM80	螺栓 M8	2
		MPV00000BZLMM80	螺母 M8	2
		MPV00000BZDPM80	垫片 M8	2
		MPV00000BZMFQ00	密封圈	2
		MPV00000BZDT000	堵头	2
MPVWLHGSZL	云鹏 6550 棕色标准型	MPVWLHGSNSZQSB0	云鹏 6550 左前门装饰板	1
		MPVWLHGSDLHD180	云鹏 6550 换挡机构 1.8L	1
		MPVWLHGSWGHBXGZ	云鹏 6550 后保险杠 棕色	1
		MPVWLHGSFJZHSJZ	云鹏 6550 左后视镜 棕色	1
		MPVWLHGSFJZQBS0	云鹏 6550 左前门把手	1
		MPV00000FJQG150	前雨刮器 15 寸	2
		MPV00000FJJL180	机油滤清器 1.8L	1
		MPVWLHGSFJZQMF0	云鹏 6550 左前门密封条	1
		MPVWLHGSFJZHMF0	云鹏 6550 中门密封条	1
		MPV00000BZLSM80	螺栓 M8	2
		MPV00000BZLMM80	螺母 M8	2
		MPV00000BZDPM80	垫片 M8	2
		MPV00000BZMFQ00	密封圈	2
		MPV00000BZDT000	堵头	2
MPVBJ730HS	云龙 730 灰色标准型	MPVBJ730NSZQSB0	云龙 730 左前门装饰板	1
		MPVBJ730DLHD150	云龙 730 换挡机构 1.5L	1
		MPVBJ730WGHBXGH	云龙 730 后保险杠 灰色	1
		MPVBJ730FJZHSJH	云龙 730 左后视镜 灰色	1
		MPVBJ730FJZQBS0	云龙 730 左前门把手	1

（续表）

产品代码	产品名称	物料代码	物料名称	单位数
		MPV00000FJQG150	前雨刮器 15 寸	2
		MPV00000FJJL150	机油滤清器 1.5L	1
		MPVBJ730FJZQMF0	云龙 730 左前门密封条	1
		MPVBJ730FJZHMF0	云龙 730 中门密封条	1
		MPV00000BZLSM80	螺栓 M8	2
		MPV00000BZLMM80	螺母 M8	2
		MPV00000BZDPM80	垫片 M8	2
		MPV00000BZMFQ00	密封圈	2
		MPV00000BZDT000	堵头	2
MPVBJ730ZL	云龙 730 棕色舒适型	MPVBJ730NSZQSB0	云龙 730 左前门装饰板	1
		MPVBJ730DLHD180	云龙 730 换挡机构 1.8L	1
		MPVBJ730WGHBXGZ	云龙 730 后保险杠 棕色	1
		MPVBJ730FJZHSJZ	云龙 730 左后视镜 棕色	1
		MPVBJ730FJZQBS0	云龙 730 左前门把手	1
		MPV00000FJQG220	前雨刮器 22 寸	2
		MPV00000FJJL180	机油滤清器 1.8L	1
		MPVBJ730FJZQMF0	云龙 730 左前门密封条	1
		MPVBJ730FJZHMF0	云龙 730 中门密封条	1
		MPV00000BZLSM80	螺栓 M8	2
		MPV00000BZLMM80	螺母 M8	2
		MPV00000BZDPM80	垫片 M8	2
		MPV00000BZMFQ00	密封圈	2
		MPV00000BZDT000	堵头	2

注：由于篇幅限制，表中只列出了实训中涉及的零部件。

二、任务地点及使用设施设备

任务地点：汽车零部件集配作业实训中心。

使用的设施设备：集配作业实训集成系统、生产线体、拉动存储料架、配送车、拉动配送电子看板、SPS流利货架、SPS配送上线系统、分拣指示系统、AGV小车、大件物料排序专用料架、汽车零部件等。

三、任务过程

1. 编制集配综合作业计划

请扫二维码下载集配综合作业实训任务书，按以下要求完成实训任务书的编制。

(1) 根据所给的整车装配线日装配计划确定零部件的物料需求计划(假设所有零件的安全库存为0)；

(2) 根据供应商信息编制窗口接收计划；

(3) 为接收的零部件安排存储库位；

(4) 根据PFEP表确定各零部件的配送方式，编制相应的配送单据；

(5) 其他必要的计划安排。

实训任务书7.1 集配综合作业实训任务

2. 集配综合作业计划实操训练

按计划安排进行实操演练，分为流水线装配班组(12人)、窗口接收班组(6人)、SPS配送班组(5人)、排序配送班组(5人)、拉动配送班组(5人)进行。

3. 编制SPS配送班组PDCA循环管理文件

根据桂豪物流有限公司的精益生产管理体系，管理的具体目标应包括安全、质量、效率、成本、人员五个方面。请分组讨论，如要对SPS配送班组进行管理，在安全、质量、效率、成本、人员这5个目标上应该设定哪些指标？怎么检查？请填入SPS配送班组PDCA循环检查表中(见表7.3)。

表7.3 SPS配送班组PDCA循环检查表

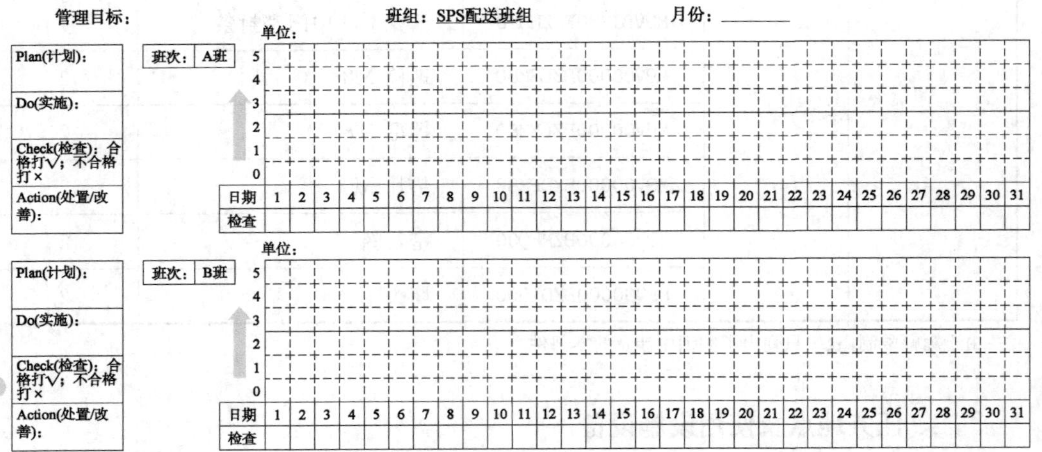

管理目标：　　班组：SPS配送班组　　月份：________

Plan(计划)：

Do(实施)：

Check(检查)：合格打√；不合格打×

Action(处置/改善)：

班次：A班　　单位：

5 4 3 2 1 0

日期	1	2	3	4	5	6	7	8	9	10	11	12	13	14	15	16	17	18	19	20	21	22	23	24	25	26	27	28	29	30	31
检查																															

Plan(计划)：

Do(实施)：

Check(检查)：合格打√；不合格打×

Action(处置/改善)：

班次：B班　　单位：

5 4 3 2 1 0

日期	1	2	3	4	5	6	7	8	9	10	11	12	13	14	15	16	17	18	19	20	21	22	23	24	25	26	27	28	29	30	31
检查																															

四、拓展讨论

请分组讨论：班组长应如何根据 PDCA 循环管理的要求，对整个班组集配作业进行有效的管理，确保管理目标的实现？

五、教师评价与反馈

任务二 集配作业流程分析及优化

知识准备

一、流程分析概述

流程分析即分析、调查制造流程，找出其中浪费、不均匀、不合理的地方，进而进行改善。流程分析的目的是改善现有流程的工作程序、方法，增加净作业比例及有附加价值之作业，以提高工作效率，在分析改善的基础上建立新的流程。

制造企业流程分析改善的方法有很多种，如工艺流程分析、搬运流程分析、联合工程分析、价值流程图分析等，本任务我们主要学习的是较常用的两种方法：工艺流程分析及价值流图分析。

二、工艺流程分析

1. 工艺流程分析

工艺流程分析是指以生产系统或工作系统为研究对象，对生产系统全过程进行的概略分析，它是从宏观上发现问题，为进一步的流程程序分析和路径分析做准备的一种分析方法。

流程分析的步骤包括：

(1) 现状调查；

(2) 绘出现状流程图；

(3) ECRS 分析，提出改善措施，消除浪费；

(4) 绘出改善后流程图；

(5) 改善效果评价；

(6) 实施及优化。

2. 流程分析图(表)

流程分析图(表)是工艺流程分析中主要使用的分析工具，它的作用是可将工作的基本资料，如搬运路线与距离、操作时间、设备、工作方法、使用的材料与工具等，具体、清晰地显示出来，进而明确地把握问题的所有现象，以有效地进行改善。流程分析图(表)样例见表 7.4。

表 7.4　流程分析图(表)样例

<table>
<tr><td colspan="14">流程分析记录表</td></tr>
<tr><td>工作场所</td><td colspan="2"></td><td colspan="2">记录日期</td><td colspan="3"></td><td>记录人员</td><td colspan="5"></td></tr>
<tr><td>分析项目：</td><td>改进建议：</td><td>结论：</td><td colspan="11">方案对比</td></tr>
<tr><td rowspan="9"></td><td rowspan="9"></td><td rowspan="9"></td><td colspan="2" rowspan="2">工序</td><td colspan="3">原方案</td><td colspan="3">新方案</td><td colspan="3">比较结果</td></tr>
<tr><td>次数</td><td>时间</td><td>距离</td><td>次数</td><td>时间</td><td>距离</td><td>次数</td><td>时间</td><td>距离</td></tr>
<tr><td colspan="2">加工</td><td></td><td></td><td></td><td></td><td></td><td></td><td></td><td></td><td></td></tr>
<tr><td colspan="2">搬运</td><td></td><td></td><td></td><td></td><td></td><td></td><td></td><td></td><td></td></tr>
<tr><td colspan="2">储存</td><td></td><td></td><td></td><td></td><td></td><td></td><td></td><td></td><td></td></tr>
<tr><td colspan="2">停放</td><td></td><td></td><td></td><td></td><td></td><td></td><td></td><td></td><td></td></tr>
<tr><td colspan="2">检查</td><td></td><td></td><td></td><td></td><td></td><td></td><td></td><td></td><td></td></tr>
<tr><td rowspan="2">合计</td><td>时间：</td><td colspan="3"></td><td colspan="3"></td><td colspan="3"></td></tr>
<tr><td>距离：</td><td colspan="3"></td><td colspan="3"></td><td colspan="3"></td></tr>
</table>

<table>
<tr><td colspan="2">改善前作业流程</td><td rowspan="2">距离</td><td rowspan="2">时间</td><td rowspan="2">人员</td><td colspan="5">工序</td><td rowspan="2">使用物品、工具</td><td rowspan="2">存在问题改进设想</td><td colspan="4">措施</td><td rowspan="2">改进措施说明</td></tr>
<tr><td>序号</td><td>工序说明</td><td>加工</td><td>搬运</td><td>储存</td><td>停放</td><td>检查</td><td>取消</td><td>合并</td><td>变更</td><td>简化</td></tr>
<tr><td>1</td><td></td><td></td><td></td><td></td><td>○</td><td>→</td><td>D</td><td>▽</td><td>▭</td><td></td><td></td><td></td><td></td><td></td><td></td><td></td></tr>
<tr><td>2</td><td></td><td></td><td></td><td></td><td>○</td><td>→</td><td>D</td><td>▽</td><td>▭</td><td></td><td></td><td></td><td></td><td></td><td></td><td></td></tr>
<tr><td>3</td><td></td><td></td><td></td><td></td><td>○</td><td>→</td><td>D</td><td>▽</td><td>▭</td><td></td><td></td><td></td><td></td><td></td><td></td><td></td></tr>
<tr><td>4</td><td></td><td></td><td></td><td></td><td>○</td><td>→</td><td>D</td><td>▽</td><td>▭</td><td></td><td></td><td></td><td></td><td></td><td></td><td></td></tr>
<tr><td>5</td><td></td><td></td><td></td><td></td><td>○</td><td>→</td><td>D</td><td>▽</td><td>▭</td><td></td><td></td><td></td><td></td><td></td><td></td><td></td></tr>
<tr><td>6</td><td></td><td></td><td></td><td></td><td>○</td><td>→</td><td>D</td><td>▽</td><td>▭</td><td></td><td></td><td></td><td></td><td></td><td></td><td></td></tr>
<tr><td>7</td><td></td><td></td><td></td><td></td><td>○</td><td>→</td><td>D</td><td>▽</td><td>▭</td><td></td><td></td><td></td><td></td><td></td><td></td><td></td></tr>
</table>

流程分析图(表)中常用的符号见表 7.5。

表 7.5　流程分析图(表)中常用的符号

符号	意义	说明
○	操作	凡一件物品或目标经有意地改变其物理或化学性质，此改变性质的过程称为操作
⇨	搬运或运输	它是指改变物品位置，由一处移至另一处，但其移动，如为操作或检验所附带发生者，则非搬运

(续表)

符号	意义	说明
□	检验	为鉴定物品的性质与规格之异同,比较或证明其数量及品质的,称之为检验
D	暂存或等待	它是指由于预定的下一行动(如操作、搬运、检验)未马上发生,而产生的时间空当。此空档是在非必要或非控制情况下产生的
▽	储存	它是指物品的保存或维持,但此行动是在可控制的状态下进行的

3. ECRS 分析

ECRS 分析是指通过取消(elimination)、合并(combination)、重排(rearrangement)、简化(simplification)对流程进行优化的一种分析方法。其中 E 是指取消,C 是指合并,R 是指重排,S 是指简化。其具体内容包括以下几个方面。

1) 取消(E)

对任何工作首先要问:为什么要干?能否取消?取消为改善的最佳效果,如取消不必要的工序、操作。这是不需要投资的一种改进,是改进的最高原则。

2) 合并(C)

对于无法取消而又必要者,看是否能合并,以达到省时简化的目的。如将多个方向突变的动作合并,形成一个方向的连续动作;合并一些工序或动作,或将由多人于不同地点从事的不同操作,改为由一人或一台设备完成等。

3) 重排(R)

经过取消、合并后,再根据"何人、何处、何时"三问进行重排,使其能有最佳的操作顺序,除去重复事项,实现办事有序的目的。

4) 简化(S)

简化是指考虑能否采用最简单的方法及设备,以节省人力、时间及费用。

三、价值流程图分析

1. 价值流

价值流是指将原材料转变为成品并给它赋予价值的全部活动,包括将从供应商处购买的原材料送达企业,企业对其进行加工后转变为成品再交付客户的全过程,企业内以及企业与供应商、客户之间的信息沟通形成的信息流也是价值流的一部分。一个完整的价值流包括增值和非增值活动,如供应链成员间的沟通、物料的运输、生产计划的制订和安排,以及从原材料到产品的物质转换过程等。

2. 增值与非增值

顾客愿意为之买单的物品、活动、服务,就是精益生产所说的"价值"。价值是由最终用户来确定的,而价值也只有由具有特定价格、能在特定时间内满足用户需求的特定产品(商品、服务或两者结合)来表达时才有意义。

增值活动是指直接为顾客创造价值的活动,即生产顾客需要的产品,提供顾客需要的服务。

非增值活动包括必要但非增值活动和不必要的非增值活动两种。必要但不增值活动是指那些不创造价值，但是产品开发、补充订货、生产系统还有需要，因而不能马上取消的活动。不必要的非增值活动是纯粹的浪费，它包含那些不能创造用户所能接受的价值，并且可以立即取消的活动。客户是不愿意为非增值活动付费的。

例如：对于汽车整车的生产，在流水线的组装过程是增值活动，客户是愿意为这种增值活动付费的；设备维护、零部件或成品检验属于必要但非增值活动，而返工、等待、库存等则属于不必要的非增值活动（即浪费）。

可以用三个标准区分企业的增值和非增值活动：

(1) 顾客愿意为活动买单。

(2) 活动必须以一定的方式改变产品或服务。

(3) 活动必须从一开始就要做对。

在制造业的制造过程中，增值活动约占企业生产和经营活动的 5%，必要但非增值活动约占 60%，其余 35%为浪费。

3. 价值流程图分析

价值流程图（value stream mapping，简称 VSM）是精益生产管理中一种用来描述物流和信息流的形象化工具。它运用精益制造的工具和技术来帮助企业理解和优化生产流程，可以作为管理人员、工程师、生产制造人员、流程规划人员、供应商以及顾客发现浪费、寻找浪费根源的起点。价值流程图分析的目的是为了辨识和减少生产过程的浪费。

价值流程图分析可以分解为四个步骤：

(1) 第一步：现状调查。

选定典型的产品作为调查分析的对象，对产品的整个生产过程进行现状调查，深入了解生产过程中的组织、物流和信息流转化流动的过程。

(2) 第二步：绘制价值流现状图。

绘制选定产品的价值流现状图，绘制过程中涉及的主要部门的人员尽可能同时参与，并要达成共识，确保所绘现状图能准确反映生产现状。

(3) 第三步：现状分析。

按以下步骤对价值流现状图进行分析。

① 了解客户的需求；

② 研究生产流程中的每一个环节，从下游追溯到上游，直至供应商；

③ 分析每个环节的增值活动及非增值活动；

④ 分析物流及信息流转化流动的过程；

⑤ 识别浪费并分析其原因。

(4) 第四步：绘制价值流未来状态图。

在现状分析的基础上分析需要改善的环节，寻找浪费，采取措施消除浪费，绘制未来的状态图，制订一个基于价值流未来状态图的实施计划并实施。计划实施后，应移到下一个价值流分析环，重复第一步、第二步的步骤，持续改进。

4. 价值流程图的绘制

1) 价值流程图常用的图标

绘制价值流程图常用的图标见表 7.6。

表 7.6 绘制价值流程图常用的图标

含义	图例	含义	图例
生产过程	XY车间	先进先出顺序流动	最大20件 FIFO →
外部供应商	XYZ公司	推动箭头	
数据箱	生产时间= 换模具时间= 3班 2%的废品	成品向顾客移动	
库存	工 每天300件	手动信息流	
货车运送	周一 周三	电子信息	
负荷平衡盒	OXOX	操作工	
取货看板		顺序拉动环	
生产看板		缓存或备用库存	
看板符号		物料超市	
看板位置		计划	每周计划

2）绘制价值流程图的步骤

参考价值流程图模板(见图 7.4)，按以下步骤绘制价值流程图，并填写数据。

第一步：了解客户的需求，在价值流程图的右上角绘制客户需求部分，填写数据。

第二步：根据产品的生产流程，在价值流程图的中部绘制生产过程的主要环节，填写数据。

第三步：根据生产过程中信息流、物流转变流动的情况，用箭头将信息流和物流绘制在价值流程图中。

第四步：根据各环节的时间要求在价值流程图的底部绘制时间线，填写数据。

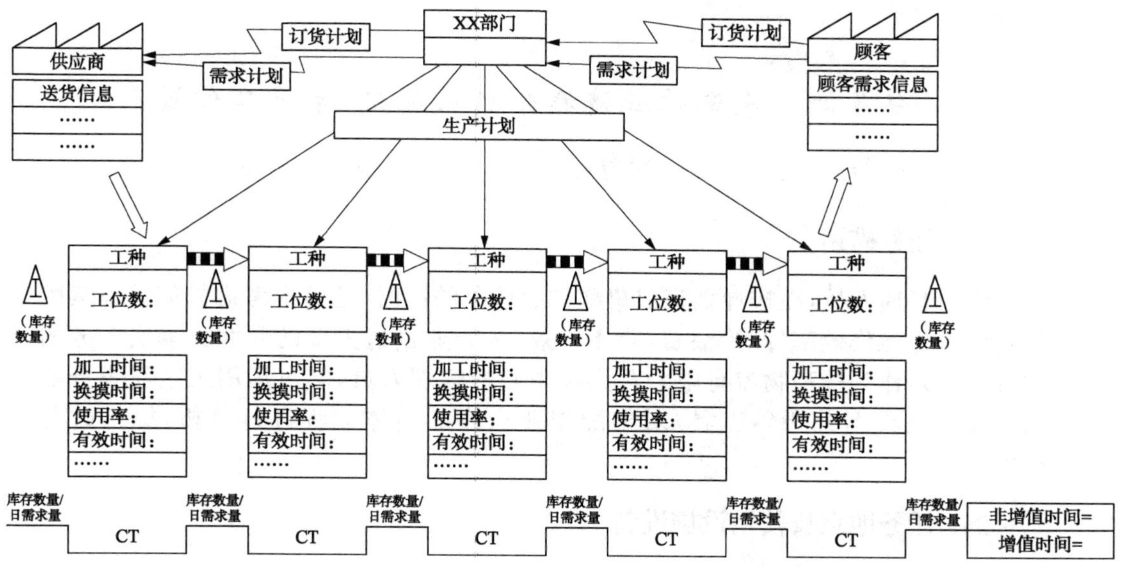

图 7.4　价值流程图参考模板

物流“1+X”小贴士

流程优化原则

业务流程改进与实施是系统性、周期性的工作。企业需要根据环境、对手、市场、客户需求等因素变化，进行适应性的调整、变单，并不断推进业务流程持续优化。业务流程优化的原则可以归纳为“3S”原则。

1. 简单化(simplification)

流程执行的本质是简单化，在制订流程之前把复杂的问题解决掉，把简单的流程坚持执行下来就是不简单。

2. 标准化(standardization)

凡是能量化的则量化,能明确的则明确(5W2H 法则),能标准的则标准。

3. 具体化(specialization)

关注原则,如运营的基本依据、流程执行的约束力;关注细节,如具体的运行环节,使之可以被考核、被感知;关注执行,必须通过一套系统/体系使得原则和细节得到落实和执行。

想一想:你做到了吗?

学习工作页

"任务二　集配作业流程分析及优化"学习工作页

班级:__________　　学号:__________　　姓名:__________

一、任务描述

作为管理人员,在按计划完成集配作业任务的同时,还需要考虑如何提高集配作业的整体运作效率,减少浪费,降本增效,为企业创造更多的利润。本次任务的主要内容是作为桂豪物流有限公司集配中心的管理人员,学习运用工艺流程分析法和价值流程图分析等工具,对集配作业运作的整体流程进行分析,提出改善措施。

二、任务地点及使用设施设备

任务地点:汽车零部件集配作业实训中心。

使用的设施设备:集配作业实训集成系统、生产线体、拉动存储料架、配送车、拉动配送电子看板、SPS 流利货架、SPS 配送上线系统、分拣指示系统、AGV 小车、大件物料排序专用料架、汽车零部件,白纸、铅笔,尺子等。

三、任务过程

1. 工艺流程分析

按以下要求针对集配作业综合实训中的后保险杠的排序配送上线环节进行现场调查,开展工艺流程分析。

第一步:现场调查后保险杠的排序配送上线可以分解为几个工序,将工序名称填入流程分析记录表(见表 7.7);

第二步:调查各工序的工作所需要的时间,测量移动的距离,填入流程分析记录表;

第三步:针对各工序的工作内容进行分析,寻找存在的问题,通过取消(elimination)、

表 7.7　流程分析记录表

<table>
<tr><td colspan="14">流程分析记录表</td></tr>
<tr><td>工作场所</td><td colspan="2"></td><td colspan="2">记录
日期</td><td colspan="3"></td><td>记录
人员</td><td colspan="5"></td></tr>
<tr><td>分析项目：</td><td>改进建议：</td><td>结论：</td><td colspan="11">方案对比</td></tr>
<tr><td rowspan="9"></td><td rowspan="9"></td><td rowspan="9"></td><td colspan="2" rowspan="2">工序</td><td colspan="2">原方案</td><td colspan="2">新方案</td><td colspan="5">比较结果</td></tr>
<tr><td>次数</td><td>时间</td><td>距离</td><td>次数</td><td>时间</td><td>距离</td><td>次数</td><td>时间</td><td>距离</td></tr>
<tr><td colspan="2">加工</td><td></td><td></td><td></td><td></td><td></td><td></td><td></td><td></td><td></td></tr>
<tr><td colspan="2">搬运</td><td></td><td></td><td></td><td></td><td></td><td></td><td></td><td></td><td></td></tr>
<tr><td colspan="2">储存</td><td></td><td></td><td></td><td></td><td></td><td></td><td></td><td></td><td></td></tr>
<tr><td colspan="2">停放</td><td></td><td></td><td></td><td></td><td></td><td></td><td></td><td></td><td></td></tr>
<tr><td colspan="2">检查</td><td></td><td></td><td></td><td></td><td></td><td></td><td></td><td></td><td></td></tr>
<tr><td rowspan="2">合计</td><td>时间：</td><td colspan="2"></td><td colspan="2"></td><td colspan="5"></td></tr>
<tr><td>距离：</td><td colspan="2"></td><td colspan="2"></td><td colspan="5"></td></tr>
</table>

<table>
<tr><td colspan="2">改善前作业流程</td><td rowspan="2">距离</td><td rowspan="2">时间</td><td rowspan="2">人员</td><td colspan="5">工序</td><td rowspan="2">使用物品、工具</td><td rowspan="2">改进设想</td><td colspan="4">措施</td><td rowspan="2">改进措施说明</td></tr>
<tr><td>序号</td><td>工序说明</td><td>加工</td><td>搬运</td><td>储存</td><td>停放</td><td>检查</td><td>取消</td><td>合并</td><td>变更</td><td>简化</td></tr>
<tr><td>1</td><td></td><td></td><td></td><td></td><td>○</td><td>→</td><td>D</td><td>▽</td><td>▭</td><td></td><td></td><td></td><td></td><td></td><td></td><td></td></tr>
<tr><td>2</td><td></td><td></td><td></td><td></td><td>○</td><td>→</td><td>D</td><td>▽</td><td>▭</td><td></td><td></td><td></td><td></td><td></td><td></td><td></td></tr>
<tr><td>3</td><td></td><td></td><td></td><td></td><td>○</td><td>→</td><td>D</td><td>▽</td><td>▭</td><td></td><td></td><td></td><td></td><td></td><td></td><td></td></tr>
<tr><td>4</td><td></td><td></td><td></td><td></td><td>○</td><td>→</td><td>D</td><td>▽</td><td>▭</td><td></td><td></td><td></td><td></td><td></td><td></td><td></td></tr>
<tr><td>5</td><td></td><td></td><td></td><td></td><td>○</td><td>→</td><td>D</td><td>▽</td><td>▭</td><td></td><td></td><td></td><td></td><td></td><td></td><td></td></tr>
<tr><td>6</td><td></td><td></td><td></td><td></td><td>○</td><td>→</td><td>D</td><td>▽</td><td>▭</td><td></td><td></td><td></td><td></td><td></td><td></td><td></td></tr>
<tr><td>7</td><td></td><td></td><td></td><td></td><td>○</td><td>→</td><td>D</td><td>▽</td><td>▭</td><td></td><td></td><td></td><td></td><td></td><td></td><td></td></tr>
</table>

合并(combination)、重排(rearrangement)、简化(simplification)对流程进行优化，提出改善措施，填入流程分析记录表；

第四步：统计改善前后移动的总距离及完成工作的总时间，评估改善的效果，填入流程分析记录表。

2. 价值流程图分析

扫码阅读案例《某汽车零部件加工车间价值流分析》，学习价值流程图分析的应用，按以下要求对集配综合作业的流程进行调查分析，参考价值流程图模板(见图7.4)，用白纸、铅笔、尺子绘制价值流程图，进行价值流程图分析。

第一步：以装配流水线所需零部件的配送流程作为价值流分析的对象，开展现场调查，了解装配流水线零部件配送的需求，在价值流程图的右上角绘制客户需求部分，填写数据。

阅读材料7.1 某汽车零部件加工车间价值流分析

第二步：根据装配流水线零部件配送的流程，在价值流程图的中部绘制配送过程的主要环节，填写数据。

第三步：根据配送过程中信息流、物流转变流动的情况，用箭头将信息流和物流绘制在价值流程图中。

第四步：根据各环节的时间要求在价值流程图的底部绘制时间线，填写数据，完成价值流现状图的绘制。

第五步：分析现状，找出现有流程中的非增值活动，分析现有流程中存在的浪费。

第六步：写出消除浪费的改善措施，根据改善措施绘制价值流未来状态图，制订一个基于价值流未来状态图的实施计划。

第七步：评估实施效果。

四、拓展讨论

通过网络搜索及资料查询，了解针对制造企业的流程分析与改善还有哪些流程分析方法？请列出其中的1～2种，并与本任务中介绍的两种方法进行对比，填写表7.8。

表7.8 流程分析方法对比表

流程分析方法名称	适用范围	分析使用的工具或图表	优缺点对比

五、教师评价与反馈

任务三 编制集配作业改善提案

知识准备

一、提案改善概述

提案改善是为持续提升或突破 KPI 绩效，鼓励全员参与、集思广益，引导每一位员工在做好自身岗位工作的同时，针对工作中存在的问题，发挥独创之构想，提出创新性改善意见或改善方法，组织团队资源实施改善，并对改善过程及结果进行验证、评估与预测的活动过程。通俗而言，提案改善是指员工针对工作中存在的问题，自发提出创意性的方法，并实施改善的过程。

提案改善的目的是让企业通过全员参与、全方位点滴改善，让本来很辛苦、很困难、需要诀窍的工作，必须要有才能方可胜任的工作，必须要经过训练方可胜任的工作，只有老手才行或者只有专业人才才能做的工作，变成简单的、任何人都可以做、任何人都能马上做好的工作，从而进一步提升“效率”“成本”“交期”“品质”“安全”等 KPI 指标的绩效水平，达到更快、更好、更安全地赚取更多利润的目的，提升企业的市场竞争力。

二、提案改善的步骤

1）第一步：发现问题

寻找问题时，可以从企业现场管理的六大目标，即效率（P）、质量（Q）、成本（C）、交期（D）、安全（S）、士气（M）着手，思考工作中存在的问题，找到下一步需要深入分析的关键问题。

2）第二步：调查分析

调查分析中要强调三现主义：现场、现物、现实。即调查要深入现场，亲眼确认实物，认真研究，获取解决问题的第一手资料。针对企业现场管理的五大要素，即人、机、料、法、环，要反复思考以下问题：为什么这样做？是否正确？有没有更好的方法？

3）第三步：实施改善

实践是检验真理的唯一标准，通过调查分析，我们已经发现了解决问题的办法，这时我们要立即着手实施，放手去做，大胆尝试，不要等有百分之百的把握才去行动，失败了就重新再来。

4）第四步：效果追踪

改善实施后，要对改善实施的效果进行全面的追踪评价，包括有形效果和无形效果，通过追踪确认实施后的改善效果，看有无更好的办法。有形效果通常是指降低成本、减少人员、减少工时、减少损耗、成本节减等能够直接评测的效果;无形效果则是指提升安全、改善环境、提高企业形象等较难直接评测的效果。

5) 第五步:提交改善提案

实施改善并对实施效果进行追踪评估后,我们需要按照公司的规范格式整理并形成规范完整的改善提案,按规定的流程提交上级核准,在整个公司推广执行,为公司创造最大效益。

三、改善提案的编写

改善提案就是指已取得改善成效、已结案的提案改善报告,是在有效的改善完成后形成的完整的备档报告。提案改善的成果要固化成文,方便推广复制,同时,成文的提案可以让改善的参与者有充分的成就感,作为公司表彰奖励的依据。

不同公司的改善提案因公司的具体情况不同会存在一定的差异,图 7.5 是桂豪物流有限公司使用的改善提案模板,在改善提案的编写中,我们要注意以下几点:

改善提案

课题: 提案编号:	实施人员:
改善类型: P Q C D S M 班组:	发现时间: 实施完毕时间:
改善前: 问题描述:	改善后 改善措施及效果:
图示:(改善前图片)	图示:(改善后图片)
编制: 审核:	批准:

图 7.5 改善提案模板

(1) 提案的题目应能概括性地总结改善项目,避免空洞的表述。如:关于内饰 B 左 1 号岗胶条工装的改善;

(2) 改善前后的现场图片尽量从同一角度、同一位置进行拍摄,能够尽可能清晰地展示改善前后的差异;

(3) 问题及改善措施的描述要简洁,数据要量化;

(4) 改善效果要考虑有形效果及无形效果。

案例:桂豪物流有限公司集配班组“关于内饰 B 左 1 号岗胶条工装的改善”的改善提案。

改善描述：集配班组内饰 B 左 1 号岗在工作中发现胶条的工装钢管挂钩存在问题，胶条直接挂在钢管挂钩上，因胶条数量多、挂钩小，在底部的胶条受到挤压导致变形，影响装配质量，胶条补件次数平均达到 5 件以上。班长张倩对工装的问题进行了分析，提出了工装改善的措施，即在挂钩上增加水管，使胶条的接触面积变大，减少压力避免胶条被挤压变形。在改善后对改善实施的效果进行了统计，胶条变形补件的次数减少到了 1 次以下。图 7.6 为张倩编写的改善提案。

集配班组改善提案

课题：关于内饰B左1号岗胶条工装的改善　提案编号：JP2019007	实施人员：张倩
改善类型：P√Q C D S M　班组：集配班组	发现时间：2019年4月1日　实施完毕时间：2019年4月5日
改善前： 问题描述：内饰B左1号岗在工作中发现胶条的工装钢管挂钩，胶条直接挂在钢管挂钩上，因胶条数量多，挂钩小，在底部的胶条挤压导致变形，影响装配质量，胶条补件次数平均达到5件以上。	改善后 改善措施及效果：提出了工装改善的措施，在挂钩上增加水管，使胶条的接触面积变大，减少压力避免胶条被积压变形；改善实施后果，连续3天的统计结果显示，胶条变形补件的次数减少到1次以下。
图示：（改善前图片） 	图示：（改善后图片） 

编制：张倩　　审核：　　批准：

图 7.6　改善提案案例

物流“1+X”小贴士

创新的内涵与外延

创新，顾名思义，即创造新的事物。对于创新的内涵，存在诸多以偏概全的认知，这些认知影响了个体参与创新的热情，如果这些认知在某些群体中蔓延并形成共识，将会影响该群体的创新能力。

误解 1：创新就是科技创新；

误解 2：创新一定是自主创新；

误解 3：创新是少数天才的事情；

误解 4：创新意味着对过去的颠覆；

误解 5：创新的成本非常高；

误解6:创新就是灵光一现的想法。

创新包括“创造”,即从来没有存在过的事物的产生,如第一台电脑的诞生。但是,创新不止“创造”,它也指对已有存在的更新,如人工智能在不同领域的应用。创新的关键是“创”,这是一个充满主动性的词汇,强调创新者的主观意识和行动的高度融合,创新更多指向的是过程,是一个完整的“发现问题——分析问题——解决问题”的过程。创新不会平白无故地发生,一定是基于人的主观能动性,在这个过程中不断地应用开拓性思维,在一次次的“灵感——构思——实践”的螺旋式上升中,更好地满足人们的需求,推进社会不断地发展。

编制集配作业改善提案亦是一种创新,加油!

学习工作页

“任务三　编制集配作业改善提案”学习工作页

班级:__________　学号:__________　姓名:__________

一、任务描述

提案改善活动是在企业发展战略框架下,系统性引导各级岗位员工通过精益管理理念和IE手法,持续改善“人—人”“物—物”和“人—物”的关系,实现个人素质和工作绩效的提升,推进企业管理创新、技术创新和经营模式的创新。本次任务的主要内容是作为桂豪物流有限公司集配中心的管理人员,对集配综合作业中存在的问题进行分析,提出改善措施,提交改善提案,训练学生运用精益管理方法开展提案改善,为企业降本增效的能力。

二、任务地点及使用设施设备

任务地点:汽车零部件集配作业实训中心。

使用的设施设备:集配作业实训集成系统、生产线体、拉动存储料架、配送车、拉动配送电子看板、SPS流利货架、SPS配送上线系统、分拣指示系统、AGV小车、大件物料排序专用料架、汽车零部件等。

三、任务过程

按以下步骤开展提案改善活动,针对集配综合作业的各个环节进行分析与反思,发现问题,并提出改善提案。

(1) 第一步:发现问题。

从现场管理的六大目标及五大要素着手,思考并分析存在的问题,填写表7.9,明确下一步需要现场调查解决的关键问题。

表 7.9 发现问题

现场管理的六大目标	深入思考内容	存在的问题
效率(P)	产量能否提高? 生产节拍可否缩短?	
品质(Q)	可否降低不合格率? 可否防止出错? 可否减少投诉?	
成本(C)	可否节省费用? 可否减少工时? 可否降低损耗? 可否降低库存?	
交期(D)	可否简化流程? 可否缩短生产周期? 可否减少故障?	
安全(S)	可否减少事故? 可否改善环境? 可否降低员工工作负荷? 6S 可否做到更好?	
士气(M)	可否提高员工积极性? 可否提高员工参与度?	

(2) 第二步:调查分析。

请到集配作业现场,针对出现关键问题的环节进行现场调查,收集并分析第一手资料。填写表 7.10。

表 7.10 现场调查分析

现场管理的五大要素	深入思考内容	存在的问题
人	操作动作是否符合人体工学? 操作动作是否存在浪费? 人员配置是否合理? 操作动作是否可以合并重组?	
机	工具设备是否方便人使用? 工装夹具是否可以增加或改进? 设备能耗能否降低? 能否减少设备安全隐患?	
料	可否降低材料损耗? 材料是否可以替换以降低成本? 材料能否及时供应? 材料库存是否合理? 废旧材料能否回收或重复利用?	

（续表）

现场管理的五大要素	深入思考内容	存在的问题
法	可否简化、合并、重排流程？ 作业方法是否合理、安全？ 工作中信息传递方法是否合理？	
环	工厂场所布局是否合理？ 运输及搬运线路是否可以优化？ 作业环境是否影响人的健康？ 6S 可否做到更好？	

（3）第三步：实施改善。

根据现场调查的结果，进行小组讨论，提出 3 条以上的改善措施，现场实施并评估、记录实施效果。

（4）第四步：效果追踪。

改善实施后，要对改善实施的效果进行全面追踪评价，重点考察以下几方面：

① 改善的效果是否显著稳定；

② 改善实施后是否会产生其他不利影响；

③ 是否存在未考虑周全、需进一步改善的环节；

④ 改善推行的成本及安全性。

⑤ 第五步：提交改善提案。

汇总前四步的工作内容，按照改善提案模板（见图 7.5）的格式编写改善提案。

四、拓展讨论

分组讨论：改善提案应如何实施？实施中会遇到什么困难？可以如何解决？随机抽 3 个小组汇报。

五、教师评价与反馈

任务四 职业素养训练：现场问题解决训练

知识准备

一、问题解决概述

问题解决(problem solving)是指由一定的情景引起，按照一定的目标，应用各种认知活动、技能等，经过一系列的思维操作，使问题得以解决的过程。

实现精益生产管理，最核心的内容就是消灭浪费，企业生产和经营活动中的浪费现象繁多，寻找问题是改善的起点，解决问题是改善的关键，需要为现场问题的持续改进创建系统的解决方法，提高解决问题的效率。精益管理中问题解决的作用表现在以下几个方面：

(1) 给精益小组提供确定问题产生原因的方法；

(2) 为各个级别的参与人员提供简单的解决方法；

(3) 提供解决问题的共同语言和方法；

(4) 导向更好的标准；

(5) 提高问题解决的效率。

二、精益生产管理问题解决的六个步骤

在精益生产管理中，无论是与供应商交涉、改进生产设备与流程，还是处理客户投诉，企业面临的各种内部和外部的问题都可以利用问题解决的系统方法加以分析解决。通常系统的问题解决可以按以下六个步骤展开：确定问题；分析问题；确定原因所在；寻求对策；实施对策；跟踪检查(见图 7.7)。

1. 确定问题

所谓问题是指实际情况与现有标准或期望之间存在差距的现象。确定问题是由问题发现者描述出现的问题，要客观准确地描述现场问题，确定问题所在区域，按解决的优先级排列各问题。如：过去三周翻包岗位每日标签贴错率达 5%。

2. 分析问题

分析问题阶段需采取现场观察、访谈、亲身实践、资料收集等方法收集并整理相关的资料，尽量采用图表形式整理现场调查数据，分析问题。

3. 确定原因所在

确定原因所在阶段需确定一切造成问题的可能的原因，从引发的直接原因追溯到根本原因，追溯问题根本原因可以用“五个为什么”方法。“五个为什么”方法是发掘问题根本原

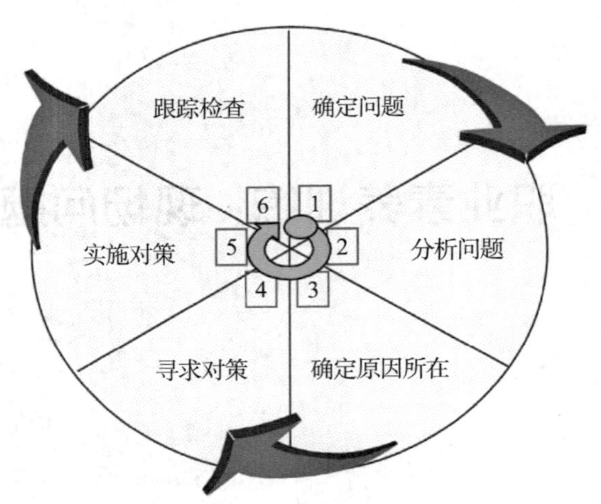

图 7.7　问题解决的六个步骤

因的最有效的方法之一,就是对问题点持续地自问五次“为什么”,以追问其根本原因。虽然该方法叫“五个为什么”,但使用时并不是机械地限定只能问五次,必须打破砂锅问到底,直到找到根本原因。

案例:某工段的工段长看到一位工人,正将木屑洒在机器之间的通道地面上。表面上看到的问题是工人将木屑撒到地上,但造成这个问题的根本原因是什么呢?

工段长问:“为何你将木屑洒在地面上?”

工人答:“因为地面有点滑,不安全。”

工段长问:“为什么会滑?”

工人答:“因为那儿有油渍。”

工段长问:“为什么地面会有油渍?”

工人答:“好像旁边的机器在滴油。”

工段长问:“机器为什么会滴油?”

工人答:“从联结器漏出来的。”

工段长问:“为什么没人处理?”

工人答:“我已经向设备科报告了,设备科一直没人来处理。”

经过连续提问,最终我们会逐渐找出工人将木屑撒到地面的根本原因——设备科未及时响应工人报告的问题。针对问题背后的根本原因采取措施,才能避免类似问题再次发生。

4. 寻求对策

寻求对策阶段需要针对问题的根本原因,提出解决问题的对策,制订实施对策的计划,评估实施过程中可能会遇到的风险,明确如何评价实施效果。

5. 实施对策

实施对策阶段需注意保持沟通,将相关信息通知涉及的所有人员,注意及时收集资料以监控实施的效果。

6. 跟踪检查

跟踪检查指需跟踪对策实施的情况,落实责任人,对实施对策的效果进行跟踪与评估,及时总结问题解决各阶段的成果,编写问题交流报告,以便于企业内部交流,分享改善经验与成果。

拓展阅读

木牛流马运输车

仓禀:主簿大人唤我何事?

杨仪:我还能有何事?粮草到底何时能到?

仓禀:山高途远,蜀道艰难。我们已经很努力啦!臣妾实在做不到啊!

杨仪:军令如山,切勿多言。你就是骠骑将军又怎样?上次都乡侯因为供应不上粮草,都被贬为庶人。

仓禀:小人愿以死谢罪,但粮道如此艰难,最好能将实情向丞相明言,否则后继者也无能为力啊!

杨仪:言之有理,你快来和我一起面见丞相。

杨仪:丞相!即今粮米皆在剑阁,人夫牛马,搬运不便,如之奈何?

诸葛丞相笑曰:吾已运谋多时也!前者所积木料……教人制造木牛流马,搬运粮米,甚是便利。牛马皆不水食,可以昼夜转运不绝也。

《三国演义》中,诸葛亮前五次北伐都遭遇了失败,最大的问题就是粮食运输。北宋科学家沈括曾经建立了一个运输模型,指出最多三个民夫供养一个作战士兵,这就到了行军的极限,而在这个前提下的行军时限只有31天。也就是说,如果一次行军超过31天,而又没有获得补给,军队就会不战而溃。诸葛丞相遇到的问题则更加复杂,要知道,“蜀道难,难于上青天!……黄鹤之飞尚不得过,猿猱欲度愁攀援”。在第五次北伐中,蜀国顾命大臣李严就因为运粮不济而被贬为庶人,而诸葛亮自己的亲侄子诸葛乔(诸葛瑾的儿子)也在押送粮草途中因为过于劳累而病死,足见诸葛亮遇到的难题有多么艰巨。第六次北伐,在众人仍在为粮食问题发愁时,孔明亮出了自己准备已久的黑科技:木牛流马!

木牛流马是什么?《三国演义》和《三国志》里都有关于“木牛流马”的记载,并且记有比较详细的制作工艺。据说后来大数学家、大工程师祖冲之还真的复原出了“木牛流马”。后世,不计其数的人试图复原这件“神器”,都失败了。直到现在,还有人在尝试复原木牛流马。

众所周知,诸葛亮是一位伟大的杰出的政治家、军事家、文学家、书法家,以及发明家。除了木牛流马以外,他记载的发明还有:孔明灯、八阵图、连弩、孔明锁、孔明棋。当然诸葛丞相也不是一个人在战斗。虽然他工作勤勉,鞠躬尽瘁,死而后已,也不可能独自完成所有的发明。在工程、发明方面,他最得力的助手是一个叫作蒲元的发明家。

蒲元是诸葛亮的西曹掾,负责为蜀军制造兵器。据史料记载,蒲元对于用水淬火深有研究,指出造刀只能用蜀江的水而不能用汉江的水。因此历史上有“蒲元识水”的妙谈。也有资料记载,是蒲元提出了制造木牛的计划。我们有理由相信,蒲元和众多工匠一起,他们才是木牛流马真正的发明人。在中国历史上,还有无数和蒲元一样无名的工匠,他们在每天的劳动、工作中不停地琢磨工艺,搞出了很多的发明,不断助力中国古代科技的发展!

最后,木牛流马究竟是什么呢?历史学家考证,木牛流马极有可能是一种改良版的独轮车。相对于四轮车、双轮车,独轮车一直到西汉时期才出现。而在西方,虽然有传言古希腊时期就有了独轮车，但一直没有找到证据。有证据记载的西方最早的独轮车在欧洲要到1170年至1250年之间，这比诸葛亮晚了整整1 000年。

资料来源：《中国古代黑科技之三｜木牛流马》，https://mp.weixin.qq.com/s/VSSEPdPQgrX6nFGixfA8rA。

思考：

(1) 木牛流马是历史记载的中国古代物流“黑科技”，凝聚着中国古代人民的智慧与创造力，请通过网络搜索了解，伴随着我国物流业的发展还出现了哪些令人瞩目的物流“黑科技”？

(2) 随着物流行业走向智能化、智慧化，汽车零部件集配作业会面临哪些变化和挑战？

(3) 物流新技术的应用对物流的降本增效、协同管理有哪些重要影响？

学习工作页

“任务四　职业素养训练：现场问题解决训练”学习工作页

班级：__________　学号：__________　姓名：__________

一、任务描述

问题解决是现场管理人员必须掌握的一项基本技能，系统的问题解决方法能够让作业人员在清晰界定问题的基础上快速找到解决问题的对策，是消除浪费、提高作业效率、降低作业成本的关键方法。本任务的主要内容是作为桂豪物流有限公司的现场管理人员，能够根据问题解决的流程，针对集配综合作业现场存在的问题，规范地分析并处理现场问题，学会撰写问题交流报告。

二、任务地点及使用设施设备

任务地点：汽车零部件集配作业实训中心。

使用的设施设备：集配作业实训集成系统、生产线体、拉动存储料架、配送车、拉动配送电子看板、SPS流利货架、SPS配送上线系统、分拣指示系统、AGV小车、大件物料排序专用料架、汽车零部件等。

三、任务过程

观察并分析集配综合作业实施的过程，寻找现场管理中存在的问题，从中选择一个有代表性的问题，按照精益生产管理问题解决的六个步骤进行分析，完成本次学习任务。

1. 确定问题

根据自己所选定的问题，开展集配作业现场进行现场调查，在教师的指导下填写“问题交流报告”(见表7.11)中的“问题描述”及“问题产生点”部分。

2. 分析问题

收集问题发生点的现场资料，填写“问题交流报告”中的“问题定义与分析”部分。

表 7.11　问题交流报告

<table>
<tr><td colspan="8">报告编号：________
问题交流报告</td></tr>
<tr><td colspan="4">1a. 问题描述

1b. 问题产生点</td><td colspan="4">3. 分析根本原因(五个为什么)</td></tr>
<tr><td colspan="4" rowspan="6">2. 问题定义与分析</td><td colspan="4">4. 短期措施</td></tr>
<tr><td>序号</td><td>措施</td><td>负责人</td><td>实施日期</td></tr>
<tr><td>1</td><td></td><td></td><td></td></tr>
<tr><td>2</td><td></td><td></td><td></td></tr>
<tr><td>3</td><td></td><td></td><td></td></tr>
<tr><td>4</td><td></td><td></td><td></td></tr>
<tr><td colspan="4">5. 解决办法(长期办法)</td><td colspan="4" rowspan="4">6. 验证意见</td></tr>
<tr><td>序号</td><td>措施</td><td>负责人</td><td>完成日期</td></tr>
<tr><td>1</td><td></td><td></td><td></td></tr>
<tr><td>2</td><td></td><td></td><td></td></tr>
<tr><td>3</td><td></td><td></td><td></td><td colspan="2">发现部门签名：
日期：</td><td colspan="2">负责部门签名：
日期：</td></tr>
<tr><td>4</td><td></td><td></td><td></td><td colspan="4">是否结案：________　审核人：________
日期：________</td></tr>
</table>

表 7.12　问题点跟踪清单

问题点跟踪清单　　　　班组：

序号	问题描述	解决对策	责任人	支持人	计划完成时间	实际完成时间	检查人	完成状态	备注
1								⊕	
2								⊕	
3								⊕	
4								⊕	

(续表)

序号	问题描述	解决对策	责任人	支持人	计划完成时间	实际完成时间	检查人	完成状态	备注
5								⊕	
6								⊕	
7								⊕	
8								⊕	
9								⊕	
10								⊕	

3. 确定原因所在

使用“五个为什么”方法，分析引发问题的根本原因，根据分析结果填写“问题交流报告”中的“分析根本原因”部分。

4. 寻求对策

解决问题的对策有两类：短期措施、长期方法。短期措施是临时性解决的办法，目的是发现问题后限制问题的进一步发展；长期方法是针对问题的根本解决办法。请根据所分析的问题，提出你的解决对策，填写“问题交流报告”中的“短期措施”及“长期方法”部分。

5. 实施对策

制定实施对策的时间及人员安排，填写“问题点跟踪清单”(见表 7.12)。

6. 跟踪检查

根据计划安排，跟踪并检查实施对策的计划完成情况，评估实施效果，给出效果验证后的结论，填写“问题交流报告”中的“验证意见”部分。

四、拓展讨论

在开展问题解决的过程中，你碰到的最大的困难是什么？你是怎么解决的？

五、教师评价与反馈

课后习题

一、填空题

1. PDCA 循环可分为四个阶段：________、________、________、________。

2. 在价值流程图分析中，我们认为企业的活动可分为________和________两种。

3. 精益生产管理问题解决的六个步骤为：________、________、________、________、________、________。

二、不定项选择题

1. 精益生产管理中，BPD 指的是(　　)。

A. 流畅制造　　B. 暗灯系统　　C. 业务计划执行　　D. 价值流程图分析

2. 一个完整的价值流包括增值和非增值活动，其中非增值活动又可分为(　　)。

A. 库存的浪费　　B. 等待的浪费

C. 不必要的非增值活动　　D. 必要但非增值活动

3. ECRS 分析中的 E 是指(　　)。

A. 取消　　B. 合并　　C. 重排　　D. 简化

4. 精益生产管理是一种经营思想，其核心是(　　)。

A. 消除一切无效劳动和浪费　　B. 满足汽车整车装配的零部件需求

C. 促进整车装配质量的提高　　D. 增加汽车整车的产量

5. 在改善提案的编写中，我们要注意以下要求(　　)。

A. 提案的题目应能概括性地总结改善项目，避免空洞的表述

B. 改善前后的现场图片尽量从同一角度、同一位置进行拍摄

C. 问题及改善措施的描述要简洁，数据要量化

D. 改善效果要考虑有形效果及无形效果

三、判断题

1. 提案改善是指员工针对工作中的问题，自发提出有创意性的方法，并实施改善的过程。(　　)

2. “五个为什么”方法是发掘问题根本原因的最有效方法之一，虽然该方法叫“五个为什么”，但使用时并不是机械地限定只能问五次。(　　)

3. 对于汽车整车的生产，零部件的库存是维持流水线运转的必要环节，因此在价值流程图分析中应属于增值活动。(　　)

四、简答题

1. 什么是价值流程图分析？请简述价值流程图分析的基本步骤。

2. 什么是提案改善？开展提案改善的目的是什么？

参考文献

[1] 江支柱，董宝力. 汽车精益智能物流系统实务[M]. 北京：机械工业出版社，2018.

[2] 戴作辉. 提案改善：成本领先战略的助燃剂[M]. 北京：经济管理出版社，2015.

[3] 肖棋新. Y公司沈阳工厂进厂供应链管理的研究[D]. 上海：上海交通大学安泰经济与管理学院，2015.

[4] 梁格. 电子拉动系统在汽车制造企业内部物流配送中的应用[J]. 时代汽车，2018(6)：14－18.

[5] 肖智军. 精益生产方式(之二)提高竞争力的有效方法：缩短交货周期[J]. 企业管理. 2004(02)：56－57.

[6] 黄峻磊，邱雅兰. 基于东风本田的汽车制造企业入厂物流研究[J]. 物流工程与管理，2018(2)：62－64.

[7] 复盘：中国汽车供应链的休克与再生.(2022－4－27)[2022－9－10]. https://cj.sina.com.cn/articles/view/2780826007/a5c0099702700z0w1.